國家圖書館古籍館 編

國家圖書館
西諦藏書善本圖録

第四册 子部二

海峽出版發行集團
THE STRAITS PUBLISHING & DISTRIBUTING GROUP

鷺江出版社
LUJIANG PUBLISHING HOUSE

2019年·廈門

子

四明李氏友愛
堂家藏原板

目録

子部二

雜家類

釋家類

道家類

叢書類

子

子部二——雜家類 *000*

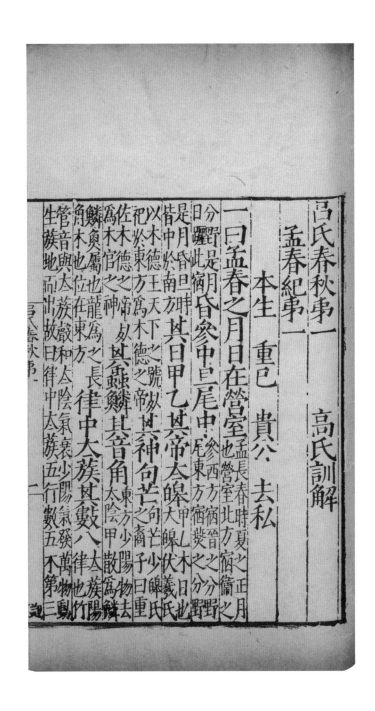

呂氏春秋二十六卷 〔漢〕高誘註

明嘉靖七年（1528）許宗魯刻本（卷二十二至二十六配清抄本）

八冊

半葉十行十八字，小字雙行同，白口，左右雙邊。版框 17.8×13.6 厘米

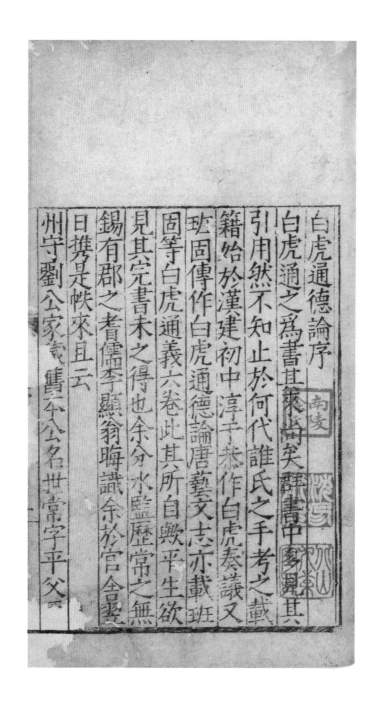

白虎通德論二卷 〔漢〕班固撰

明刻本

二册

半葉十行十六字，白口，左右雙邊。版框 17.4×13.2 厘米

白虎通德論卷之上

漢玄武司馬班　固　纂集

爵

長樂鄭振鐸西
諦藏書

天子者爵稱也爵所以稱天子者何王者

父天母地為天之子也故援神契曰天覆

地載謂之天子上法斗極鈎命訣曰天子

爵稱也帝王之德有優劣所以俱稱天子

者何以其俱命於天而王治五千里內也

尚書曰天子作民父母以為天下王何以

知帝亦稱天子也以法天下也中候曰天

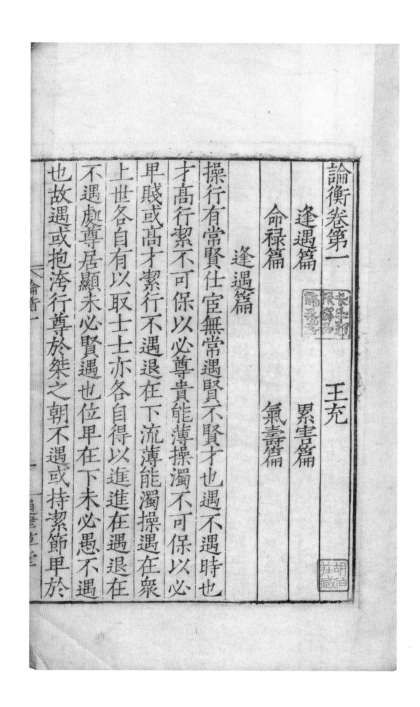

論衡三十卷 〔漢〕王充撰

明嘉靖十四年（1535）蘇獻可通津草堂刻本

十冊

半葉十行二十字，白口，左右雙邊。版框 19.4×14.6 厘米

論衡後序

王氏族姓行狀於自紀篇述之詳矣范曄東
漢列傳云充字仲任嘗受業太學師事班彪
博覽而不守章句家貧無書嘗遊雒陽市肆
閱所賣書一見輒能誦憶遂博通眾流百家
之言充好論說始若詭異終有理實以為俗
儒守文多失其真乃閉門潛思禮絕慶弔戶
牖牆壁各置刀筆著論衡八十五篇二十餘
萬言釋物類同異正時俗嫌疑訂百氏之增

論衡後序　　　　　　　　　　　　通志堂

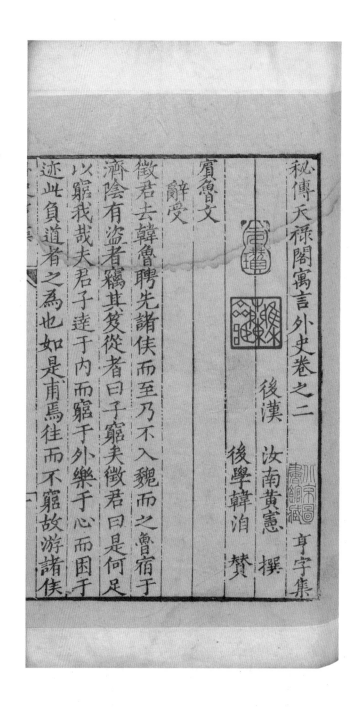

秘傳天禄閣寓言外史八卷　題〔漢〕黄憲撰

明隆慶四年（1570）沈松石留春書館刻本

三冊　存七卷：二至八

半葉九行二十字，白口，四周單邊。版框 17.3×11.8 厘米

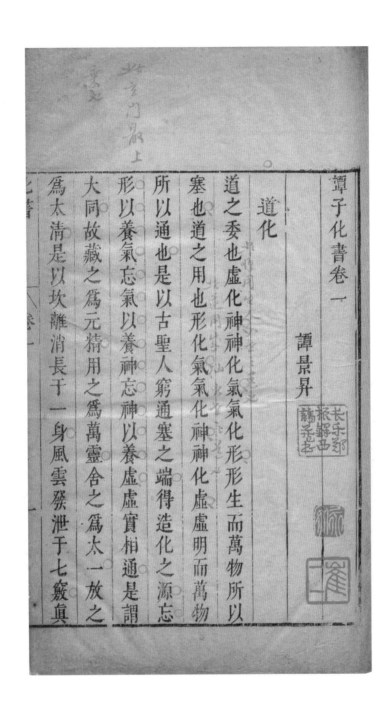

譚子化書六卷 〔五代〕譚峭撰

明末刻本

二冊

半葉九行二十字，白口，左右雙邊。版框 19.0×14.4 厘米

乾隆甲寅重刊

容齋五筆

洪景盧先生著

掃葉山房藏板

重刻容齋隨筆五集序

宋南渡後名臣屈指洪氏忠宣

著氷天之節與蘇屬國爭光其

子文惠文安文敏先後立朝名

滿天下文敏尤以博洽受知孝

宗史稱其考閱典故漁獵經史

容齋隨筆十六卷續筆十六卷三筆十六卷四筆十六卷五筆十卷　〔宋〕洪邁撰

清乾隆五十九年（1794）掃葉山房刻本（容齋五筆卷六至十配另一清刻本）

十八冊

半葉九行十八字（五筆卷六至十：半葉十行十八字），細黑口，左右雙邊。版框 19.1×13.8 厘米

容齋隨筆卷第一二十九則

子鄱陽洪邁景盧

予老去甚懶讀書不多意之所之隨即繼錄

因其後先無復詮次故目之曰隨筆淳熙庚

子鄱陽洪邁景盧

歐率更帖

臨川石刻雜法帖一卷載歐陽率更一帖云年

二十餘至鄱陽地沃土平飲食豐賤眾士往往

湊聚每日賞華恣口所須其二張才華議論一

時俊傑殷薛二俟故不可言戴君國士出言便

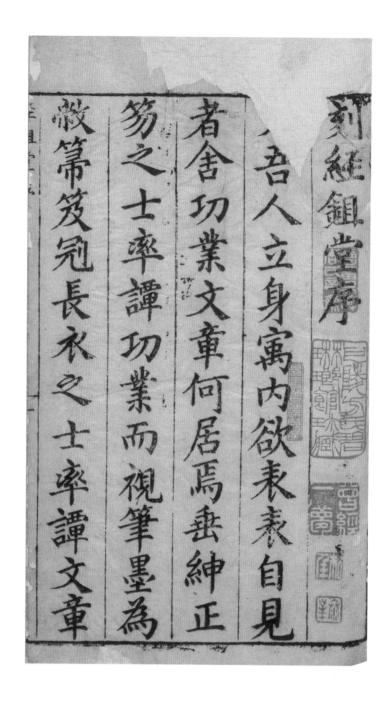

經鉏堂雜誌八卷 〔宋〕倪思撰

明萬曆二十八年（1600）潘大復刻本

四冊

半葉九行二十字，白口，四周單邊。版框 21.8×13.5 厘米

四庫附存本

巴陵方氏藏書

緯鑷堂雜誌卷一

孝廟聖德

趙八觀察師禹嗣秀王伯圭第五子見訪語

次孝廟聖德數事徵臣頃荷孝廟親擢所見

者外廷事耳若宮中之事不能盡知既有所

聞敢不登載以備史官之闕

一事

高宗初過德壽宮凡供奉人各撥一半謂如御服所

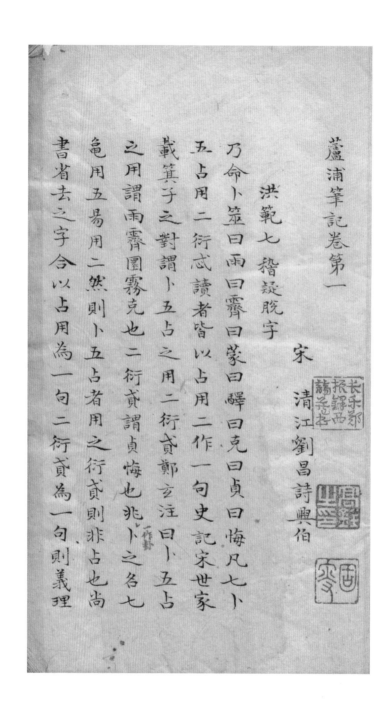

蘆浦筆記卷第一

　　　宋　清江劉昌詩興伯

洪範七稽疑脫字

万命卜筮曰雨曰霽曰蒙曰驛曰克曰貞曰悔凡七卜
五占用二衍忒讀者皆以占用二作一句史記宋世家
載箕子之對謂卜五占之用二衍忒鄭玄注曰卜五占
之用謂雨霽圛霧克也二衍忒謂貞悔也兆卜之名七
龜用五易用二然則卜五占者用之衍忒則非占也尚
書省去之字合以占用為一句二衍忒為一句則義理

蘆浦筆記十卷　〔宋〕劉昌詩撰

清抄本

一冊

半葉九行二十一字，無欄格

玉峯先生腳氣集

天　台　車　若水　清臣

潘黙成磨鏡帖甚佳

帖云僕自喻昏鏡喻書為磨鏡藥當用此藥揩磨

塵垢使通明瑩徹而後已倘積藥鏡上而不施揩

磨之功反為鏡之累故知托儒為奸者曾不若愚

夫愚婦也

夫子誅諸侯無王孟子勸諸侯為王諸儒安得無疑

孟子甲管晏陋霸道乃與公孫衍張儀之徒異口

同音共攏掇諸侯為此事反不肯做齊威晉文事

玉峰先生腳氣集一卷　〔宋〕車若水撰

清初抄本

一冊

半葉十行二十字，白口，左右雙邊。版框 19.5×13.3 厘米

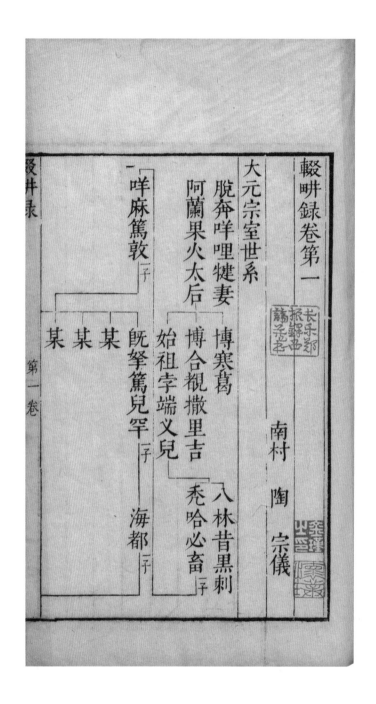

輟耕録三十卷 〔明〕陶宗儀撰

明刻萬曆六年（1578）徐球重修本

六冊

半葉十行二十一字，白口，左右雙邊。版框 20.0×13.1 厘米

言往行之義無何病賴弗力而止蓋於亥田德終不
能無惋也間因私見疑辛月益增單膚虑削付羕
垍末而成此老年多ㄑ初自顧學無進益每翻舊稿
心窃感之令兒子輩方編輯付家塾不覺成六十
五卷其間有春十六七時所論著首并近日入間
求請文字間亦一二存焉言本無序因令稍為之
序內篇　卷一之五事入君道六之　以歷代為序外
篇閨一之五事各有倫類　以各目倫類為序遂
（卷二十六之六十）

餘冬序錄畢亭卷之一

郴陽　何孟春撰述
男　國學生　[　]編輯

內篇第一

乾九五龍飛之大人革九五虎變之大人龍飛虎變性
有聖德而在天位者當之龍飛堯舜當之虎變湯武當
之

○舜之不告而娶以告則不得娶帝之妻舜而不告亦
知告焉則不得妻也孟子姑就萬章之所問而答之云
爾舜之娶無不告父母理瞽頑獨不畏堯法耶帝告
焉則不得妻無是理也萬章曰父母使舜完廩捐階瞽
瞍焚廩使浚井出從而揜之象曰謨蓋都君咸我績牛

餘冬序錄六十五卷　〔明〕何孟春撰

明嘉靖七年（1528）郴州家塾何孟春刻本

十三册

半葉十一行二十一字，白口，左右雙邊。版框 21.0×13.9 厘米

16434（12411）

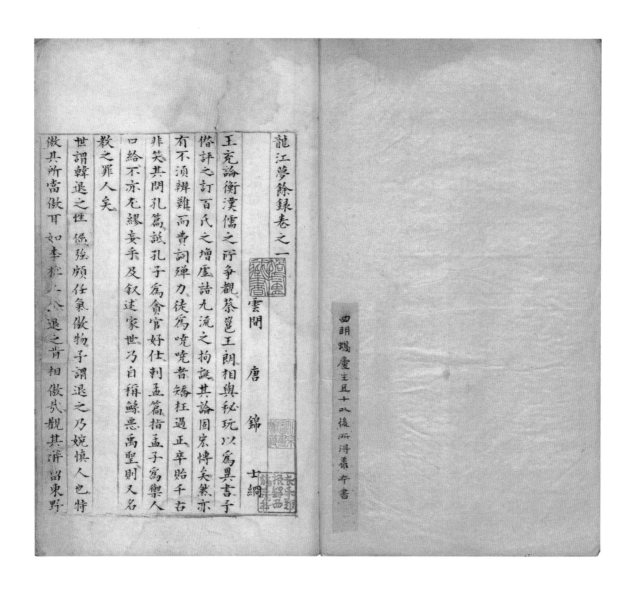

龍江夢餘録四卷　〔明〕唐錦撰

明抄本

一册

半葉十行二十三字，藍格，白口，四周單邊。版框 20.7×14.8 厘米

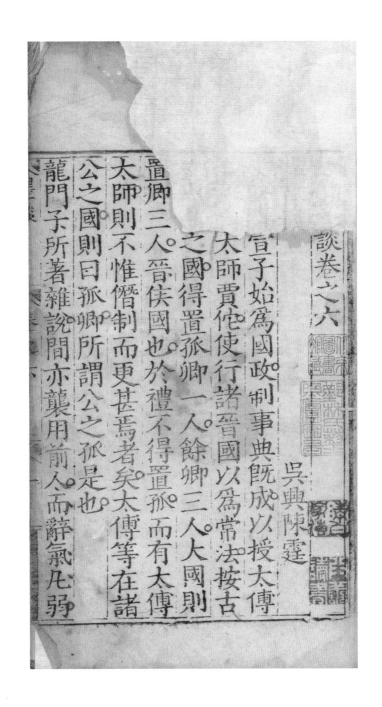

兩山墨談十八卷　〔明〕陳霆撰

明嘉靖十八年（1539）李檗刻本

一冊　存五卷：六至十

半葉九行十八字，黑口，四周雙邊。版框 18.2×12.5 厘米

15861（9854）

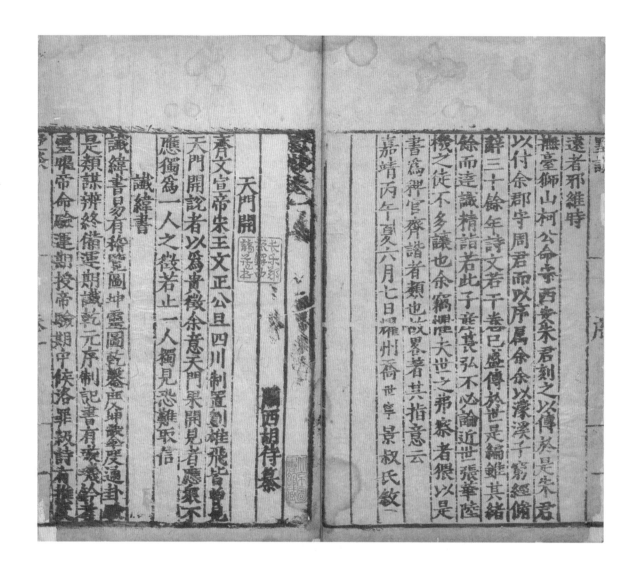

墅談六卷 〔明〕胡侍撰

明嘉靖刻本

二冊

半葉十行二十字，小字雙行同，白口，四周單邊。版框 19.1×13.5 厘米

T01292（9524）

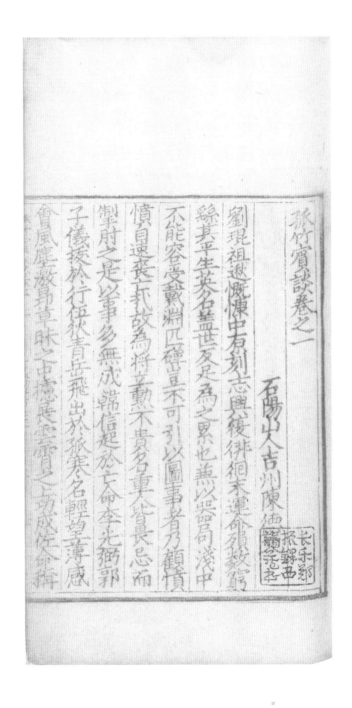

孤竹賓談四卷　〔明〕陳德文撰

明嘉靖二十八年（1549）蘇繼、白以道刻藍印本

二册

半葉九行二十字，白口，四周雙邊。版框 15.4×11.7 厘米

知其足以信今而範後也因飭縣

貢自子鋟諸梓焉以求先生之言

廣先生之教若夫循良之績典則

之文其信今而範後又有大於是

者而非繼之所能盡述也刻此以

見其一云歷夫知固安縣事斟酌

蘇繼拜手謹跋

固安縣丞晉陽太谷白道

謹刊

固安縣丞晉陽汾川郭謹

校正

新刻增補藝苑巵言卷之一

　　吳郡王世貞元美著

　　　　新安程　榮仲仁梓

汎瀾藝海含咀詞腴口為雌黃筆代衮鉞雖世不乏

人人不乏語隋珠崑玉故未易多聊摘數家以供濯

祓司馬相如日合綦組以成文列錦繡而為質一經

一緯一宮一商此賦之迹也賦家之心包括宇宙總

覽人物致乃得之於內不可得而傳楊子雲日詩人

之賦典以則詞人之賦麗以淫魏文帝日文章經國

　　武林樵雲書舍刊

新刻增補藝苑巵言十六卷　〔明〕王世貞撰

明萬曆十七年（1589）武林樵雲書舍刻本

四冊

半葉九行二十字，白口，左右雙邊。版框 20.0×14.2 厘米

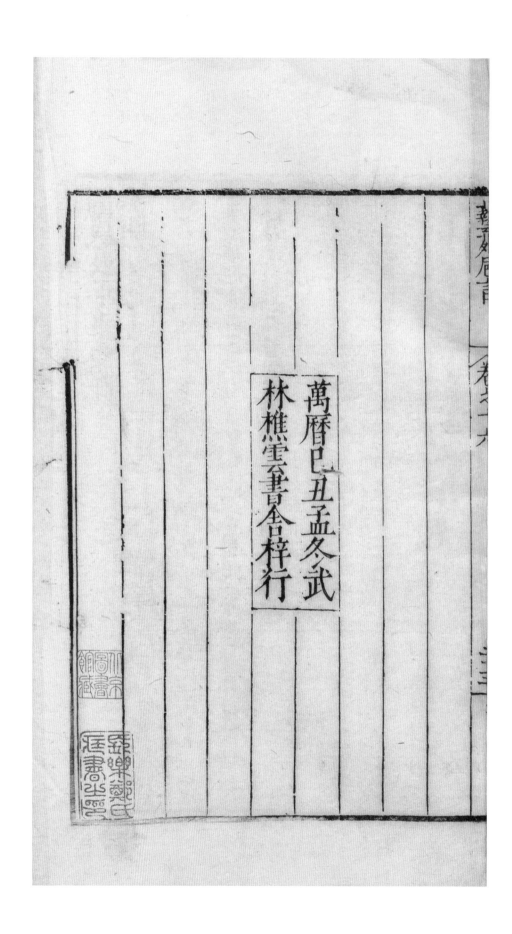

萬曆己丑孟冬之武
林樵雲書金梓行

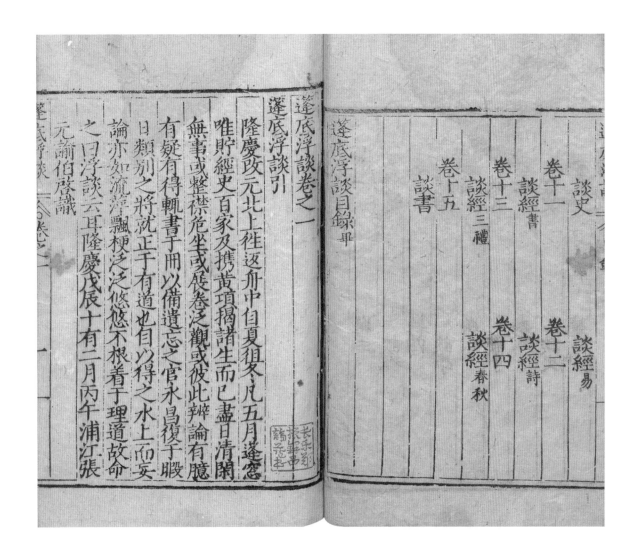

蓬底浮談卷之一

蓬底浮談引

隆慶改元北上徂返舟中自夏復及冬凡五月蓬窗
唯貯經史百家及攜黃項搨諸生而已盡日清閑
無事或整襟危坐或展卷泛觀或彼此辯論有臆
有疑有得輒書于冊以備遺忘之官永昌復于暇
日類別之將就正于有道也自以得之水上而宴
論亦如流萍飄梗泛悠悠不根着于理道故命
之曰浮談六年隆慶戊辰十有二月丙午浦江張
元諭伯啓識

篷底浮談十五卷　〔明〕張元諭撰

明隆慶四年（1570）董原道刻本

二冊

半葉十行二十字，白口，四周雙邊。版框 19.1×14.2 厘米

留青日扎卷之一

　　　　　　　　　錢塘田藝蘅子藝撰

笑著書　　　　　　倩徐懋升玄學校

梁湘東王繹勤心著述厄酒未嘗妄進衡山侯恭尚
華陀好賓友酣謙終日坐客滿筵每從容謂人曰下
官厝觀世人多有不好歡樂廼邺眠沐上看屋梁而
著書千秋萬歲誰傳此者勞神苦思竟不成名豈如
臨清風對朗月登山泛水肆意酣歌也此言顧切苦
心著述形狀然亦有性癖所耽至老不倦者秦子勒

留青日札三十九卷　　〔明〕田藝蘅撰

明萬曆元年（1573）刻本

十冊

半葉十行二十字，白口，左右雙邊。版框 20.0×13.8 厘米

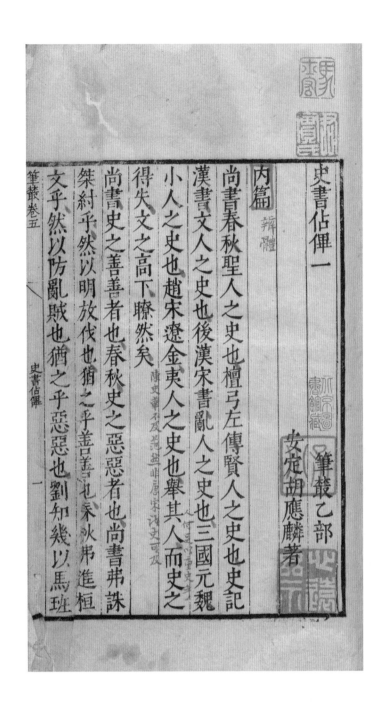

筆叢正集三十二卷續集十六卷　〔明〕胡應麟撰

明萬曆三十四年（1606）吳勉學刻本

三冊　存八卷：史書佔畢卷一、四部正訛下、三墳補逸二卷、二酉綴遺三卷、華陽博議卷上

半葉十行二十字，白口，左右雙邊。版框 19.9×14.2 厘米

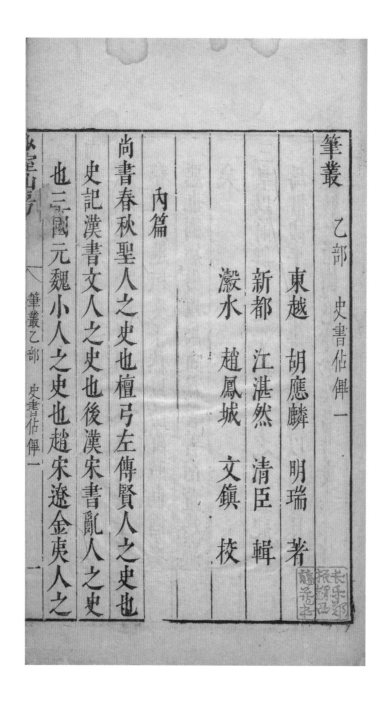

筆叢正集三十二卷續集十六卷附甲乙剩言一卷 〔明〕胡應麟撰

明崇禎五年（1632）吳國綺刻本

十一冊　存四十四卷：正集二十八卷、續集十六卷

半葉九行十八字，白口，四周單邊。版框 20.3×13.8 厘米

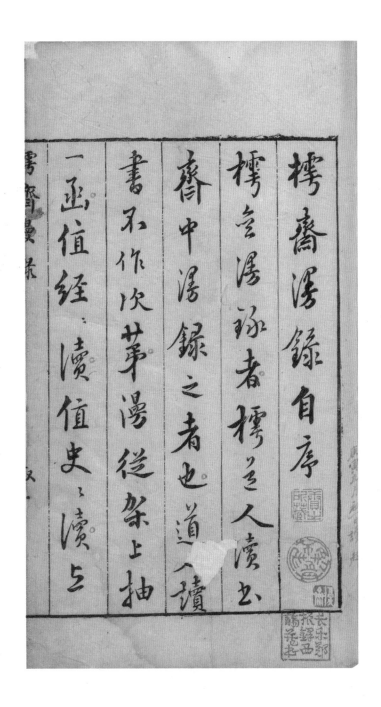

樗齋漫録十二卷　〔明〕許自昌撰

明萬曆刻本

二冊

半葉九行二十字，白口，四周單邊。版框 20.5×14.0 厘米

疾世之瞹昧名利而
不知悟故說此說
爲開卷第一慨巳
之抱負未展故以
暴秦玩儒李爲
十二卷綜此錄之新
甘出與許君之音當
際是亦予所見班知
唐文注

樗齋漫錄卷之一

甫里許自昌玄祐甫篹

一里師爲童子解說論語至吾執御矣童子不知義

理忽問曰前日夫子巳說雖執鞭執御之士吾亦爲之

今又說吾執御矣執鞭執御賤役也夫子何樂爲

之里師無以對余代爲之答曰夫子此處却有微

意前說求富是利也今說成名是名也只爲世人

名利之夢難醒夫子特下轉語喚醒之意若曰富

可求也鞭可執也名可成也御可執也噫嘻爲此

樗齋漫錄　卷一　　三十三

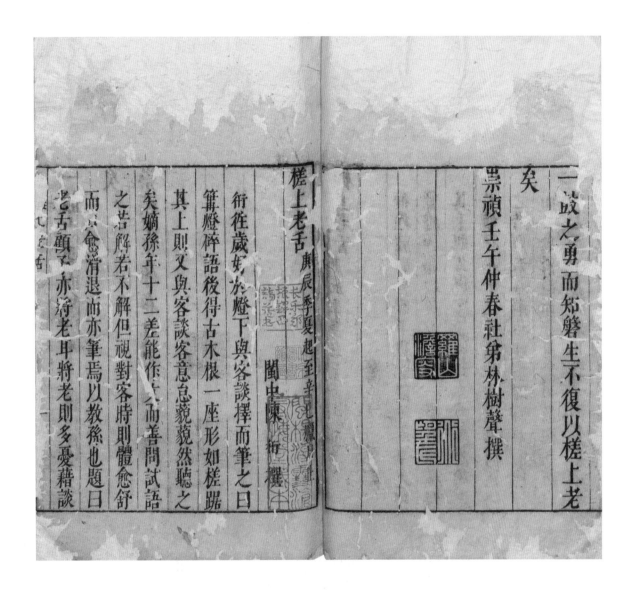

槎上老舌一卷　〔明〕陳衎撰

明崇禎刻本

一冊

半葉九行十六字，白口，四周單邊。版框 16.3×13.5 厘米

七修類稿五十一卷續稿七卷　〔明〕郎瑛撰

清乾隆周榮耕煙草堂刻本

十六冊

半葉九行二十字，黑口，左右雙邊。版框 13.2×9.8 厘米

七修類稾卷一

明仁和郎瑛仁寶著述

天地類

經星牛女

容齋隨筆辯鬼宿度河篇曰經星終古不動殊不思
天是動物經星卽其體也蔡傳曰繞地左旋一日一
週而過一度夜視可知矣但不似緯星週天各有年
數牽牛織女七夕渡河之說始於淮南子烏鵲塡河
而渡織女續齊諧誌云七月牽牛嫁織女詩人後遂

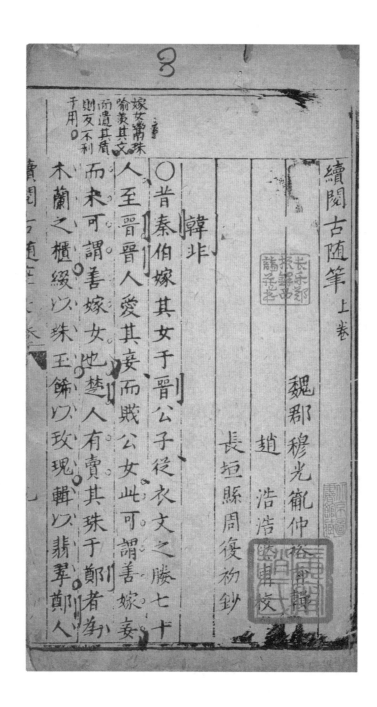

續閱古隨筆二卷 〔明〕穆光胤輯

明萬曆十四年（1586）刻本

一册

半葉九行十八字，白口，四周雙邊。眉欄鐫評。版框 23.7×14.4 厘米

甓瓦初編十卷甓瓦二編十二卷　〔明〕吳安國撰

清道光十三年（1833）吳氏刻本　鄭振鐸跋

八冊

半葉十行二十一字，白口，四周雙邊。版框 18.2×13.0 厘米

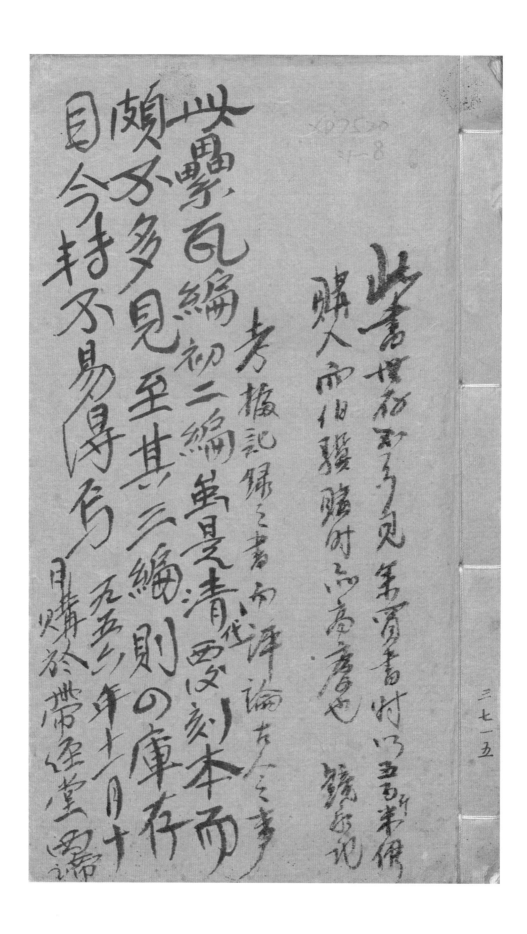

此書僧初刊多易見第質書付以五西米傳
難人而但張臨時以而廣也
鏡如記

此墨瓦編初二編雖是青西次刻本而
考撥記錄之書向評論古人之事代
頗不多見至其三編則の庫在
五五六年十月十
目今特不易得矣
月燼災於帶經堂露端

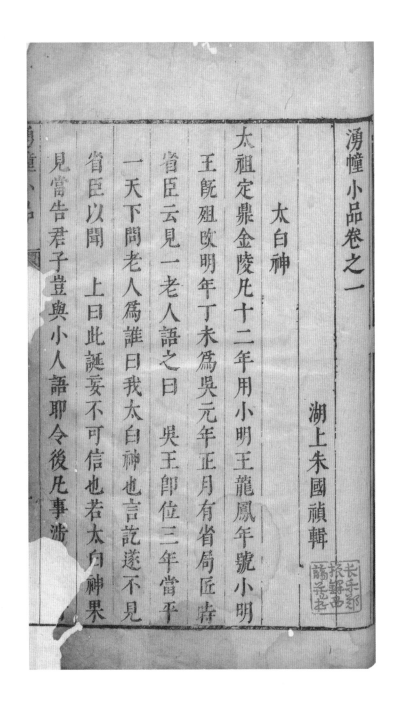

太白神

太祖定鼎金陵凡十二年用小明王龍鳳年號小明
王既殂歐明年丁未爲吳元年正月有省局匠齊
省臣云見一老人語之曰　吳王郎位三年當平
一天下問老人爲誰曰我太白神也言訖遂不見
省臣以聞　上曰此誕妄不可信也若太白神果
見當告君子豈與小人語耶令後凡事游

湧幢小品卷之一

湖上朱國禎輯

湧幢小品三十二卷　〔明〕朱國禎輯

明天啓二年（1622）清美堂刻本

十六冊

半葉九行二十字，白口，左右雙邊。版框 21.2×14.8 厘米

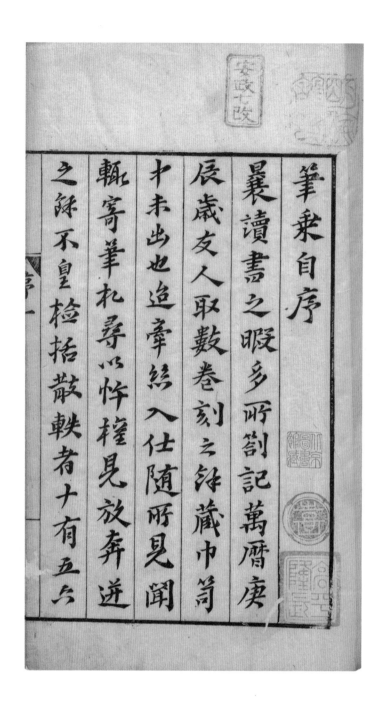

焦氏筆乘六卷續集八卷　〔明〕焦竑撰

明萬曆三十四年（1606）謝與棟刻本

五冊

半葉九行十九字，白口，四周單邊。版框 20.9×13.8 厘米

焦氏筆乘卷一

秣陵焦竑弱侯輯

門人謝與棟吉甫

男焦尊生茂直　校

仲修勸讀論語

李彥平日宣和庚子某入辟雍同舍趙孝孫仲修

伊川先生高弟趙顏子之子也於某有十年之長

辛丑春同試南宮仲修中選而某被黜仲修勉之

日公盛年一跌何傷姑歸讀書可也某意不懌趙

日公頗讀論語否卽應之曰三尺之童皆讀此何

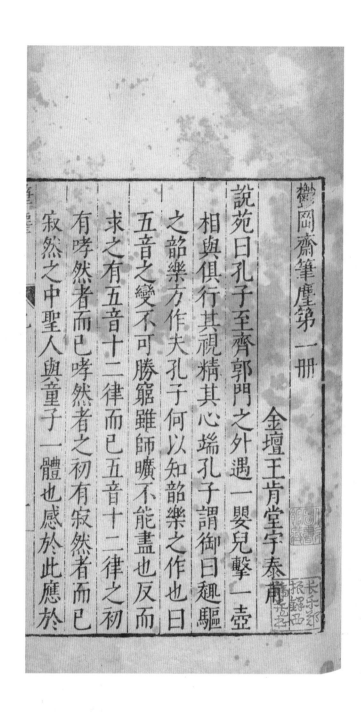

鬱岡齋筆麈四卷 〔明〕王肯堂撰

明萬曆刻本

四冊

半葉九行十八字，白口，四周單邊。版框 19.0×12.8 厘米

學易堂三筆

龍也周流七十二主見龍利見也不厭不倦
忘食忘寢正其乾乾惕厲之時為魯司冠攝
行相事躍而自試也歸與七十子刪述六經
祖述憲章考諸三王修素王之業以俟百世
聖人為帝王師祖較之飛龍不減年巳六十
八猶云學易可以無大過上而不亢也易不
止中庸中庸是易也
元元者民也漢書元帝紀元之民嚴安傳元
元黎民囚奴傳元元萬民近於重褥顏師古

注元元善意也余曰蓋取易文言曰元者善
之長也是即斯民也三代所以直道而行之
意程子以元為物之始亨為物之長此又春
生夏長之長非首善之長
孔子曰友諒君子貞而不諒者事之幹也諒
小信也在人不可不諒不諒則為我損在我
不可取必於諒必諒則自損好信不好學其
蔽也賊故有言不必信惟義所在之大人
日月星辰歲曆數剛健中正純粹精

學易堂三筆一卷滴露軒雜著一卷　〔明〕項皋謨撰

明刻本

一冊

半葉九行十八字，白口，四周單邊。版框 21.6×15.0 厘米

開讀述

里巷相傳先接紅詔後接白詔六十以上之

人能言之紛紛籍籍不知其幾臣皐謨曰

皇上廟〔光〕仁孝誠敬出自性成先凶後吉斷自

宸衷尚書顧命云王麻冕黼裳由賓階隮卿士

邦君麻冕蟻裳酌吉凶之間示禮之變也吉

凶先後之間自有說焉嘉靖八年十八年兩

次立東宮十八年二十八年莊敬太子

哀冲太子薨逝自後不復立乙丑丙寅間華

曹露于維等

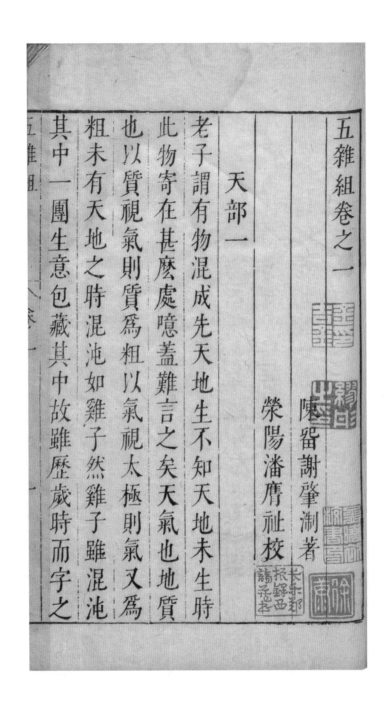

老子謂有物混成先天地生不知天地未生時
此物寄在甚麼處憶蓋難言之矣天氣也地質
也以質視氣則質爲粗以氣視太極則氣又爲
粗未有天地之時混沌如雞子然雞子雖混沌
其中一團生意包藏其中故雖歷歲時而字之

天部一

五雜組卷之一

　　　　　　　　　陳留謝肇淛著

　　　　　　　　榮陽潘膺祉校

五雜組

五雜俎十六卷　〔明〕謝肇淛撰

明萬曆四十四年（1616）潘膺祉如韋館刻本

二冊　存四卷：一至四

半葉九行十八字，白口，四周單邊。版框 21.9×14.7 厘米

四天下四天下條貫主阿舅大官家又元豐四
年于闐國上表稱于闐國僂儸大福力量知文
法黑汗王書與東方日出處大世界田地主漢
家阿舅大官家云其可笑如此效漢文帝時單
于遺漢書曰天地所生日月所照匈奴曰大單子
隋文帝時沙鉢略致書曰從天生大突厥天下
聖賢天子伊利俱盧設莫何始波羅可汗致書
大隋皇帝又倭國有日出天子致書日入天子
之語我 朝四夷表章皆頒有定式不敢踰越
其間有悖慢之語者不受也

五雜組卷之四終

五雜組

東吳范迂漫翁審定

新安如韋館藏板

五雜俎十六卷　〔明〕謝肇淛撰

明萬曆四十四年（1616）潘膺祉如韋館刻德聚堂印本

七冊　存十四卷：一至五、八至十六

半葉九行十八字，白口，四周單邊。版框 21.5×14.6 厘米

五雜組卷之一

陳留　謝肇淛　著

滎陽　潘膺祉　校

天部一

老子謂有物混成先天地生不知天地未生時
此物寄在甚麼處噫蓋難言之矣天氣也地質
也以質視氣則質爲粗以氣視太極則氣又爲
粗未有天地之時混沌如雞子然雞子雖混沌
其中一團生意包藏其中故雖歷歲時而字之

五雜組　　　　　　　　　一

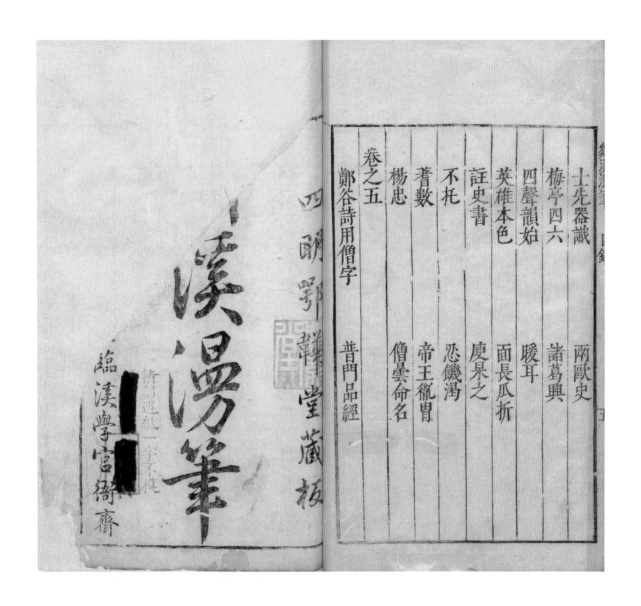

剡溪漫筆六卷　〔明〕孫能傳撰

明萬曆四十一年（1613）孫能正鄂韡堂刻本

一冊　存三卷：一至三

半葉十行二十一字，白口，四周單邊。版框 21.7×14.4 厘米

劉溪漫筆卷之一

　　　　四明孫能傳一之甫輯

　　　　　弟能正立之甫校刊

　　　　　姪如葯如芝如蘭仝校

慶成王百子

王元美皇明盛事述載慶成王百子事考之
玉牒慶成最多男者惟溫穆王鍾鎰實止四十四子早
夭者一庶人二長子襲封鎮國將軍者四十八人耳
有女四十七子女共九十一人謂之百子者盖總男女
舉成數而言而元美信爲實然乃云自長子襲封外餘

劉溪漫筆　卷一　　　　一

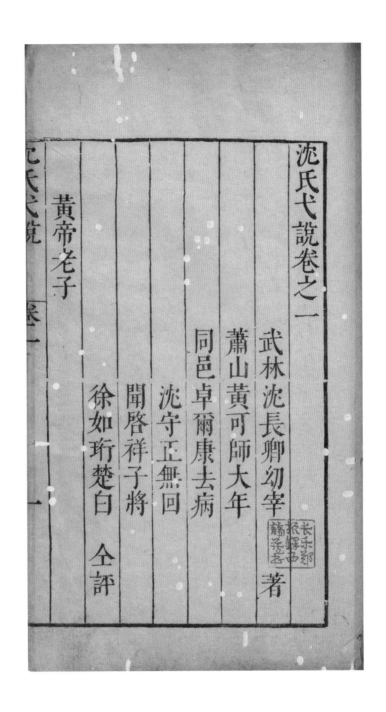

沈氏弋説六卷　〔明〕沈長卿撰　〔明〕黃可師等評

明萬曆刻本

六冊

半葉八行十八字，白口，四周單邊。版框 21.7×13.6 厘米

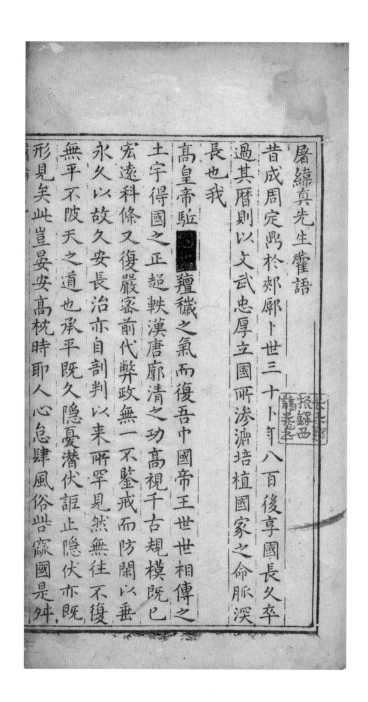

屠緯真先生藿語一卷 〔明〕屠隆撰

明李氏友愛堂刻本

一冊

半葉十行二十二字，白口，四周雙邊。版框 21.1×13.0 厘米

後其說稍用是作者意也

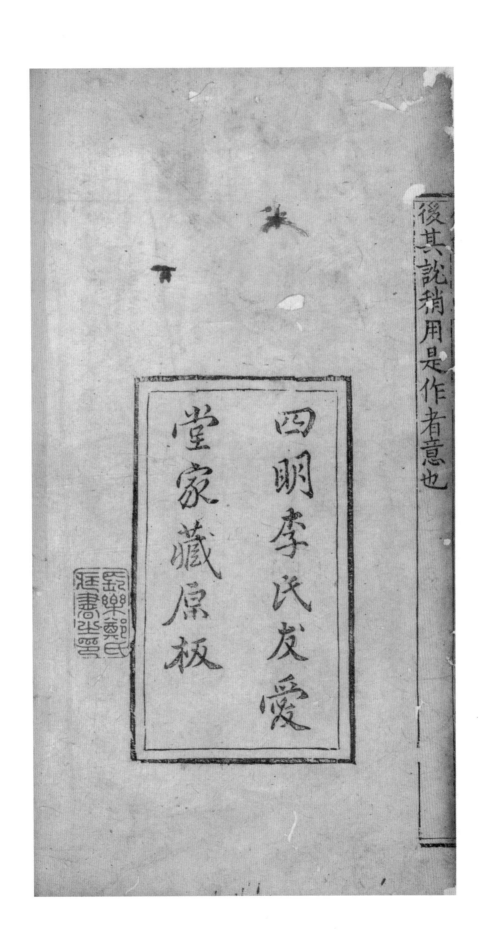

四明李氏發愛
堂家藏原板

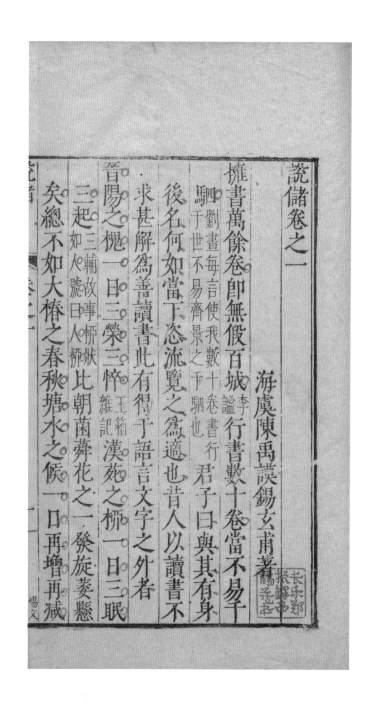

説儲八卷二集八卷　〔明〕陳禹謨撰

明刻本

六册　存十二卷：缺二集五至八

半葉九行二十字，白口，左右雙邊。版框 20.3×12.9 厘米

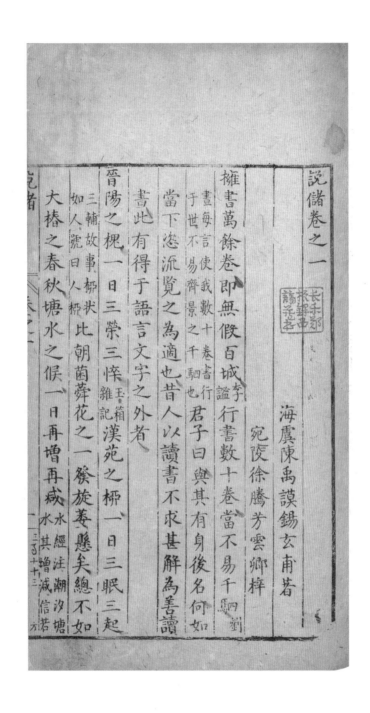

説儲八卷 〔明〕陳禹謨撰

明萬曆三十七年（1609）徐騰芳刻本

四册

半葉十行二十二字，白口，四周單邊。版框 22.7×15.2 厘米

文通三十卷閏一卷 〔明〕朱荃宰撰

明天啓六年（1626）泙漫堂刻本

八册

半葉九行二十字，白口，四周單邊。版框 21.8×15.1 厘米

文通卷之一

明黃岡朱荃宰咸一父著

明道

宋景濂曰人文之顯始於何昧實肇於庖犧之世庖
犧仰觀俯察畫奇偶以象陰陽變而通之生生不窮
遂成天地自然之文非惟至道含括無遺而其制器
尚象亦非文不能成如垂衣裳而治取諸乾坤上棟
下宇而取諸大壯書契之造而取諸夬舟楫牛馬之
利而取諸渙隨杵臼棺槨之制而取諸小過大過重

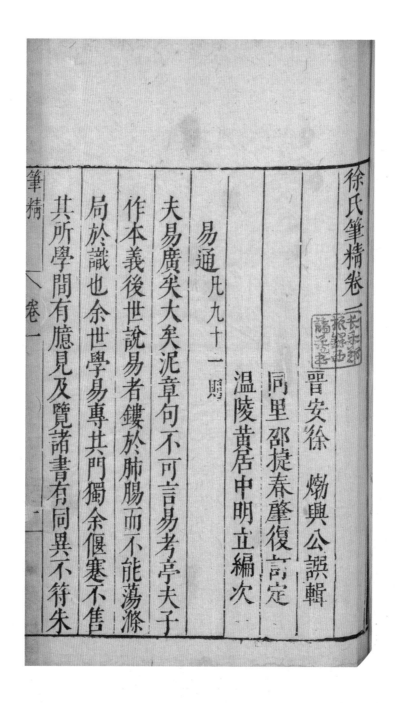

徐氏筆精八卷續二卷　〔明〕徐𤊹撰

明崇禎五年（1632）邵捷春、黃居中刻本（續筆精配清萬花樓抄本）

四冊

半葉九行十八字，白口，左右雙邊。版框 18.9×14.4 厘米

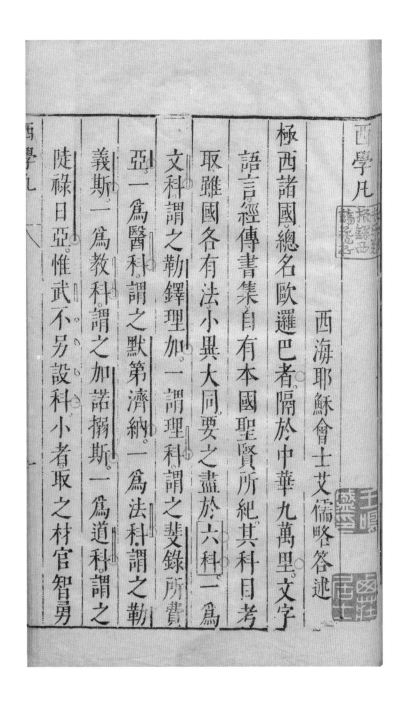

西學凡

西海耶穌會士艾儒畧荅述

極西諸國總名歐邏巴者隔於中華九萬里。文字

語言經傳書集自有本國聖賢所紀其科目考

取雖國各有法小異大同要之盡於六科一爲

文科謂之勒鐸理加一謂理科謂之斐錄所費

亞一爲醫科謂之默第濟納。一爲法科謂之勒

義斯。一爲教科謂之加諾搦斯。一爲道科謂之

陡祿日亞惟武不另設科小者取之材官智勇

西學凡一卷　〔義大利〕艾儒畧撰

明天啓刻天學初函本

一冊（與三山論學紀合一冊）

半葉九行十九字，白口，左右雙邊。版框 21.2×15.0 厘米

思及艾先生述

三山論學紀

武林天主堂重梓

三山論學紀一卷　〔義大利〕艾儒略撰

明末武林天主堂刻本

一册（與西學凡合一册）

半葉九行十九字，白口，四周單邊。版框 21.4×14.1 厘米

三山論學紀

泰西耶穌會後學艾儒畧著

旅人西來後學也承先聖
萬里經身毒諸國入中華初縣粵而兩都觀光
上國復縣都門而晉秦吳越每喜請益大邦諸君
子相國福唐葉公以天啓乙丑招余入閩多所絫
證丁卯初夏相國再入三山一日余投謁適觀察
曹先生在坐相國笑而謂曰三山二君俱意在出世顧
一奉佛一闢佛趨向不同何也儒畧曰大都各以

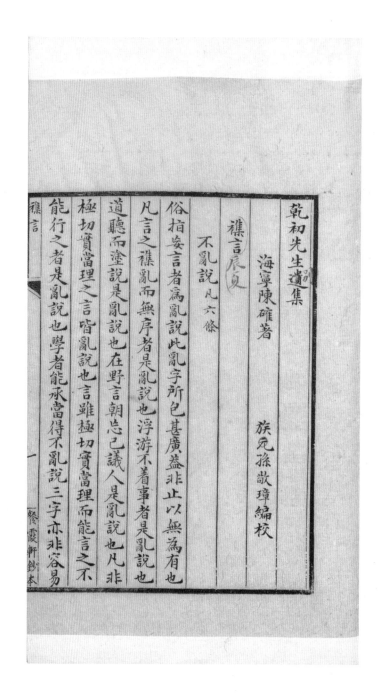

乾初先生遺集四卷 〔明〕陳確撰

清餐霞軒抄本

一册

半葉九行二十三字，黑口，左右雙邊。版框 18.0×13.5 厘米

逸樓論史

楚麻城李中黄子石著

舜郊堯禹郊鯀舜之郊堯猶是公天下之心禹之
郊鯀便有家天下之意然則禹不宜傳啓乎曰否
洪水之害亟矣微禹吾其魚乎自古以來功未有
大於禹者也蓋堯舜以德三王以功故禹以水契
以教稷以農其後各食數百年之報如今人臣惟
有功乃得世襲蔭故漢唐宋祖之德不及孔子
而皆有天下亦以平定禍亂之功也天之愛人至

逸樓論史（一）

逸樓論文一卷論史一卷　〔清〕李中黄撰

清刻本

二册

半葉九行十九字，白口，四周雙邊。版框 19.4×13.7 厘米

書隱叢説卷之一

吳江袁棟漫恬著

盈虛消息

一部易經只是盈虛消息四字上而天地陰陽四時日月下而昆蟲草木器用菽帛以至人生之生老病死世事之循環往復其象莫不著於易莫外乎盈虛消息之間善讀易者得其大意擴而充之裕如也

性理之祖

易曰易有太極是生兩儀書曰惟皇上帝降衷于下民詩曰維天之命於穆不已禮曰人生而靜天之性

書隱叢説十九卷　〔清〕袁棟撰

清乾隆鋤經樓自刻本

十冊

半葉十行二十字，小字雙行同，白口，左右雙邊。版框 17.9×12.9 厘米

捫蝨璅譚卷一

海寧曹宗載桐石著　錦梅

西席係獨尊之位無對者也周之大袷時袷皆后稷東
向至大褅則遷后稷南向而以帝嚳東向史記叙鴻門
之燕項王項伯東向坐亞父南向坐沛公北向坐武安
侯傳武安以漢相最尊東向坐坐其兄蓋侯南向皆所
謂西席也今人稱師為西席特推為獨尊耳若尚以為
師稱呼殊未識此義
筠廓偶筆有云春花落瓣秋花落英然蘭蕙水仙春花

捫虱璅譚二卷　〔清〕曹宗載撰

清抄本

二冊

半葉九行二十一字，無欄格

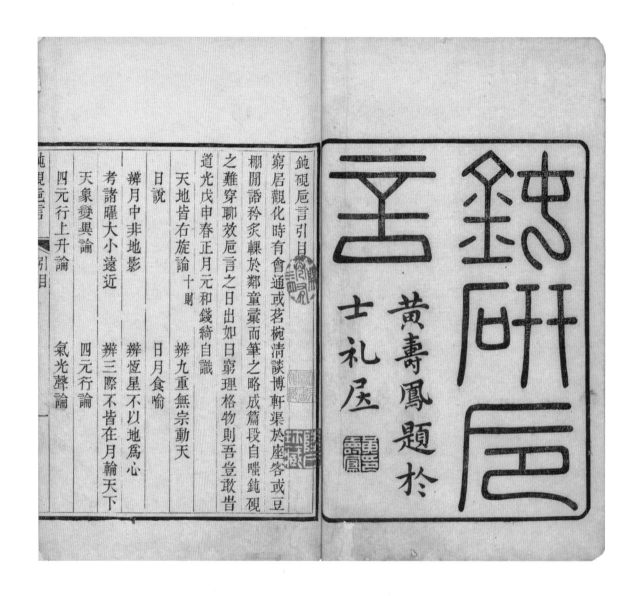

鈍硯厄言　黃壽鳳題於士礼凥

鈍硯厄言不分卷　〔清〕錢綺撰

清道光刻本

二册

半葉十一行二十一字，白口，四周雙邊。版框 18.4×13.5 厘米

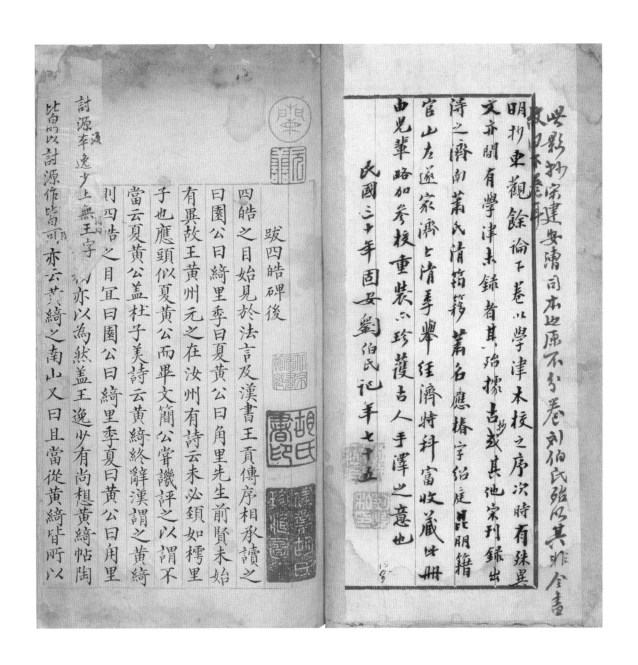

東觀餘論不分卷　〔宋〕黃伯思撰

明抄本

一册

半葉十行二十字，綠格，白口，四周單邊。版框 17.6×12.6 厘米

東觀餘論總目

瀘帖刊誤卷上　并序

左朝奉郎行祕書省祕書郎黃伯思撰　秀水項篤壽重校

淳化中内府既博訪古遺蹟時翰林侍書王著

受

詔緒正諸帖著雖号工草隸然初不深書學又

昧古今故祕閣瀘帖十与中瑤珉雜糅論次乖

謬世多耳觀遂久莫辨故禮部郎米帝元章筆

翰妙薦紳開在淮南幕府日嘗跋弓尾作數百

語頗有條流但概舉其目踈略甚多故諸部中

東觀餘論二卷　〔宋〕黃伯思撰

明萬曆十二年（1584）項篤壽萬卷堂刻本

二冊

半葉九行十八字，白口，左右雙邊。版框 23.2×16.3 厘米

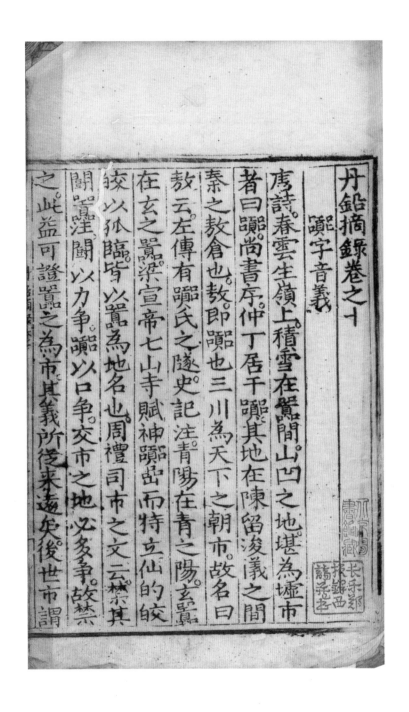

丹鉛摘錄十三卷　〔明〕楊慎撰

明嘉靖二十六年（1547）石簡刻本

一冊　存四卷：十至十三

半葉十行二十字，白口，四周雙邊。版框 19.8×14.7 厘米

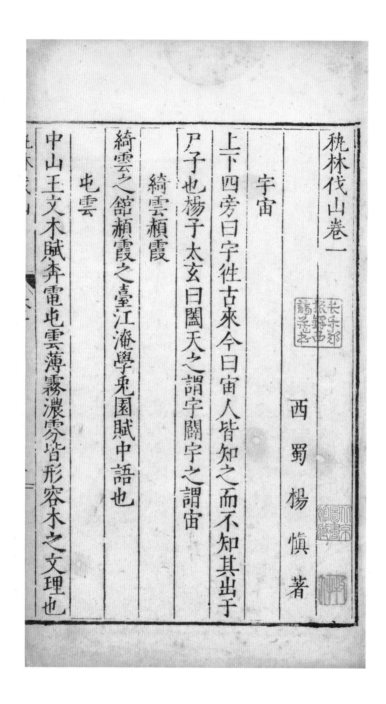

秫林伐山二十卷　〔明〕楊慎撰

明萬曆元年（1573）邵夢麟刻本

四册

半葉九行二十二字，白口，四周雙邊。版框 22.1×15.1 厘米

稗林伐山西蜀楊用脩所輯也

余愛之攜置篋中郎署多暇輒

展卷玩味因以是書之傳未廣

也復付諸梓與博洽君子共焉

隆慶六年春吳郡凌雲翼識

撫臺凌公來治江右偶因公謁出示是書欲廣厥傳
蓋易稱雜物詩著多識雖庖言得官固皆聞見之
資也詎可廢與因命梓之以成公嘉惠後學之志云

萬曆癸酉冬末陽邵夢麟識

疑耀七卷　〔明〕張萱撰

明萬曆呂東山刻本　鄭振鐸跋

四册

半葉八行十六字，白口，四周單邊。版框 19.4×13.9 厘米

疑耀卷之一

温陵李贄閎甫著

嶺南張萱孟奇訂

孔子無鬚眉辯

先聖生有異質凡四十九表襄弘之所談

姑布子卿之所稱老萊弟子之所識荀卿

司馬遷之所述亦云備矣獨未及舌者舌

内藏不得稱表也緯書所載舌理七重又

疑耀　　　　　　　　　卷之一　　一

疑耀七卷題李贄著張萱訂の庫

總目提要則逕作張萱撰按萱所刊

書甚多如雲笈七籤此雅尚等皆不沒作

者之名此書若果有萱自著仍故也

假卓吾此書乃疑也并有數則似

出萱手或昌祺增入之語未可因以

遂沒殺卓吾著作也五五〇年十二

月二十四日購於富晉書社西諦

九五五〇

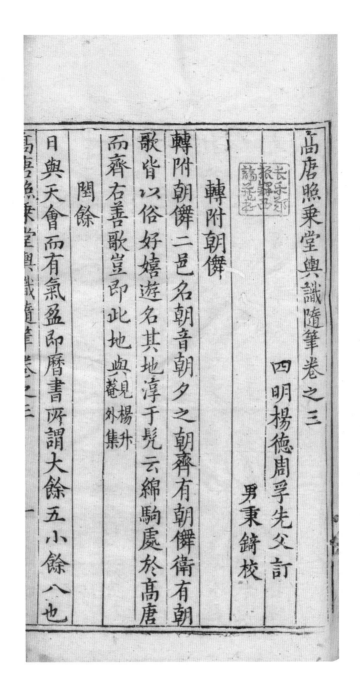

高唐照乘堂輿識隨筆卷之三

四明楊德周孚先父訂

男秉錡校

轉附朝儛

轉附朝儛二邑名朝音朝夕之朝齊有朝儛衛有朝歌皆以俗好嬉遊名其地淳于髡云綿駒處於高唐而齊右善歌堂卽此地與菴外集見楊升

閏餘

日與天會而有氣盈卽曆書所謂大餘五小餘八也

高唐照乘堂輿識隨筆卷之三

一

高唐照乘堂輿識隨筆十六卷　〔明〕楊德周撰

明刻本

七冊　存十四卷：三至十六

半葉九行二十字，小字雙行同，白口，四周雙邊。版框 21.0×12.5 厘米

16538（9463）

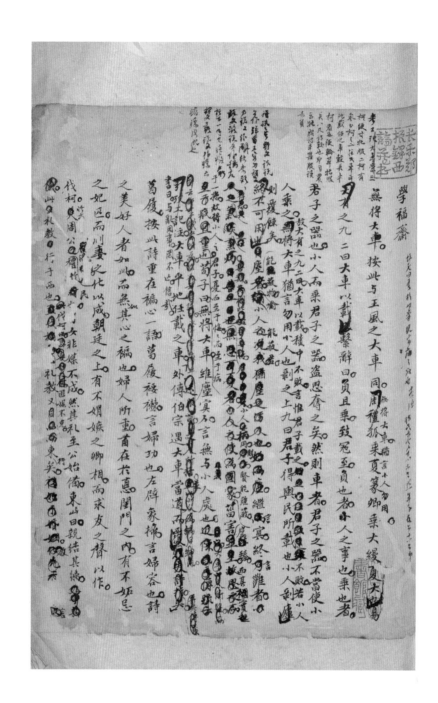

學福齋筆記不分卷

稿本

一冊

無欄格

五逆四之文此碑亦然蓋漢人傳魯論有如此者（引論以上）

語堯廟碑故能高如不危滿如不溢如與而同鄭季宣

碑咨父事君此卽資於事父以事君之文咨與資同（以上）

引孝議卽元寶碑退不枉尺直擽擽與尋同李翊碑比

烈陵於卽於陵之倒文三公之碑對臬如火對卽叔字

古本作未或借作叔其从卄者後人所加也（以上引碑）

又云馬籠粮秀棠魯語馬籠不過粮蕎韋昭注粮童梁

說文有粮無粮據碑文則漢時已有粮宇粮秀禾采生

而不成者之偁魯語作蕎恐非城壩碑至下元月合本

于作於（以上引）滿語

愈愚録六卷又一卷　〔清〕劉寶楠撰

稿本　清孫詒讓、丁壽昌批註，宋焜跋

六册

半葉十行二十三字，小紅格，白口，四周單邊（部分無欄格）。版框 19.8×13.8 厘米

周公攝政非攝位

書序武王崩三監及淮夷叛周公相成王將黜殷作大誥

案大誥王若曰王卽指成王鄭注王謂攝也周公居攝命

大事則權代王也孔穎達曰惟名與器不可假人周公自

稱爲王則是不爲臣矣大聖作則豈爲是乎孔氏此說足

以駁正鄭氏令以序文觀之周公相成王相者謂爲冢宰

也冢宰稱王有是理乎漢書翟方進傳恭依周書作大誥

作攝皇帝若曰然則以王爲周公其誤不始於鄭矣

洛誥在十有二月惟周公誕保文武受命惟七年馬注惟七

年周公攝政天下太平鄭注文王得赤雀武王俯取白魚受

類抄不分卷　〔清〕丁晏撰

稿本

一冊

半葉行字不等，無欄格

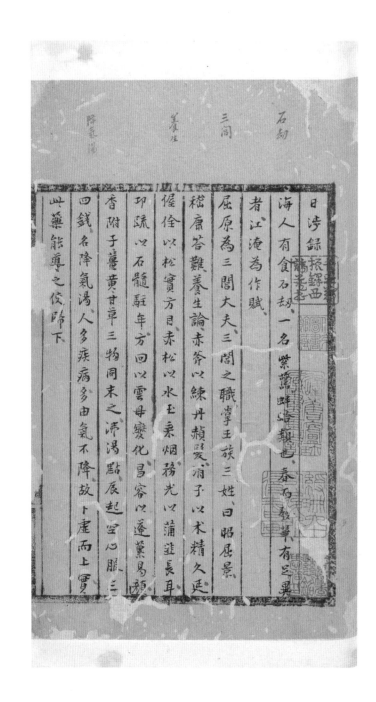

日涉録不分卷

清抄本

四册

半葉十行二十一字，黑口，四周單邊。版框 18.5×13.9 厘米

唐摭言卷第一

統序科第

周禮鄉大夫具鄉飲酒之敎考其德行察其道藝三

年舉賢者貢于王庭非夫鄉舉里選之義源於中古

乎夫子聖人始以四科齒門弟子後王因而範之漢

草秦亂講求典禮亦解縉塗方輒以須賢俊考德行

則升孝廉而激浮俗掄道藝則筭雋造而廣人文故

郡國貢士無虛歲矣綠是天下上計集于大司徒府

所以顯五敎于萬民者也我唐沿隋法漢改之以

事草澤琴瑟不改而清濁殊塗丹漆不施而豐儉異

英二一

唐摭言十五卷　〔五代〕王定保撰

清抄本

四册　存九卷：一至三、七至十二

半葉十行二十字，無欄格

司馬溫公涑水記聞有聚珍版本近
又重鐫扵福建此鈔應俱柱其肯跆
康熙年間物也惜止一卷不全

陳照續藏

涑水記聞一

建隆元年正月辛丑朔鎮定奏契丹與北漢合勢入
寇太祖時為歸德軍節度使殿前都點檢受同恭帝
詔將宿衛諸軍禦之癸卯發師宿陳橋將士陰相與
謀曰主上幼弱未能親政令我輩出死力為國家破
賊誰則知之不若先立檢點為天子然後北征未晚
也甲辰將士皆擐甲執兵仗集扵驛門讙譟㝎入驛
中太祖尚未起太宗時為內殿祗候供奉官都知入
白太祖太祖驚起出視之諸將露刃羅立扵庭曰諸
軍無主願奉太尉為天子太祖未及荅或以黃袍加

涑水記聞二卷　〔宋〕司馬光撰

清抄本　清王萱鈴跋

一册　存一卷：上

半葉十行二十字，無欄格

四朝聞見錄甲集

龍泉葉紹翁撰

恭孝儀王大節

恭孝儀王諱偁仲湜王之生也有紫光照室反視則肉
塊以叉割塊遂浮嬰兒先兩月毋夢文殊而孕動二
帝北狩六軍欲推王而立之仗劍以卻黄袍曉其徒
曰自有真主其徒猶未退則以所仗劍自斷其髮其
徒又未退則欲自伏劍以死六軍興約以踰月而真
主不出則王當即大位陽許而陰實欵其期未幾高
宗即位于應天王聞闕慶南上屢嘉歎王祭濮園嘗

四朝聞見録甲集一卷乙集一卷丙集一卷丁集一卷戊集一卷 〔宋〕葉紹翁撰

清抄本　清鮑廷博、顧廣圻校

四冊

半葉十行二十字，無欄格

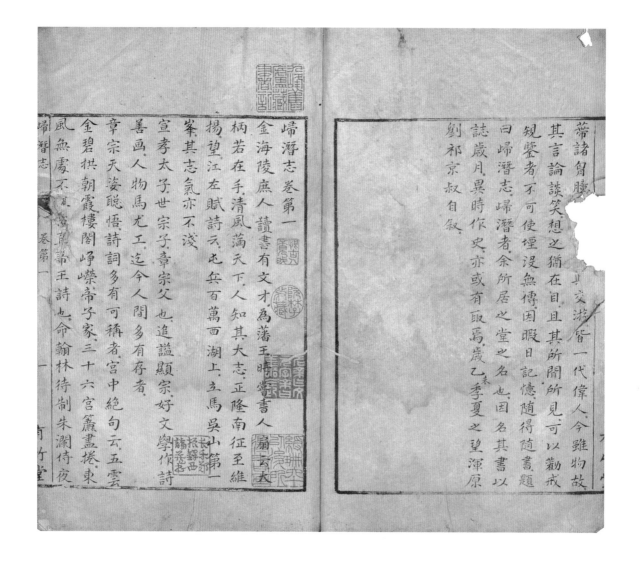

帶諸臾膽一代偉人今雖物故

其言論談笑想之猶在目且其所聞所見可以勸戒

規鑒者不可使堙沒無傳因暇日記憶隨得隨書題

曰歸潛志歸潛者余所居之堂之名也因名其書以

誌歲月異時作史亦或有取焉歲乙未季夏之望渾原

劉祁京叔自叙

歸潛志卷第一

金海陵庶人讀書有文才為藩王時嘗書人

柄若在手清風滿天下人知其大志正隆南征至維

揚望江左賦詩云屯兵百萬西湖上立馬吳山第一

峯其志氣亦不淺

宣孝太子世宗子章宗父也追諡顯宗好文學俏詩

善画人物馬尤工逺今人間多有存者

章宗天姿聰悟詩詞多有可稱者宮中絶句云五雲

金碧拱朝霞樓閣崢嶸帝子家三十六宮簾盡捲東

風無處不飛花其第王詩也命翰林待制朱瀾待夜

歸潛志　　　卷第一　　　一　　　　有竹堂

歸潛志十四卷　〔元〕劉祁撰

清有竹堂抄本

二冊　存八卷：一至八

半葉十行二十字，白口，四周單邊。版框 21.3×14.9 厘米

口筆刀圭卷之五

翰林檢討青城毛　起輯

驗封郎中寅齋陳惟直校

後漢書

光武紀

三輔見司隸僚屬或垂涕曰不圖今日復見漢官威

儀諸將議上尊號馬武先進曰天下無主如有聖

人承敝而起雖仲尼為相孫子為將猶恐無能有益

反水不收后悔無及大王雖執謙退奈宗廟社稷何

宜且還薊即尊位乃議征伐今此誰賊而馳騖擊之

口筆刀圭錄

卷之六

一

付

口筆刀圭九卷　〔明〕毛起輯

明萬曆十五年（1587）徐元太刻本

一冊　存五卷：五至九

半葉十行二十字，白口，四周雙邊。版框22.4×14.9厘米

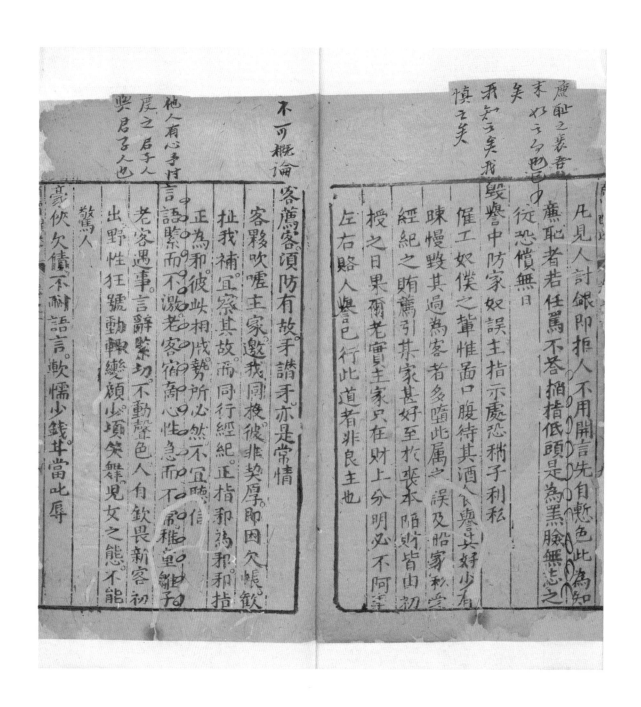

新鍥商賈醒迷二卷附悲商歌一卷警世歌一卷　〔明〕李留德撰

明刻本

二冊

半葉九行二十字，白口，四周單邊。版框 19.0×12.1 厘米

救文格論

論古人不以甲子名歲　崑山顧炎武寧人

甲乙以下十名子丑以下十二名古人用以紀日不以紀歲則自有閼逢以下

十名為干困敦以下十二名為支後人遂為甲子歲癸亥歲非古也自漢以前

無用者史記歷書

逢攝提格太初元年　云　云資治通鑑周紀一起著雍攝提格盡玄黓困敦云云

皆古法也自經學日衰人趨簡便子曰觚不觚此之謂也

以甲子歲雖自東漢以下然其時制詔奉符檄之文皆未嘗正用之其稱歲

必曰元年二年其稱日乃用甲子乙丑如已亥格庚戌制皆曰也至宋而始有

亂其名者

日分十二時之始

見聞廣記一卷

清抄本

一冊

半葉十二行三十字，無欄格

六合叢談十三卷

清咸豐七年（1857）上海墨海書館鉛印本　清龔橙跋

一册

半葉十四行二十八字，白口，四周雙邊。版框 16.0×11.9 厘米

初一日合朔卯正初刻十四分日食中國不見新南維里斯太平洋迦立弗尼見之
初二日火星合月末正三刻十二分南二度八分金星南緯最大申正一刻七分
初三日土星離日九十度申正一刻三分
初四日金星合月卯初三刻九分北一度廿三分天王合月午初三刻南四度七分
初六日水星北緯最大戌正一刻
初七日上弦亥初一刻五分水星合月末初二刻十一分
十一日水星最明卯初一刻十四分水星合天王星辰正一刻六分南五度五十九分
十五日望酉初初刻十四分
十七日水星上合日卯初一刻四分水星合木星戌初三刻七分北二十六分
十八日木星合日午正初刻十四分
二十一日水星過正交申正一刻六分火星過正交亥初初刻十二分
二十三日下弦戌初初刻三刻一分
二十五日金星留巳初三刻十四分
二十六日水星合月正初初刻三分
二十八日水星合火星巳初三刻四分北一度十一分

禮拜日○初四 十一 十八 二十五 定例凡遇星房虛昴四日皆為禮拜日

地理 釋名

慕維廉

地球每日自轉自西而東面西而立則左為南右為北自轉所繞之線日
軸軸之北端日北極南端日南極球腰大圓周過二極各九十度日赤道
赤道北為北半球南為南半球諸大圓周皆日經線過京都之經線為中線偏東日東經度偏西日西經度與赤道平行諸圈日
緯線地球大周三百六十度每度二百里距赤道各二十三度二十八
分南日晝短圈北日晝長圈距晝短晝長圈各四十三度四分南日南極
圈北日北極圈晝短晝長二圈之間日恒近天頂過大圓周日黄道
短晝長二圈至南北二極帶其間氣候溫和日南北二溫帶二極圈之內
氣候極寒日南北二寒帶近日熱帶晝
乃地繞日之道即視日繞地之道黄赤二交日春秋二分黄極日至此二
點統地球晝夜均平此線地球面日子午正背日為
于正午線東為午前西為午後凡經緯線俱分三百六十度度六十分分
六十秒緯線在赤道南日南緯圈北日北緯圈地球大圓分三百六十度

金陵瑣事

漫士周　暉吉父撰
矩所何湛之公露校

三老

太祖初下建康聞秦原之周良卿丘某德
行著聞以禮延請詢以政事人才稱曰三
老廼秦原之遂以靜誠先生薦靜誠姓陳
名遇字中行　太祖御書稱中行先生以

家貧不能梓行昌若轉贈王生王生當分
載諸集中使君之姓字不至泯泯也余喥
而不荅因思旣已付之抄錄能强其不炎
于木乎但性不近道未能怱情廼取客談
中切于金陵者錄成四帙名曰瑣事蓋國
史之所未暇收郡乘之……不能備者不過
細瑣之事而已以細瑣之事與管穴之見
相投故搖筆紀之爾若掞張無實與暗昧

金陵瑣事四卷續二卷　〔明〕周暉撰

明萬曆三十八年（1610）刻本

八冊

半葉八行十六字，白口，四周單邊。版框 19.4×14.0 厘米

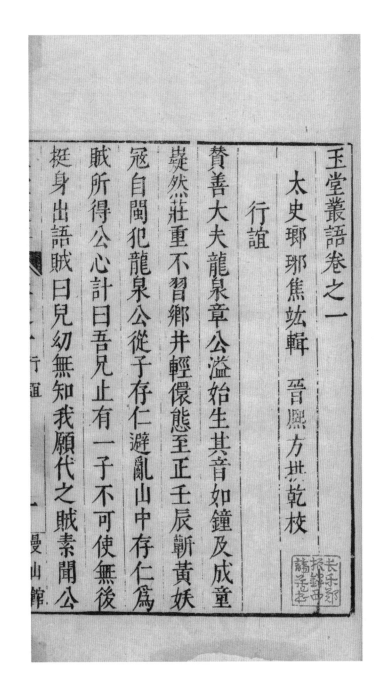

玉堂叢語卷之一

太史瑯瑘焦竑輯　晉熙方拱乾校

行誼

賛善大夫龍泉章公溢始生其音如鐘及成童
巋然莊重不習鄉井輕儇態至正壬辰薪黃妖
冠自閩犯龍泉公從子存仁避亂山中存仁為
賊所得公心計曰吾兒止有一子不可使無後
挺身出語賊曰兒幼無知我願代之賊素聞公

玉堂叢語八卷　〔明〕焦竑撰

明萬曆徐象橒曼山館刻本

四册

半葉八行十八字，白口，四周單邊。版框 20.2×14.2 厘米

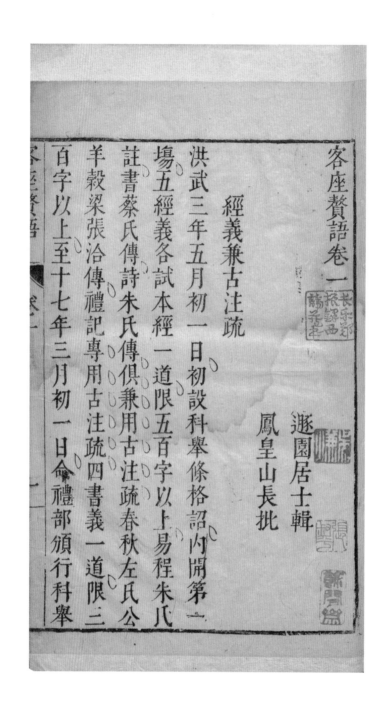

客座贅語十卷 〔明〕顧起元撰

明萬曆四十六年（1618）顧起元刻本

十册

半葉九行二十字，白口，四周單邊，無直格。版框 21.4×14.3 厘米

萬曆戊午孟秋十一日宦歸鴻館中

校贅譯十卷都記此書乃數筆來

研札記者因隨手丙書原無偏次頃

二筆中以病兀坐長日無聊小蒼編

敘以散懷送日雜壽之校本無足

容姑唱以詒子姪而已不敢以示人也

　　　　　　遯園居士再識

蕭山魏冢寧驤字仲房致仕家居嘗至杭城野
服兩人昇竹輿子兀坐潦倒不知者謂一村夫
耳入朝陽門遇錢塘縣主簿鳴騶而來不及迴
避簿令隸人追問公乃荅曰蕭山魏驤諸不識
名怒曰道甚蕭山曾稽復使人間之曰南京吏
部致仕尚書簿驚懼下馬立於道左請罪不已
公咲曰我不能避耳官人何故如此乃援之而

冢寧雅量

起

史癡

金陵史癡翁名忠字廷直能詩又能為新聲樂
府冢有樓近治城扁曰卧癡有姬可玉仙號白
雲道人聰慧解篆書居常以文字相娛有時出
遊輒附舟而行不告家人所徃女箏當嫁貪
不能具禮翁誑攜觀盤而妻送至塔冢取咲而
別年踰八十預命參列已隨而行謂之生殯按

白醉璅言

白醉璅言二卷　〔明〕王兆雲撰

明徐應瑞刻本　鄭振鐸跋

二冊

半葉八行十八字，白口，四周單邊或雙邊。版框 19.9×13.2 厘米

醒言卷下

麻城　王兆雲元禎輯
吳郡　王世貞元美閱訂
三衢　徐應遴思山編梓

文學根於篤實

聖門篤實無若子夏而以文學名文學固根於
篤實乎物實而後華也故曰篤實輝光後之文
人才子果自篤實中來乎蓋其本立之美而篤

白崖巢言　　　　　　卷之六

一〇〇七九

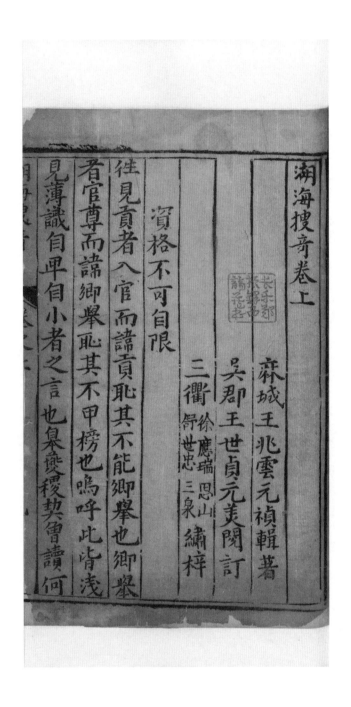

湖海搜奇二卷　〔明〕王兆雲撰

明徐應瑞、舒世忠刻本

二冊

半葉八行十八字，白口，四周雙邊。版框 20.0×13.7 厘米

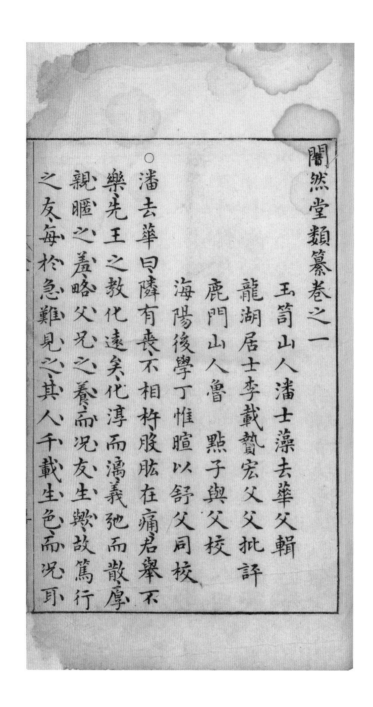

闇然堂類纂卷之一

玉笥山人潘士藻去華父輯

龍湖居士李載贄宏父父批評

鹿門山人魯　　點子與父校

海陽後學丁惟暄以舒父同校

○潘去華曰隣有喪不相杵股肱在痛君擧不

樂先王之教化遠矣化淳而漓義弛而散厚

親暱之義略父兄之養而況友生歟故篤行

之友每於急難見之其人千載生色而況耳

闇然堂類纂六卷　〔明〕潘士藻撰　〔明〕李載贄評

明刻本

一册　存四卷：一至四

半葉九行十八字，白口，四周單邊，無直格。版框 21.3×14.4 厘米

萬曆欣賞編卷之一

明秀水沈德符景倩父著

　　　　　　　　　過庭遐伯父

　　　　　　男　　　　　　編

　　　　　　　　　克家慶仲父

太子冊寶

嘉靖十八年己亥二月朔日　世宗將幸承天府冊立　莊敬

太子及　裕王　景王裕即　穆宗潜藩也是日大禮甫舉內

臣司冊寶者各奉所賜歸而　裕王冊寶誤入　太子所其青

宮冊寶乃為　裕即所收中外駭怪是時　莊敬已有疾年十

四而薨逝　穆宗與、景王生同歲中外頗有左右祖之疑然

萬曆欣賞編□□卷　〔明〕沈德符撰

清抄本　清劉履芬跋

六冊　存七卷：一至二、五至九

半葉十行二十四字，無欄格

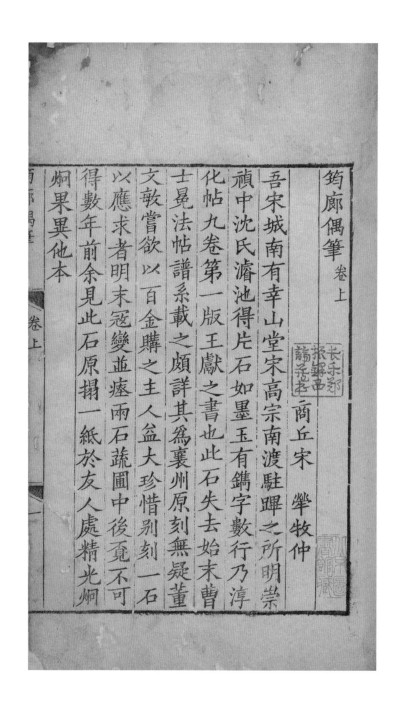

筠廊偶筆二卷　〔清〕宋犖撰

清康熙刻本

一冊

半葉十行十九字，白口，四周單邊。版框 18.1×13.5 厘米

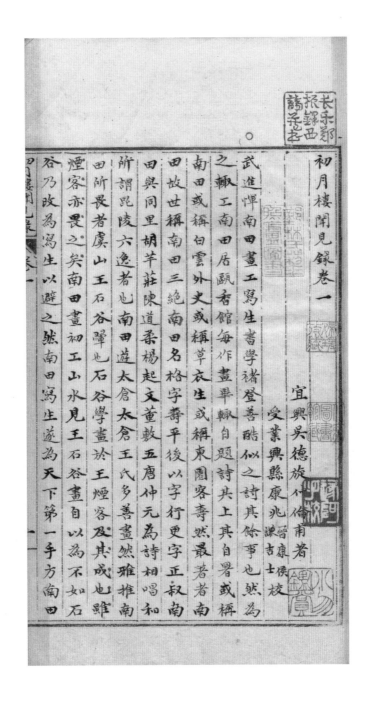

初月樓聞見録十卷　〔清〕吳德旋撰

清抄本

一册

半葉十二行二十四字，白口，四周雙邊。版框 19.1×12.9 厘米

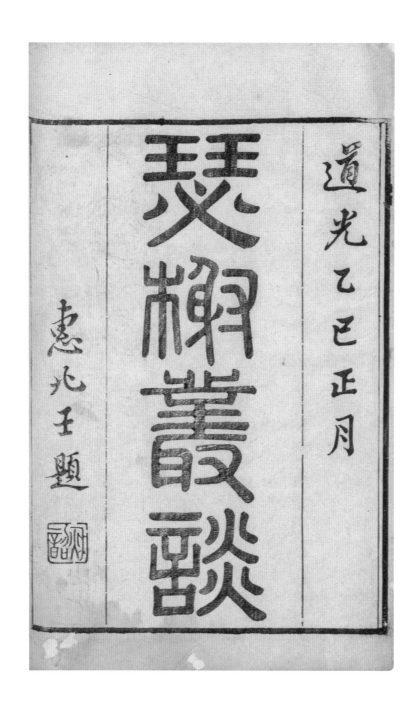

瑟榭叢談二卷　〔清〕沈濤撰

清道光二十五年（1845）刻本

一册

半葉十一行二十一字，黑口，左右雙邊。版框 18.8×14.3 厘米

15866（9886）

瑟榭叢談卷上　長洲郡

嘉興沈濤諤

宣郡東南三十里有鶴兒嶺鎮志云郎古藥兒嶺唐李
可舉破李克用兵於此寀舊唐書僖宗紀云廣明元年
六月代北行營招討使李琢幽州節度使李可舉吐渾
首領赫連鐸等軍討李克用於雲州時克用令其大將
傳文達守蔚州高文集守朔州克用率眾禦燕軍於雄
武軍秋七月沙陀三部落李友金等開門迎大軍克用
聞之亟求赴援爲李可舉之兵追擊大敗於藥兒嶺五
代史唐本紀亦云廣明元年招討使李琢會幽州李可
舉雲州赫連鐸擊沙陀克用與可舉相拒雄武軍其叔

瑟榭叢談卷上　　一

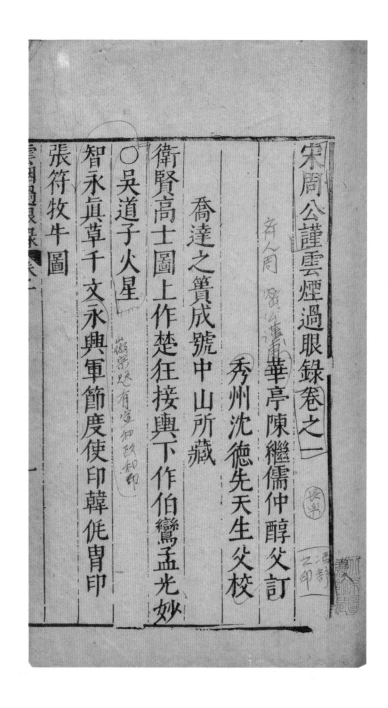

宋周公謹雲煙過眼錄四卷　〔宋〕周密撰

明萬曆三十四年（1606）沈氏尚白齋刻尚白齋鐫陳眉公訂正秘笈本　鄭振鐸校

一冊

半葉八行十八字，白口，四周單邊。版框 20.1×12.8 厘米

夫窮理盡性之要自有聖賢典訓昭

曰童蒙須知若其修身治心事親接物。

有雜細事宜皆所當知今逐目條列名

趨次及灑掃消潔次及讀書寫文字及

夫童蒙之學始於衣服冠履次及語言步

朱文公童蒙須知

為學

甲集

居家必用事類全集

居家必用事類全集十卷

明刻本

十册

半葉九行十六字，黑口，四周雙邊。版框 22.0×16.2 厘米

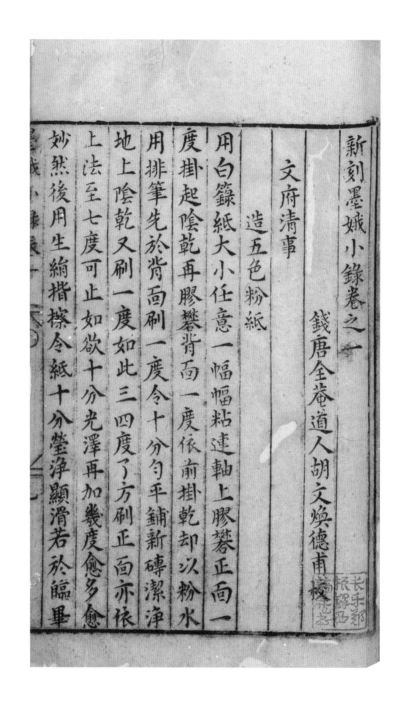

妙然後用生綃揩擦令紙十分瑩淨顯滑若於臨畢
上法至七度可止如欲十分光澤再加幾度愈多愈
地上陰乾又刷一度如此三四度了方刷正面亦依
用排筆先於背面刷一度令十分勻平鋪新磚潔淨
度掛起陰乾再膠礬背而一度依前掛乾却以粉水
用白籙紙大小任意一幅幅粘連軸上膠礬正面一

造五色粉紙

文府清事

新刻墨娥小錄卷之一

錢唐全菴道人胡文煥德甫校

新刻墨娥小錄十四卷

明胡氏文會堂刻格致叢書本

六冊

半葉十行二十字，白口，左右雙邊。版框 19.4×13.6 厘米

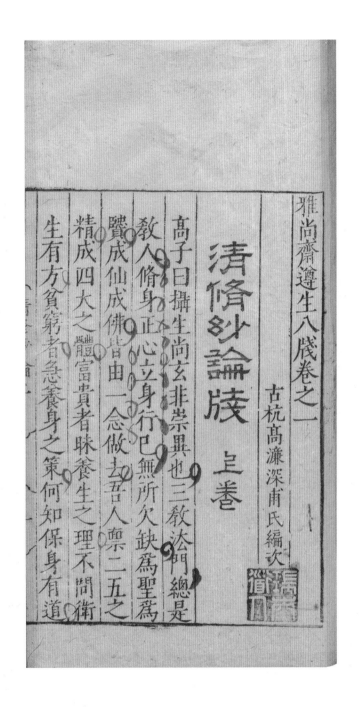

雅尚齋遵生八箋十九卷　〔明〕高濂撰

明萬曆十九年（1591）高濂刻本

十冊

半葉九行十八字，細黑口，四周單邊。版框 19.2×13.6 厘米

象山要語曰此道非爭競務進者能知惟靜退

者可入

又曰君子役物小人役於物夫權皆在我若在

物則爲物役矣

學者不可用心太緊深山有寶無心於寶者得

之

利害毀譽稱譏苦樂能動榬人釋氏爲之八風

雜菴齋導生八牋卷之一終

　　　　　錢塘郎志學篇

辛眼中赤色時多淚瞇之病去効如神

靈劍子道引春孟月一勢以兩手掩口取熱炁

津潤摩面上下三五十遍令極熱食後為之

令人華彩光澤不皺行之三年色如少艾炁

明目散諸故疾從肝臟中肩背行後須引吸

震方生炁以補肝臟行入下元凢行導引之

法皆閉炁為之勿得開口以招外邪入于肝

一臟

陳希夷孟春二炁道引坐功圖勢

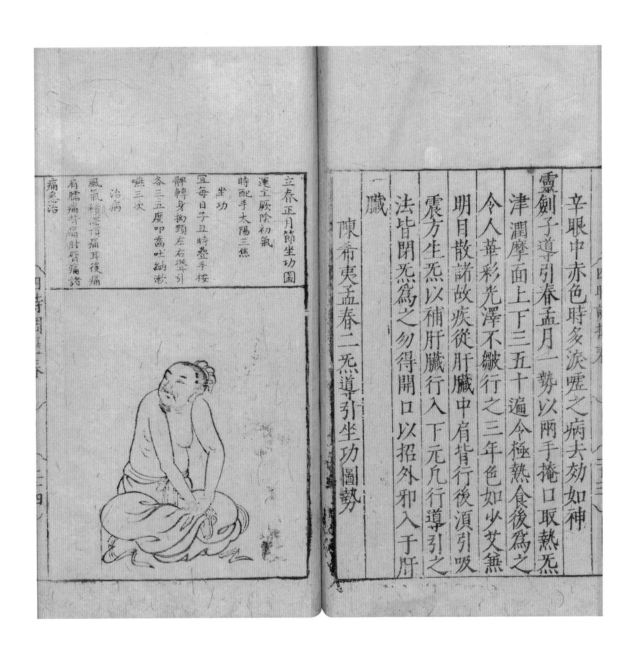

立春正月節坐功圖

運主厥陰初氣

時配手太陽三焦

坐功

宜每日子丑時疊手按

髀轉身拗頸左右聳引

各三五度叩齒吐納漱

嚥三次

治病

風氣積滯頂痛耳後痛

肩臑痛背痛肘臂痛諸

痛炁治

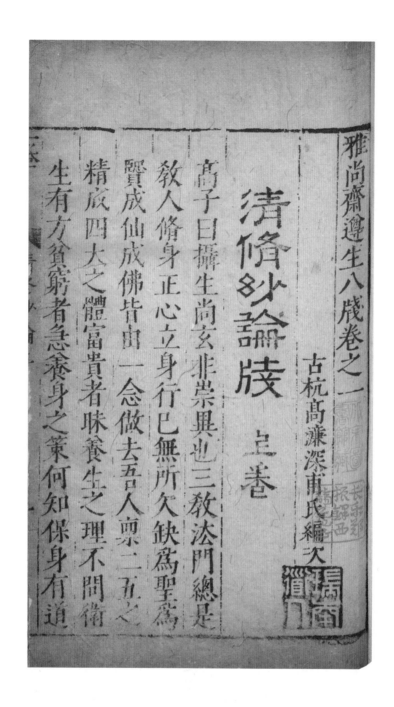

雅尚齋遵生八箋十九卷 〔明〕高濂撰

明萬曆十九年（1591）高濂刻清初梅墅石渠閣印本

二十四冊

半葉九行十八字，白口，四周單邊。版框 18.9×13.4 厘米

弦雪居重訂遵生八牋卷之一

景陵鍾　惺伯敬父較閱

清脩妙論牋 上卷

高子曰攝生尚玄非崇異也三教法門總是
敎人脩身正心文身行已無所欠缺爲聖爲
賢成仙成佛皆由一念做去吾人禀二五之
精成四大之體富貴者昧養生之理不問衛
生有方貧窮者急養身之策何知保身有道

弦雪居重訂遵生八牋二十卷　〔明〕高濂撰

明崇禎永懷堂刻弦雪居印本

十二册　存十九卷：一至十九

半葉九行十八字，白口，四周單邊。版框 20.4×12.2 厘米

T01895（9735）

象山要語曰。此道非爭競務進者能知。惟靜退
者可入。

又曰。君子役物。小人役於物。夫權皆在我。若在
物。則爲物役矣。

學者不可用心太緊。深山有寶。無心於寶者得
之。

利害毀譽稱譏苦樂。能動搖人。釋氏爲之八
風。

永懷堂重訂遵生八牋卷之一 終

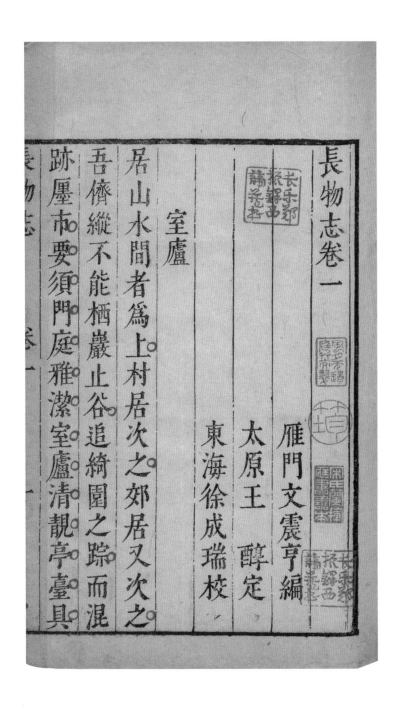

長物志卷一

雁門文震亨編

太原王醇定

東海徐成瑞校

室廬

居山水間者爲上村居次之郊居又次之

吾儕縱不能棲巖止谷追綺園之踪而混

跡廛市要須門庭雅潔室廬清靚亭臺具

長物志十二卷 〔明〕文震亨撰

明刻本

四冊

半葉八行十六字，白口，左右雙邊。版框 19.1×13.0 厘米

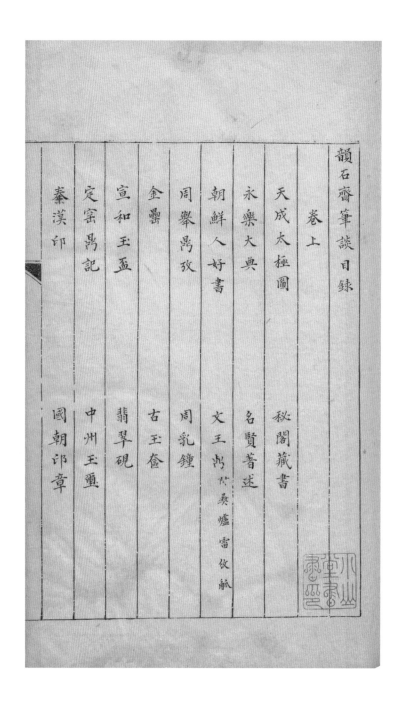

韻石齋筆談目錄

卷上

天成太極圖　　　秘閣藏書

永樂大典　　　　名賢著述

朝鮮人好書　　　文王尚父癸爐雷攺航

同舉遇玟　　　　周乳鐘

金罍　　　　　　古玉盫

宣和玉盃　　　　翡翠硯

定窯昴記　　　　中州玉璽

秦漢印　　　　　國朝印章

韻石齋筆談二卷　〔明〕姜紹書撰

清趙氏小山堂抄本

一册

半葉十行二十二字，白口，四周單邊。版框 21.2×15.2 厘米

韻石齋筆談卷上

　　　　　　　　　　　延陵　姜紹書　二酉著

天成太極圖

余祖養訥公乃石雲孫先生館甥曾隨石雲過鬻古之肆

見一圓石瑩潤精彩搖之則中空而有聲孫君欵以為璞

玉以数鑲易之命玉工剖開乃天成太極圖也黑白分明

陰陽互位邊縈紅線絢若明霞天地靈奇蘊于此石濂溪

圖之于先石雲剖之于後較河圖洛書更為明顯因知世

有此理即有此象朱子謂太極無形是未覩此神物耳

是圖石雲傳之乃子龍池龍池弗克象賢僅得百金

新都獨以墨鳴他方無能勝之者余嘗試宝廟龍香但馥

而不黯尚遜新都少馴也詎非珠麝浮于桐爐乎昭代現

不及唐笋不及宋少筆亦無宣州毫之圓雋惟墨之道超

潘駕李差足為藝林吐氣余縱不工八法每遇名墨刊喜

而藏之雖蹄李公擇磨人之誚所不辭耳

石墨出南雄府始興縣沈散小溪巨細短長一如墨氏

以端硯發之可寫字可畫眉

韻石齋筆談卷下終

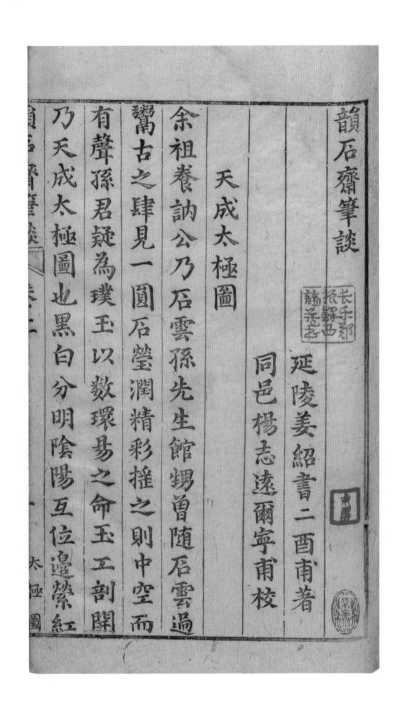

韻石齋筆談二卷　〔明〕姜紹書撰

清初刻本　鄭振鐸跋

二册

半葉八行十八字，白口，四周單邊。版框 20.8×13.3 厘米

此書予曾收舊鈔本一部以校他
本殊有勝处　今復於上海得
以原刋本殊自喜　二酉的典
声诗史　余嘗以收得康熙　李老瞑
寫刻本一掃石卯本之誤脫書
貴舊本乃是完事

韻石齋筆談　上

求是之一端非媚古泥古也

五三年二月十七日記謔

七六一九

閒情偶寄十六卷 〔清〕李漁撰

清康熙翼聖堂刻本

八冊

半葉九行二十字，白口，四周單邊。版框 18.5×12.9 厘米

閒情偶寄卷之一

湖上笠翁李　漁著

婿沈心友同

男　𥿄舒陶長　仝訂

詞曲部

結構第一

填詞一道文人之末技也。然能抑而爲此。猶

覺愈于馳馬試劍縱酒呼盧孔子有言不有

博奕者乎爲之猶賢乎已博奕雖戲具猶賢

于飽食終日無所用心填詞雖小道不又賢

東坡先生譚史廣卷一

宣城肩吾郭　　化輯

有道徐日昌閱

海陽日從胡正言校

觀音經云呪咀諸毒藥所欲害身者念彼觀音力還
着於本人東坡曰觀音慈悲者也今人遭呪咀念
觀音之力而使還著於本人則豈觀音之心哉今
改之曰呪咀諸毒藥所欲害身者念彼觀音力兩

蘇米譚史廣六卷　〔明〕郭化輯

明末胡正言刻本

四冊

半葉八行二十字，白口，四周單邊，無直格。版框 21.9×12.8 厘米

南宮先生譚史廣卷一

宣城肩吾郭　化輯

有道徐日昌閱

海陽日從胡正言校

僧救周有端州石、屹起成山、其麓受水、可磨米後得
之、抱之眠三日、屬子瞻爲之銘
元章中秋登望海樓詩云、目窮淮海兩如銀、萬道虹
光育蚌珍天上若無修月戶、桂枝撐損向西輪

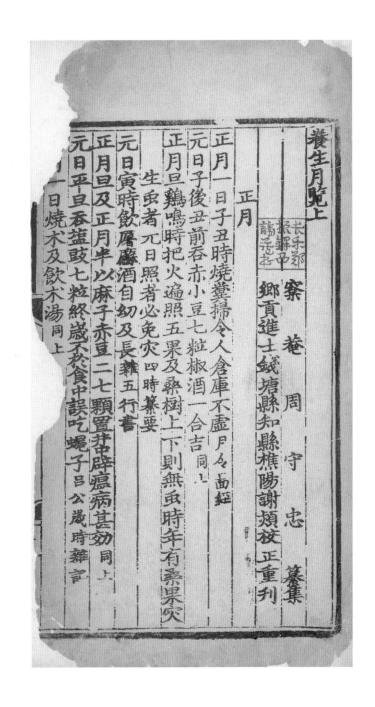

養生月覽二卷　〔宋〕周守忠撰

明成化十年（1474）謝顙刻本

一册

半葉十二行二十六字，黑口，四周雙邊。版框 21.7×13.3 厘米

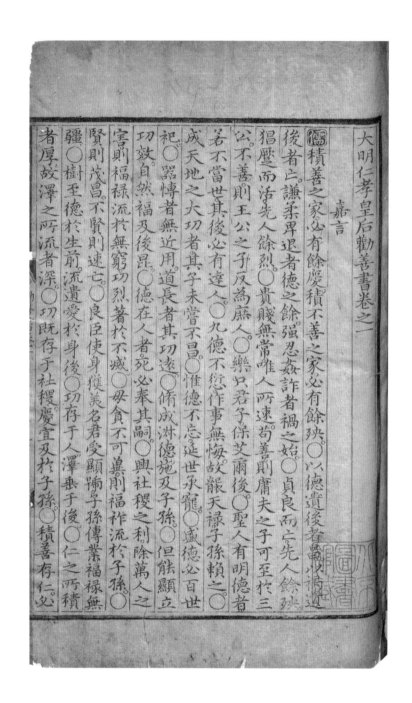

大明仁孝皇后勸善書卷之一

嘉言

福 積善之家必有餘慶積不善之家必有餘殃○以德遺後者昌○以貨遺

後者亡○謙柔畏退者德之餘強忍姦詐者禍之始○貞良而亡先人之餘殃

猖蹶而存先人之餘烈○貴賤無常唯人所速苟善則庸夫之子可至於三

公○不善則王公之子反為庶人○樂只君子保艾爾後○聖人有明德者

若不當世其後必有達人○九德不愆作事無悔故龍天祿子孫賴之○

成天地之大功者其子未嘗不昌○惟德不忘故世承寵○盛德必百世

祀○器博者無近用道長者其功遠○脩成浙德施及子孫○但能顯立

功效自然福及後昆○德在人者苑必奉其嗣○興社稷之利除萬人之

害則福祿流於無窮功烈著於不滅○毋貪不可冀則福祚流於子孫○

賢則茂昌不賢則速亡○良臣使身獲美名君受顯號子孫傳業福祿無

疆○樹至德於生前流遺愛於身後○功存于人澤乘于後○仁之所積

者厚故澤之所流者深○功既存于社稷慶宣及於子孫○積善存仁必

大明仁孝皇后勸善書二十卷　〔明〕仁孝皇后徐氏撰

明永樂五年（1407）內府刻本

五冊

半葉十四行二十八字，黑口，四周雙邊。版框 19.4×13.9 厘米

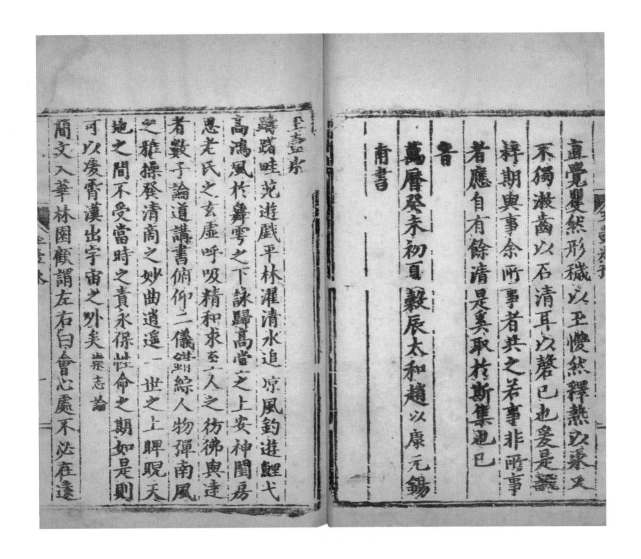

玉壺冰一卷 〔明〕都穆輯

明萬曆十一年（1583）趙以康刻本

一冊

半葉九行十八字，白口，四周雙邊。版框 21.2×15.2 厘米

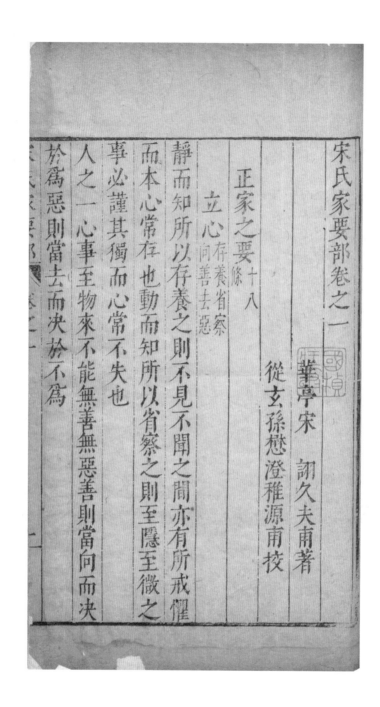

宋氏家要部卷之一

正家之要 條十八

華亭宋　詡久夫甫著

從玄孫懋澄稚源甫校

立心　存養省察　問善去惡

靜而知所以存養之則不見不聞之間亦有所戒懼

而本心常存也動而知所以省察之則至隱至微之

事必謹其獨而心常不失也

人之一心事至物來不能無善無惡善則當向而決

於爲惡則當去而決於不爲

宋氏家要部卷之一

宋氏家要部三卷家儀部四卷家規部四卷燕閒部二卷　〔明〕宋詡撰

明刻本

四册

半葉十行二十字，白口，左右雙邊。版框 20.9×14.5 厘米

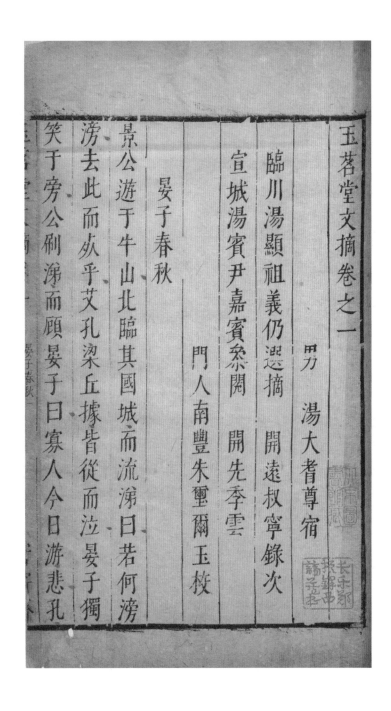

玉茗堂文摘十一卷　〔明〕湯顯祖評

明刻本

四冊

半葉九行十八字，白口，四周單邊。版框 21.4×14.4 厘米

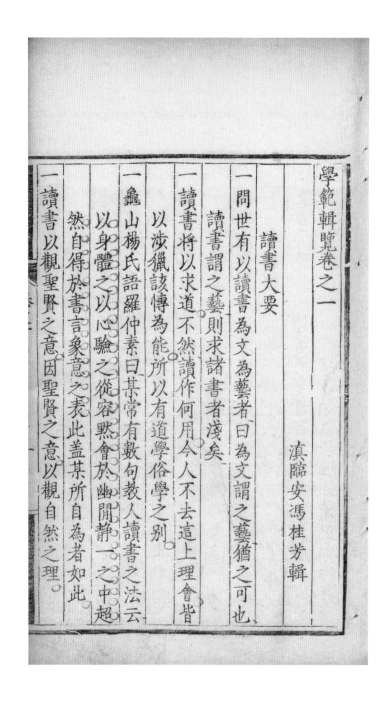

學範輯覽卷之一

滇臨安馮桂芳輯

讀書大要

一問世有以讀書為文為藝者曰為文謂之藝猶之可也讀書謂之藝則求諸書者淺矣

一讀書將以求道不然讀作何用今人不去這上理會皆以涉獵該博為能所以有道學俗學之別

一龜山楊氏語羅仲素曰某常有數句教人讀書之法云以身體之以心驗之從容默會於幽閒靜一之中超然自得於書言象意之表此盖某所自為者如此

一讀書以觀聖賢之意因聖賢之意以觀自然之理

學範輯覽八卷 〔明〕馮桂芳輯

明隆慶六年（1572）忠愛堂刻本

一冊 存四卷：一至二、七至八

半葉十一行二十二字，黑口，四周雙邊。版框 20.6×14.3 厘米

生訓皆若以予言為是者比出稿示之傳覽獨隘有

議梓者予畏巽告匱乃諸生醵貲鋟工希省筆錄芳

姑許之未決邑庠愽劉楊二君春元張尹二君力贊

以成芳惟閉門造車出門合轍非試之行不能合也

茲編刻且遂芳就正之志矣

　　隆慶壬申仲冬滇臨安馮桂芳識

學範輯覽卷之八　終

刊於夏邑忠愛堂

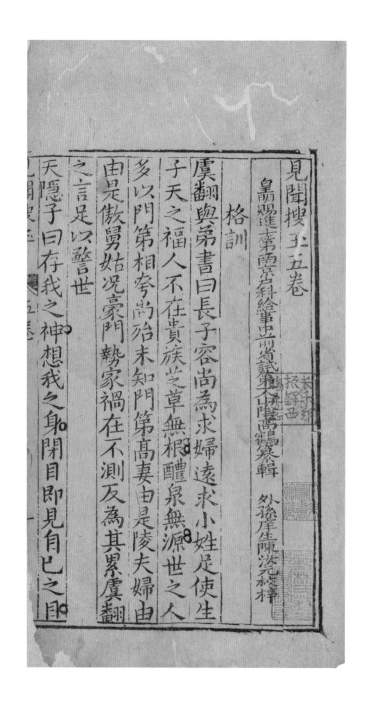

見聞搜玉八卷　〔明〕高鶴輯

明陳汝元函三館刻本

二冊　存四卷：五至八

半葉九行二十字，白口，四周雙邊。版框 20.0×12.6 厘米

古今名喻八卷　〔明〕吳仕期輯

明萬曆葉貴刻本

八冊

半葉十行二十字，白口，四周雙邊。版框 18.8×12.9 厘米

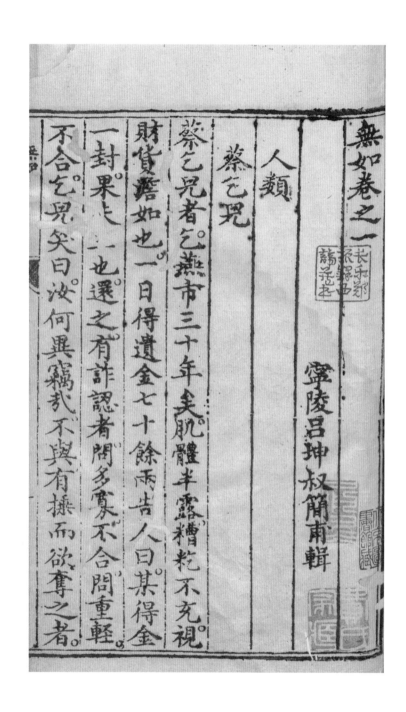

無如卷之一

寧陵呂坤叔簡甫輯

人類

蔡乞兒

蔡乞兒者乞燕市三十年矣肌體半露糟粃不充視
財貨糞如也一日得遺金七十餘兩告人曰某得金
一封果乞也還之有詐認者閒多寡不合閒重輕
不合乞兒笑曰汝何異竊弐不與有攘而欲奪之者

無如四卷　〔明〕呂坤輯

明萬曆刻本

二冊

半葉八行二十字，白口，四周雙邊。版框 21.4×14.1 厘米

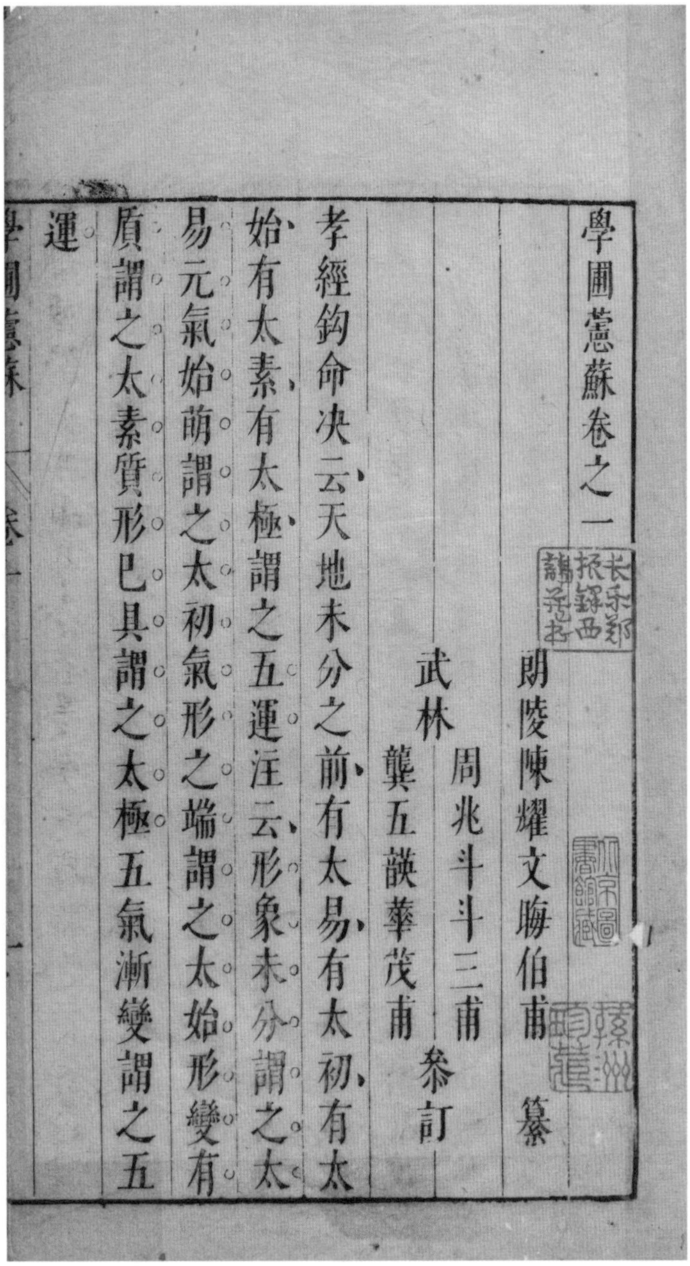
學圃藼蘇卷之一
朗陵陳耀文晦伯甫　纂
武林　周兆斗斗三甫
龔五謨華茂甫　叅訂
孝經鉤命决云天地未分之前有太易有太初有太
始有太素有太極謂之五運注云形象未分謂之太
易元氣始萌謂之太初氣形之端謂之太始形變有
質謂之太素質形已具謂之太極五氣漸變謂之五
運

學圃藼蘇六卷　〔明〕陳耀文輯

明末刻本

一册　存一卷：一

半葉九行二十字，小字雙行同，白口，四周單邊。版框 21.0×13.5 厘米

T01112（9923）

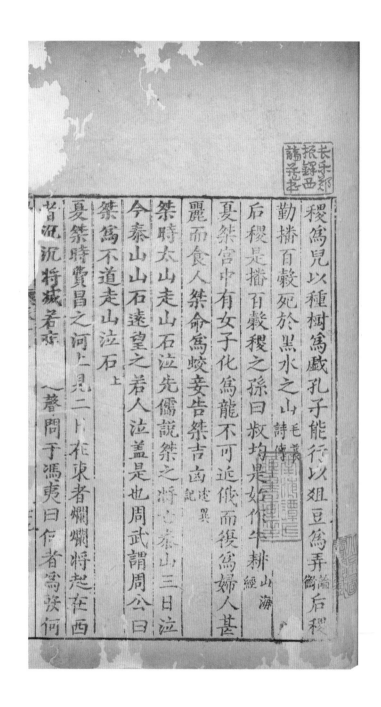

學圃藼蘇六卷 〔明〕陳耀文輯

明萬曆五年（1577）東崃刻本

六冊

半葉十行二十字，小字雙行同，白口，左右雙邊。版框 18.3×13.2 厘米

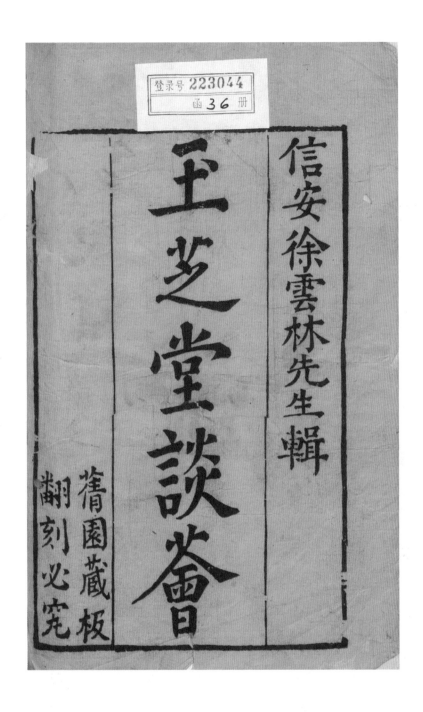

玉芝堂談薈三十六卷　〔明〕徐應秋輯

清康熙刻乾隆印本

三十六册

半葉九行十九字，白口，四周單邊，無直格。版框 18.7×14.1 厘米

玉芝堂談薈卷之一　　　姑蔑徐應秋君義父輯

帝王誕生瑞徵

史傳中所記誕聖瑞徵偶錄其尤異者詩含神霧、
大跡出雷澤華胥履之生宓犧拾遺記神母遊華
胥之洲、青雲繞神母卽覺有娠歷十二年而生庖
犧帝王世紀女登爲少典妃、有神人龍首感女登
于尚羊生炎帝神農河圖握拒附寶之郊野大電
光繞北斗樞星照于郊野感附寶二十四月而生

陝薈　　　卷之一　　　一

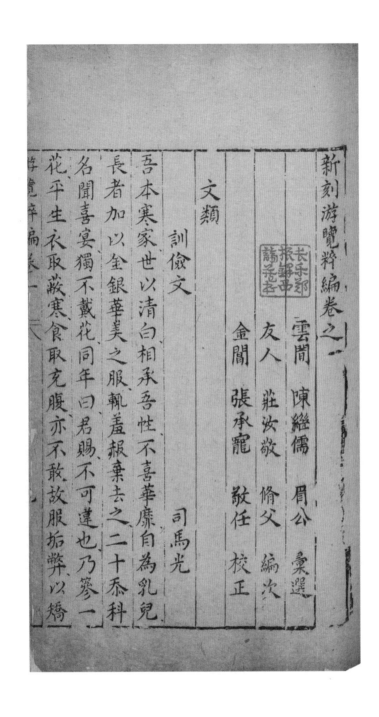

新刻遊覽粹編卷之一

雲間　陳繼儒　眉公　彙選

友人　莊汝敬　脩父　編次

金閶　張承寵　敬任　校正

文類

訓儉文　　　　司馬光

吾本寒家世以清白相承吾性不喜華靡廉自為乳兒

長者加以金銀華美之服輒羞報棄去之二十忝科

名聞喜宴獨不戴花同年曰君賜不可違也乃簪一

花平生衣取蔽嚴寒食取充腹亦不敢故服垢弊以矯

新刻遊覽粹編六卷　〔明〕陳繼儒輯

明胡氏文會堂刻本

六冊

半葉十行二十字，白口，左右雙邊。版框 19.7×13.3 厘米

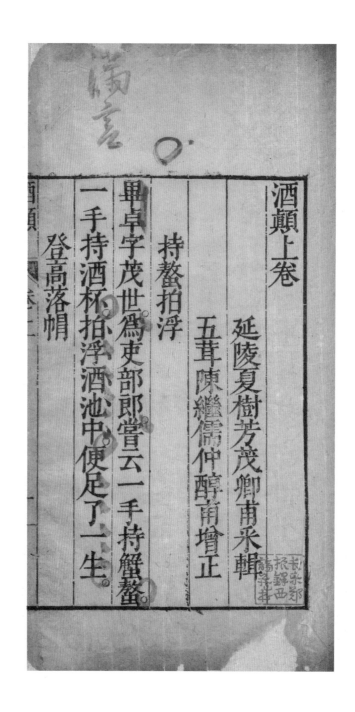

酒顛二卷　〔明〕夏樹芳輯　**酒顛補三卷**　〔明〕陳繼儒輯

明萬曆刻本

四冊

半葉七行十六字，白口，四周單邊。版框 18.6×12.4 厘米

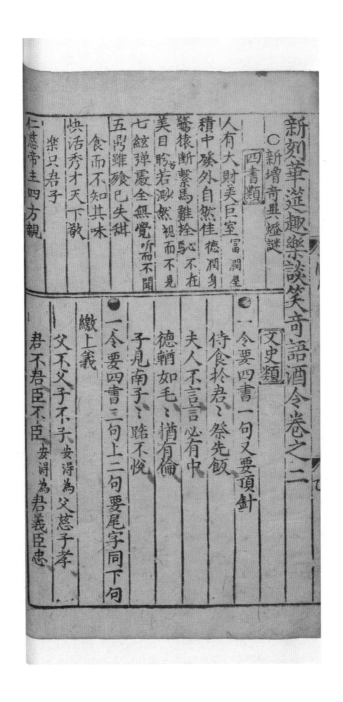

新刻華筵趣樂談笑奇語酒令卷之二

○新增奇題燈謎

【四書題】

人有大財美巨室富潤屋

積中發外自然佳德潤身

舊猿斷繫馬難拾心不在

美目盼兮若澈然視而不見

七絃彈鳧全無覺所而不聞

五刖雖瘥巳失甜

食而不知其味

快活秀才天下敬

樂只君子

仁慈帝主四方觀

【文史題】

○一令要四書一句又要頂針

侍食抡君之祭先飯

夫人不言言必有中

德輶如毛之猶有倫

子見南子之踏不悅

○一令要四書三句上二句要尾字同下句

繳上義

父不父子不子安得為父慈子孝

君不君臣不臣安得為君義臣忠

新刻華筵趣樂談笑奇語酒令四卷

明刻本

二冊

上下兩欄，上欄半葉十三行十字，下欄半葉十一行十七字，白口，四周單邊。版框 21.2×12.8 厘米

初潭集三十卷 〔明〕李贄撰

明萬曆刻本

五冊

半葉九行二十字，白口，四周單邊，無直格。版框 20.6×13.7 厘米

夫婦篇總論

李溫陵曰夫婦人之始也。有夫婦然後有父子有父
子然後有兄弟。有兄弟然後有上下。夫婦正然後萬
事萬物無不出於正矣。夫婦之為物始也如此。極而
言之天地一夫婦也。是故有天地然後有萬物。然則
天下萬物皆生於兩不生於一。明矣。而又謂一能生
二。理能生氣。太極能生兩儀。不亦惑歟。夫厥初生人。
惟是陰陽二氣男女二命耳。初無所謂一與理也。而
何太極之有。以今觀之所謂理者。果何物所謂一者

歷代小史卷之六

煬帝海山記

隋煬帝生時有紅光燭天里中牛馬皆鳴先是獨孤后夢龍出身中

飛高十餘里龍墮地尾輒斷以告文帝帝沉吟默塞不荅帝三歲

戲於文帝前文帝抱之玩視甚久曰是兒極貴恐破吾家自茲雖

愛帝而亦不快於帝帝十歲好觀古今書傳至於方藥天文地理

伎藝術數無不通曉然而性褊急陰賊刻忌好鉤索人情深淺時

楊素有戰功方貴用事帝傾意結之文帝得疾內外莫有知者帝

坐便室召素謀曰君國之元老能了吾家事者君也乃私執素手

曰使我得志我亦終身報公素曰待之當自有計素入問疾文帝

見素起坐謂素曰吾常親鋒刃冒矢石出入生死與子同之方享

歷代小史一百六種一百六卷　〔明〕李栻編

明萬曆十二年（1584）軍門趙爺刻本

十五冊　存一百卷：六至一百零五

半葉十一行二十六字，白口，四周雙邊。版框 21.2×13.5 厘米

T02332（10026）

異林十六卷　〔明〕朱謀㙔輯

明萬曆帥廷鑌刻本

二冊

半葉十行二十字，白口，左右雙邊。版框 19.9×14.2 厘米

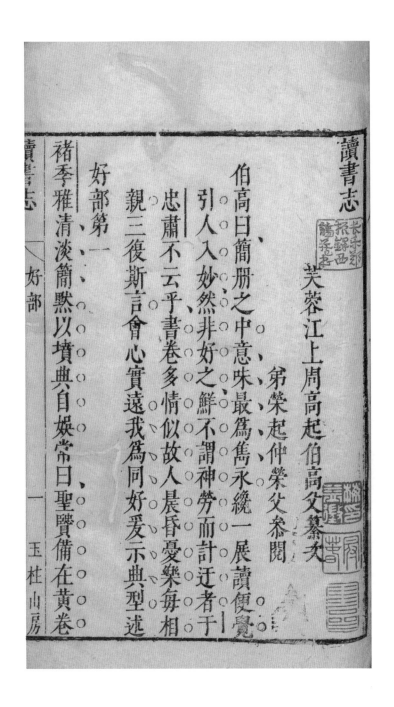

好部第一

　　褚季雅清淡簡默以墳典自娛常日聖賢備在黃卷

讀書志

〔好部〕

　　一　玉柱山房

好部、一、…

親三復斯言會心實遠我爲同好爰示典型述

忠肅不云乎書卷多情似故人晨昏憂樂每相

引人入妙然非好之鮮不謂神勞而計迂者于

伯高曰簡册之中意味最爲雋永縂一展讀便覺

　　　　　　　弟榮起仲縈父叅閱

芙蓉江上周高起伯高父纂次

讀書志

讀書志十三卷　〔明〕周高起撰

明萬曆四十八年（1620）周氏玉柱山房刻本

二册

半葉九行二十字，白口，四周單邊，無直格。版框 21.8×15.2 厘米

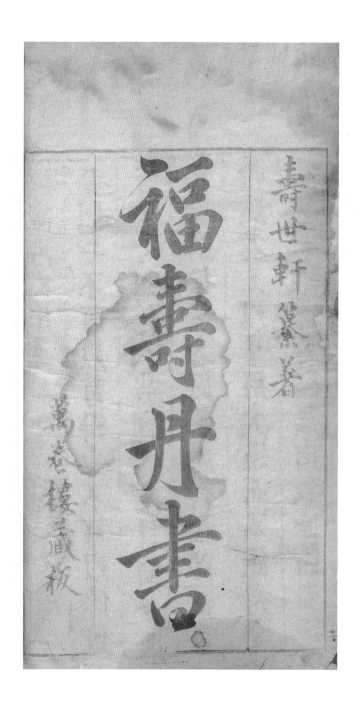

新鐫五福萬壽丹書六卷 〔明〕龔居中撰

明天啓金陵書林唐貞予、周如泉刻本

二冊 存二卷：一、三

半葉九行二十字，白口，四周單邊，無直格。版框 20.6×13.7 厘米

新鐫五福萬壽舟書安養篇

豫章雲林如廬子龔居中纂著

南州友人寶寶子喻龍德鑒定

虎林門人中正子傅世方參訂

莆陽門人清介子朱邦薦彙成

同邑門人廣惠子鄭之僑增補

金陵書林唐貞子周如泉同刊

居慶○

如廬子曰山林深遠○固是佳境獨慶則勢孤人稠則

福壽丹書

一福

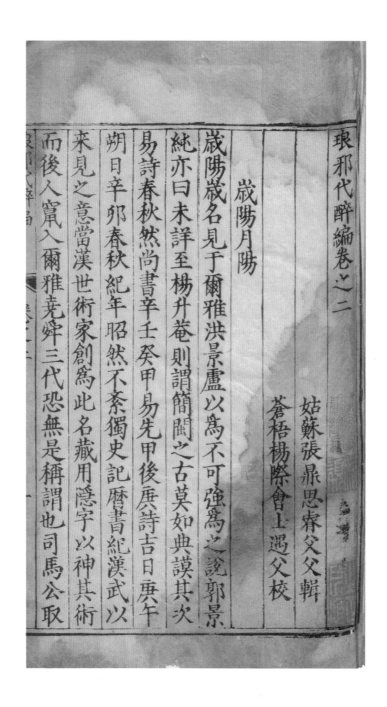

琅邪代醉編四十卷 〔明〕張鼎思輯

明萬曆二十五年（1597）陳性學刻本

八冊　存二十八卷：二至四、九至十四、二十二至四十

半葉十行二十一字，白口，四周雙邊。版框 21.0×14.8 厘米

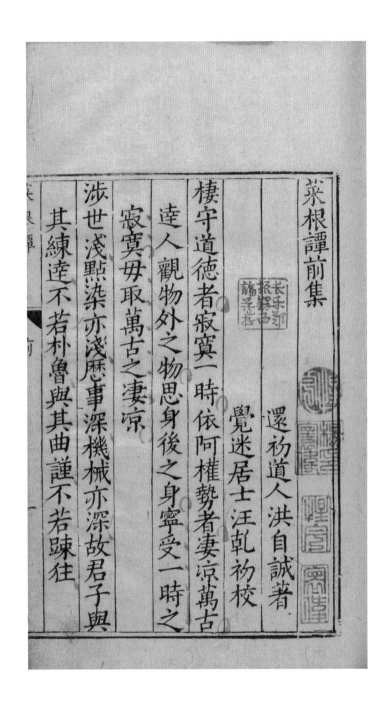

菜根譚前集一卷後集一卷　〔明〕洪應明撰

明刻本

二册

半葉八行十八字，白口，四周單邊或四周雙邊。版框 19.6×13.7 厘米

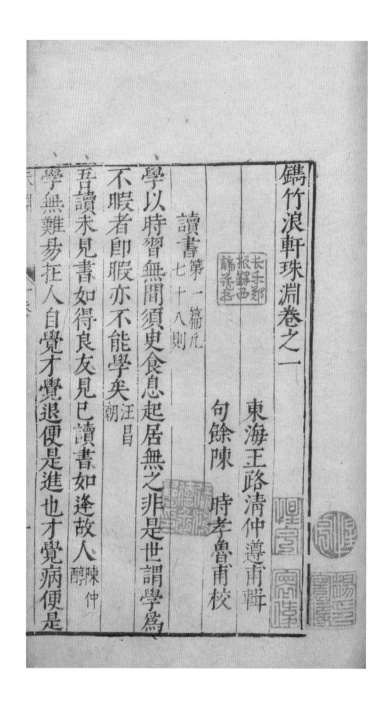

鐫竹浪軒珠淵十卷　〔明〕王路清輯

明萬曆高一葦書坊刻本　鄭振鐸跋

四册

半葉八行二十字，白口，左右雙邊。版框 19.8×12.6 厘米

珠淵卷明王路清輯附姜棍譚二孳明洪自

誠菴著路清一名路字仲遠曾輯花史左編

蓋明人好事之徒也以書本見書者錄

文奎堂從廣東購得予見之亟收入

玄覽堂書庫並非大著作立一秩

箋也　一九五〇年十二月十九日西諦

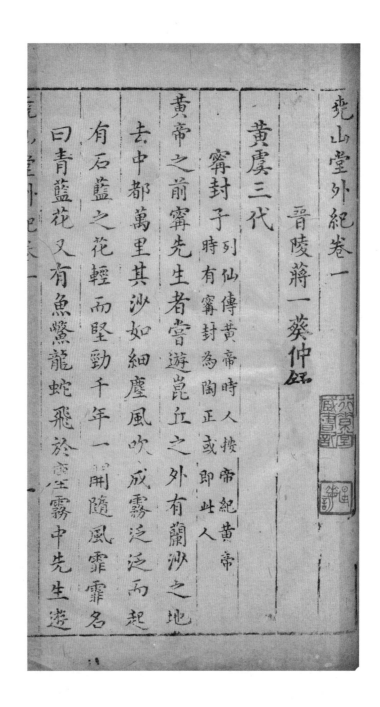

堯山堂外紀一百卷　〔明〕蔣一葵撰

明萬曆舒一泉刻本　鄭振鐸跋

十六冊

半葉八行十九字，白口，四周單邊。版框23.2×14.2厘米

明蔣仲舒堯山堂外紀　予三十年前曾得一部
甚喜其有丰富的資料　对于研究文學
史的人特別有用　實并不引用了不少 但惜
其不注明每事的出处　大損其可靠
性进它確惟性頗想花些时间將每事
的来歷冯注出来而不幸此書乃於
劫中失去　今晨偶斐雲至中國書
店人做的　乃復收之　注釋的工作還是可
以於案頭　一五二年二月十八日西諦

一四七五四

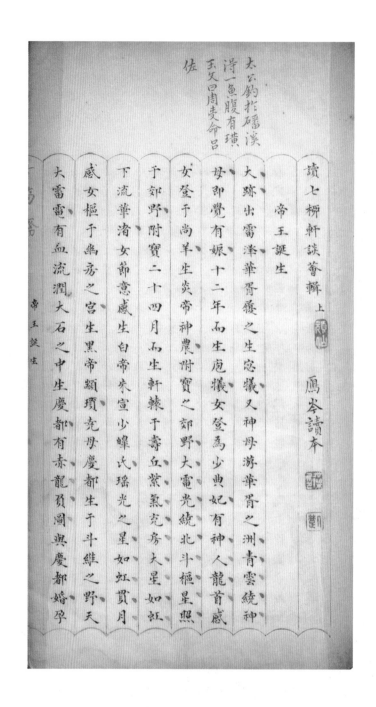

讀七柳軒談薈輯四卷　〔明〕徐應秋撰　〔清〕沈紹姬輯

清抄本

四冊

半葉九行二十四字，藍格，竹節欄。版框 19.6×12.8 厘米

最樂編卷之一

魏塘廓園魏大中孔時正

鴛湖門人高昂光明权輯

克治

范文正公曰吾夜就寢自計一日飮食奉養之

費及所爲之事果相稱則鼾臭熟寐或不然

則終夕不能安眠必求所以補之者　　　日益編

薛文清公每夜就枕必思一日所行之事所行

最樂編　卷一　克治　　　　　　　　　一

最樂編五卷　〔明〕高昂光輯

明天啓三年（1623）計元勳刻本

六册

半葉八行十八字，白口，四周單邊。版框 19.5×14.1 厘米

15554（3719）

勸懲録二卷　〔明〕張舜命、王大智輯

明刻本

一册　存一卷：上

半葉十行二十字，白口，四周雙邊。版框 21.5×15.3 厘米

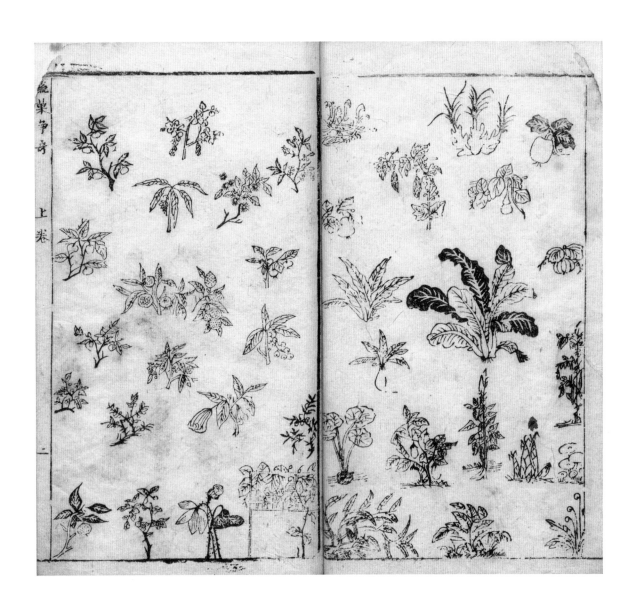

蔬果爭奇三卷 〔明〕鄧志謨輯

清春語堂刻七種爭奇本

三冊

半葉六行二十字，白口，四周單邊，無直格。版框 20.0×12.1 厘米

蔬菓爭奇卷之上

竹溪風月主人　新編

蔬果名園

宋徽宗朝東吳劉氏有一園約三里許舉苍艷嚴紅

妒爭妍不必数矣然果树無一不種成熟之目紅稠

黄密蔬菜無一不時茂盛之時錄肥嫩牡薈不数晉

代走冒家園与金谷圃也。

其果维何荔枝別名十八娘龍眼別名荔奴楊梅

別名鶴頂紅葡萄別名馬乳棗子別名赤心桃子

別名蠣实李子別名玉英梨子別名含消枇杷別

名盧橘樱桃別名丹砂颗橘子別名黄金九柿子

別名玉瓯卯蓮房別名玉蛹棗若妳諸品吾所謂

霧市選言卷一

闽中王宇輯
友人林永平訂

王永啓先生選
霧市選言
金陵葉均宇梓

伯禽將行請所以治魯曾周公曰利而勿利也荆人有
遺弓者而不肯索曰荆人遺之荆人得之又何索焉
孔子聞之曰去其荆而可矣老聃聞之曰去其人而
可矣○吕氏春秋

薄疑謂趙簡主曰君之國中飽簡主欣然而喜對曰
府庫空虛於上百姓貧餒於下然而姦吏富矣子
問者曰申不害公孫鞅此二家之言孰急于國應之

霧市選言四卷　〔明〕王宇輯

明葉均宇刻本

二冊

半葉十行二十字，白口，四周單邊，無直格。版框 21.2×15.0 厘米

16773（14702）

穀詒彙十四卷首二卷　〔明〕陶希臯輯

明崇禎七年（1634）刻本

八冊

半葉八行十八字，小字雙行同，四周單邊。版框 20.0×13.8 厘米

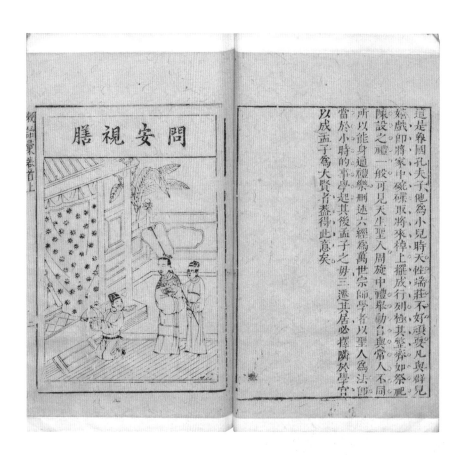

問安視膳

教諭彙卷首上

這是鄒國孔夫子，他爲小兒時天性端莊不好頑耍凡與群兒
嬉戲即將家中碗碟取來棹上擺成行列極其整齊如祭祀
陳設之禮一般可見天生聖人周旋中禮聚動合與常人不同
所以能身通禮樂刪述六經爲萬世宗師學者以聖人爲法卽
當於小時的事學起其後孟子之母三遷正居必擇隣於學宮
以成孟子爲大賢者蓋得此意矣

教諭彙卷之一

北齊　琅邪顏之推著

明　滇南陶希臯輯　男珙訂　孫男以鑅督梓

顏氏家訓略

序致篇

夫聖賢之書教人誠孝慎言簡迹立身揚名亦
口備矣魏晉以來所著諸子理重事複遞相模
斅猶屋下架屋牀上施牀耳吾今所以復爲此

教諭彙卷之一

郑漢奉先生纂

昨非菴一集

宦澤　氷操　種德　敦本　詒謀　坦游
顧真　靜觀　惜福　汪度　廣慈　口德
內省　守雌　辨紛　悔過　方便　徑地

本衙藏板

昨非庵日纂一集二十卷二集二十卷三集二十卷　〔明〕鄭瑄撰

明崇禎刻本

二十册

半葉八行十八字，白口，四周單邊。版框 20.2×14.2 厘米

昨非菴日纂宦澤卷之一

　　每見史冊內顚連窗下幾煩擘劃事權在握

　可任入井頻呼思到漢唐間晩季梳上如切

　溺焚痛毒親嘗得謂噓枯非我古之仁人一

　事定太平一念生白骨一語奏膚功不得謂

　異人任也纂宦澤第一

　　　　　　　　　昨非菴居士鄭　瑄識

史弼爲平原相詔舉鉤黨諸郡承旨株至數百

智囊全集二十八卷　〔明〕馮夢龍輯

明末還讀齋刻本

十二冊

半葉十行二十七字，白口，四周單邊，無直格。版框 20.5×12.2 厘米

智囊全集卷一之四

上智部總叙

馮子曰智無常局以恰肖其局者爲上故愚夫或現其一得而曉

人反失諸千慮何則上智無心而合非千慮所臻也人取小我取

大人視近我視遠人動而愈紛我靜而自正人束手無筴我游刃

有餘夫是故難事遇之而皆易鉅事遇之而皆細其斡旋入于無

聲臭之微而其舉動出人意想思索之外或先事而後合或似逆

而實順方其間關豪傑疑迄乎斷斷聖人不易嗚呼智若此豈

非上哉上智不可學意者法上而得中乎抑語云下下人有上上

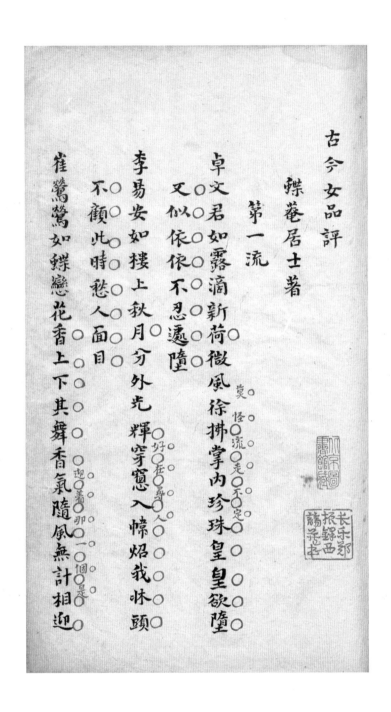

古今女品評

鰈菴居士著

第一流

卓文君如露滴新荷微風徐拂掌內珍珠皇皇欲墮○　莫怪流○走○不定

又似依依不忍遽墮○

李易安如樓上秋月分外光輝穿窗入幃炤我衾頭○　好○在○舞人

不顧此時愁人面目○　迎○羞那○一個是

崔鶯鶯如蝶戀花香上下其舞香氣隨風無計相迎○

怡情快書不分卷　〔明〕董成泰撰

稿本

二冊

半葉八行二十字，無欄格

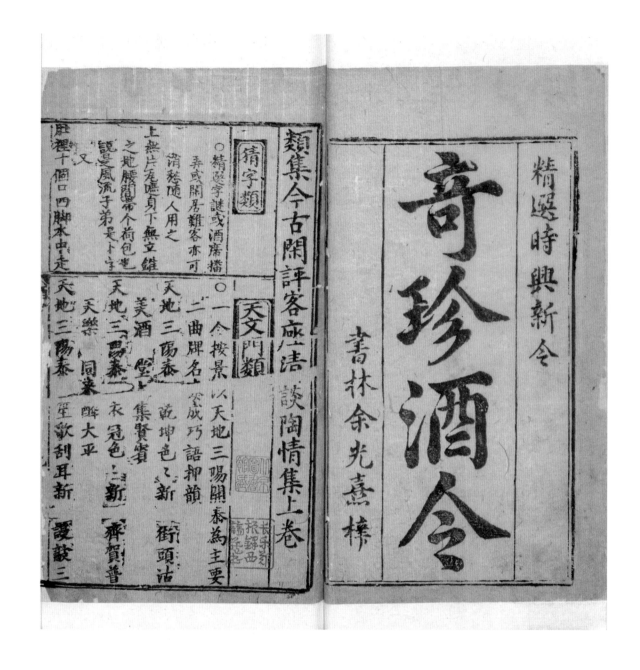

類集今古閑評客座清談陶情集二卷

明書林余光熹刻本

一冊

上下兩欄，上欄半葉十二行十字，下欄半葉十行十五字，白口，四周雙邊。版框 20.5×12.3 厘米

真珠船卷之一

湘楚黃　焜西堅父輯

紀傳

帝堯紀

史記

帝堯姓伊祁謚法翼善傳聖曰堯　白虎通曰堯猶嶢嶢也至高之貌　以母所居爲姓帝嚳之子摯之弟母陳豐氏

曰慶都孕十有四月高辛丁亥歲生堯於丹陵名曰放勳　大也至也勳功也史臣贊堯之辭孟子因　以爲堯號史記以放勳重華皆爲名謬也　摯　摯以荒

立堯受封於陶年五十改國於唐　合而稱之曰陶唐氏

淫而廢諸侯尊堯爲天子都於平陽之安邑以火德

真珠船二十卷　〔明〕黃焜輯

明末刻本

十册

半葉九行二十字，小字雙行同，白口，四周單邊。版框 20.0×14.7 厘米

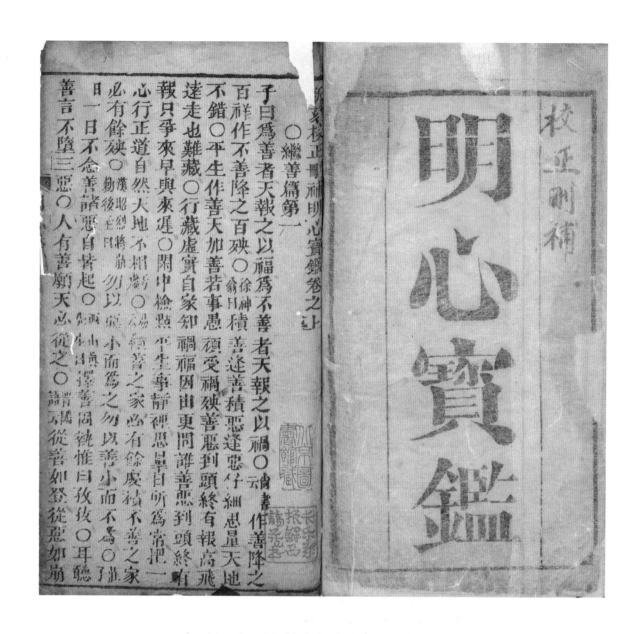

善言不墮三惡○人有善願天必從之○謂陰從善如登從惡如崩
日一日不念善諸惡自皆起　漢昭烈將崩勅後主曰勿以善小而不爲○勿以惡小而爲之
必有餘殃○飃山眞譯善固執惟日孜孜○耳聽
心行正道自然天地不相虧○孟積善之家必有餘慶積不善之家
報只爭來早與來遲○關申檢點平生事靜裏思量日所爲常把一
達走也難藏○行藏虛實自家知禍福因由更問誰善惡到頭終有
不錯○平生作善天加善若事愚頑受禍殃善惡到頭終有報高飛
百祥作不善降之百殃○翁曰積善逢善積惡逢惡仔細思量天地
子曰爲善者天報之以福爲不善者天報之以禍○尚書作善降之
○繼善篇第一
新刻校正刪補明心寶鑑卷之上

校正刪補
明心寶鑑

新刻校正刪補明心寶鑑二卷

明刻本

一冊

半葉十一行二十六字，白口，四周單邊，無直格。版框 19.9×11.6 厘米

遣愁集十四卷 〔清〕張貴勝輯

清康熙二十七年（1688）刻本

八冊

半葉十行二十四字，白口，左右雙邊。版框 19.8×13.7 厘米

遣愁集卷之一

成都余　喬生生

松陵顧有孝茂倫　鑒定

古吳張貴勝晉侯纂輯

友人

倪遲思曼　　　沈永啟方思

潘居貞天行　顧　樵樵水　訂正

受丹生山夫　鈕斯來素臣

范良羽生　夏　駰宛來

○○一集解頤

遣愁集　卷之一　解頤

子路率爾夫子哂之武城絃歌大子莞爾言者無心聽者怳

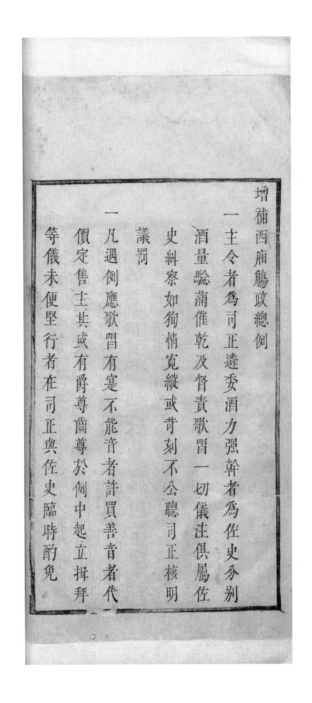

增補西廂觴政總例

一主令者爲司正遴委酒力强幹者爲佐史分別
酒量騐滿催乾及督責歌唱一切儀注俱屬佐
史科察如徇情寛縱或苛刻不公聽司正核明
議罰

一凡遇例應歌唱有寔不能音者許買善音者代
價定售主其或有爵尊齒尊於例中起立揖拜
等儀未便堅行者在司正與佐史臨時酌免

西廂觴政一卷　〔清〕童質侯撰

清康熙刻本　鄭振鐸跋

一册

半葉八行二十字，白口，四周單邊，無直格。版框 19.8×12.1 厘米

T02427（9274）

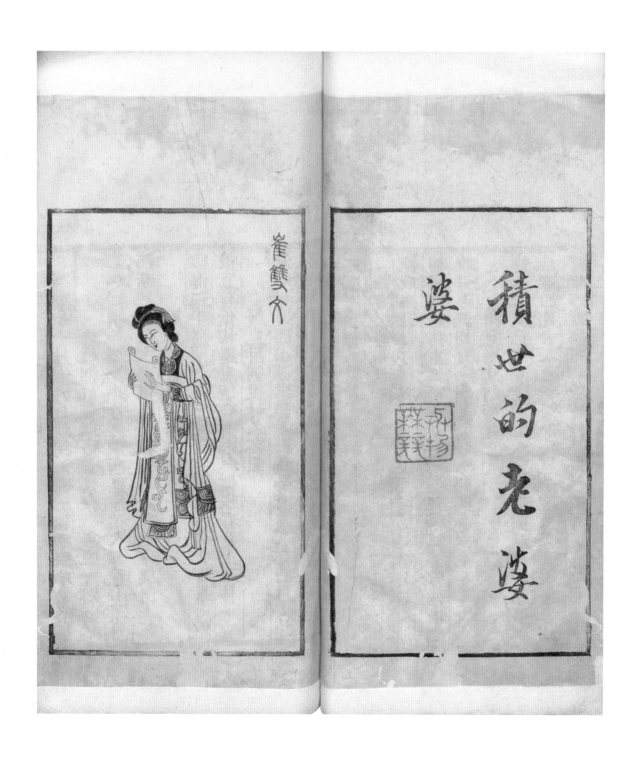

崔雙文

積世的老婆婆

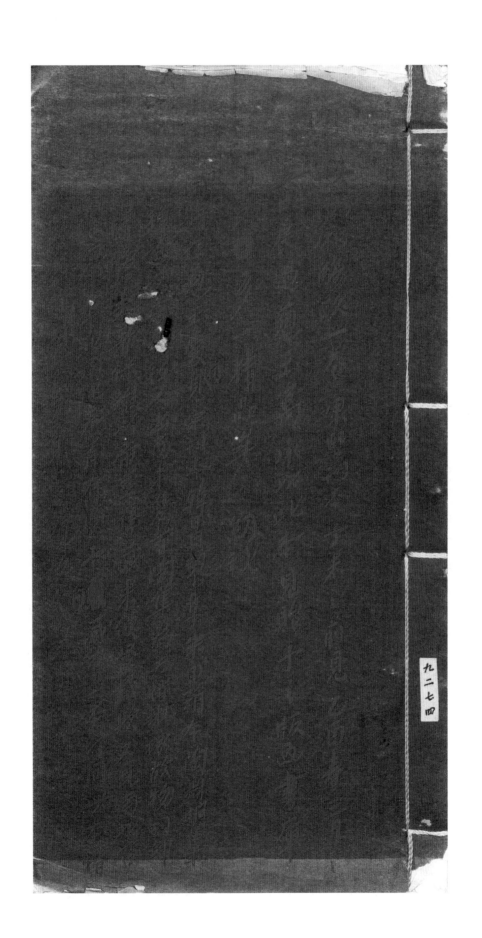

九二七四

酒史續編六卷　題午橋釣叟撰

清康熙刻本

二冊

半葉十行二十一字，白口，四周雙邊。版框 19.7×13.8 厘米

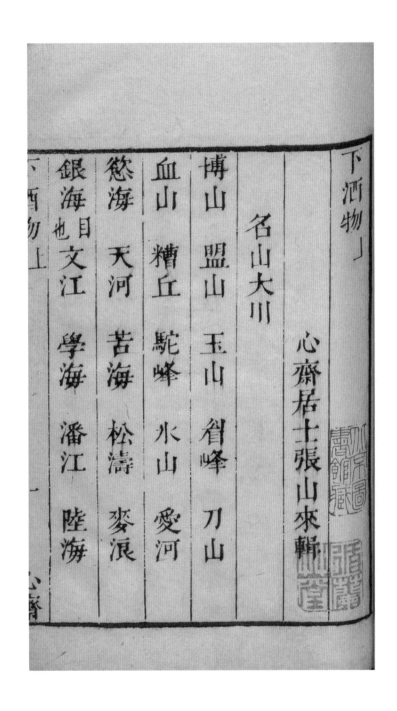

[下酒物]

名山大川

心齋居士張山來輯

博山　盟山　玉山　眢峰　刀山

血山　糟丘　駝峰　水山　愛河

慾海　天河　苦海　松濤　麥浪

銀海目文江　學海　潘江　陸海
也

下酒物上

[心齋三種] 五卷　〔清〕張潮撰

清康熙刻本

四冊

半葉七行十六字，小字雙行同，白口，四周單邊。版框 14.0×10.6 厘米

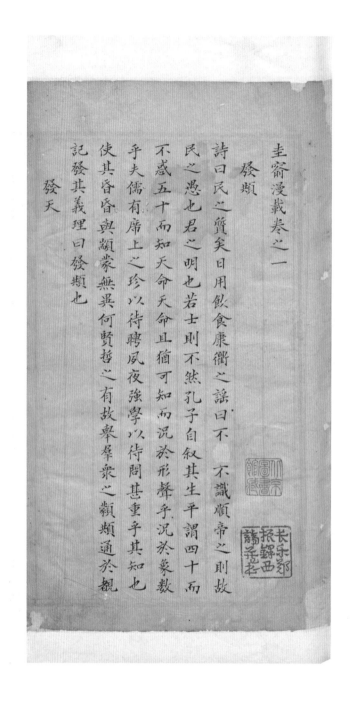

圭崟漫載八卷

清抄本

八冊

半葉九行二十四字，紅格，白口，四周雙邊。版框 20.2×12.1 厘米

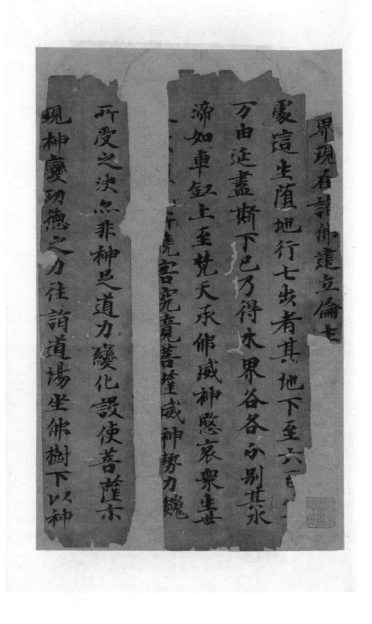

古寫本手鑒不分卷

寫本（偶有刻本葉）

一册

為流漂激無容可退其心慢緩方可退故如
人墮在山谷暴流為流所漂無得暫住行者
亦尒是故不退復次退者多起煩惱現前住
見道時無覆無記有漏善心尚不得起何況
得起煩惱之心是故不退復次以住見道愍
證三界見所斷斷非於三界見所斷斷有還

子

子部二——小説家類
〇〇〇〇

西京雜記六卷 題〔晋〕葛洪撰

明萬曆梁義卿刻本

一册

半葉九行十八字，白口，左右雙邊。版框 19.1×14.0 厘米

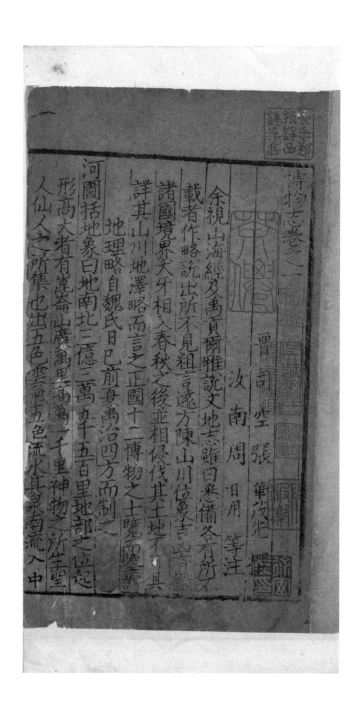

博物志十卷 題〔晋〕張華撰 〔宋〕周日用等註

明刻本

二册

半葉十一行二十三字，白口，左右雙邊。版框 18.7×12.5 厘米

唐段少卿酉陽雜俎前集卷之一

　　唐　太常少卿臨淄柯古段成式　撰

明　四川道監察御史内鄉李雲鵠　校

忠志

高祖少神勇隋末嘗以十二人破草賊號無端兒數萬

又龍門戰盡一房箭中八十人

太宗虬髯嘗戲張弓挂矢好用四羽大笴長常箭一扶

射洞門闔

上嘗觀漁於西宫見魚躍焉問其故漁者曰此當乳也

於是中網而止

唐段少卿酉陽雜俎前集二十卷續集十卷　〔唐〕段成式撰

明萬曆三十六年（1608）李雲鵠刻本

六冊

半葉十行二十一字，白口，四周單邊。版框 20.7×13.5 厘米

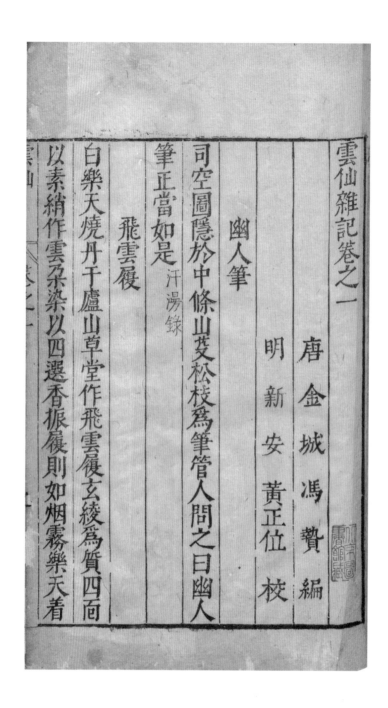

雲仙雜記卷之一

　　　　唐　金城　馮贄　編

　　　明　新安　黃正位　校

幽人筆

司空圖隱於中條山茇松枝爲筆管人問之曰幽人
筆正當如是　汗漿錄

　　飛雲履

白樂天燒丹于廬山草堂作飛雲履玄綾爲質四面
以素綃作雲采采染以四選香振履則如烟霧樂天着

雲仙雜記十卷　題〔唐〕馮贄輯

明萬曆刻本　佚名跋

一册

半葉九行二十字，白口，四周單邊。版框 20.1×14.3 厘米

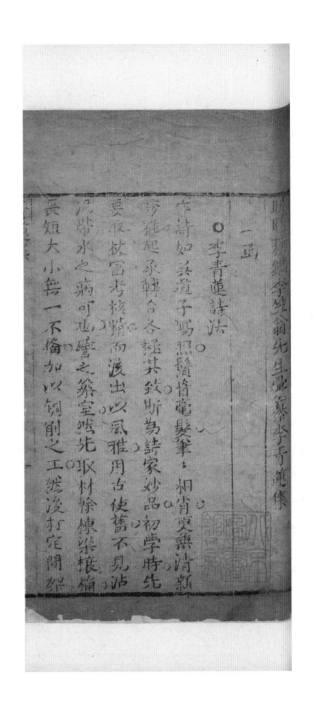

警世怡情集四卷 題〔清〕李漁輯

清康熙四十年（1701）刻本

十六冊

半葉八行二十字，白口，四周單邊。版框 14.8×10.0 厘米

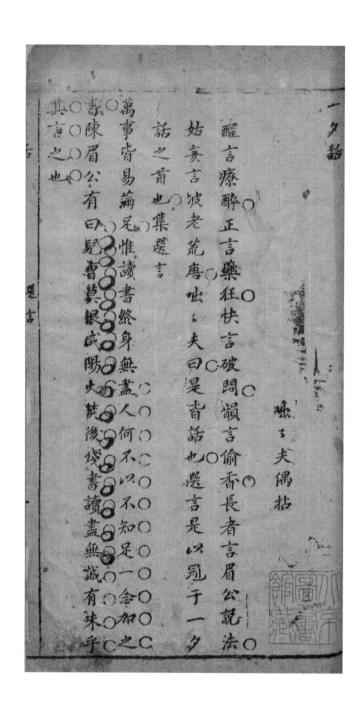

一夕話十種十卷又一夕話十種十卷一夕話二刻□□種□□卷　題〔清〕咄咄夫撰

清康熙刻彙印本

十八冊　存五十九種五十九卷：一夕話存七種七卷、又一夕話存四種四卷、一夕話二刻存四十八種四十八卷

半葉九行二十四字，白口，四周單邊，無直格。版框21.2×11.9厘米

T01083（5941）

又一夕話卷之二

續選言

天○地間無二○無三○儘着我說千說萬○人○世上隨南隨此○都是我

好○事○好○西○

常○將○十○年後○眼睛○預評○今○日○自○家○操修○便○不○敢草○上○幹事○作○文○常○將

百○年後○道人○心○難料○預評○今○日○自○家○文字○便○不○敢草○上○

人○只○道人○心○難料○反○至○得○錢後○更○難料○假如○多○錢時○思○得了○百○錢

千○錢○儘儘稱意矣○反○至○得錢後○再添了千○萬萬貫還○更○不○數人○只○

道○人○心○不○平○不○知○自○心○更○不○平○假如失意時○受了○人○一拳○一棍

鴛鴦譜

鍾情

子歔呼竹為君○元童拜石為友○愛物不專靈匹兒于物之无者○
乎偶得美人而情不摯此淑真所以賦斷腸也故喜悅則暢滿溢
之念怒則舒解之愁怨則寬慰之疾病則憐惜之他如寒暑起
唇嚴勤調護別離會晤偵說款談種~尤當加意蓋坐平總形○
散共甘苦徹始終者自女子外固未可多得也

尋真

美人有態有神有趣有情有心唇櫃烘月腰柳迎風喜之態星

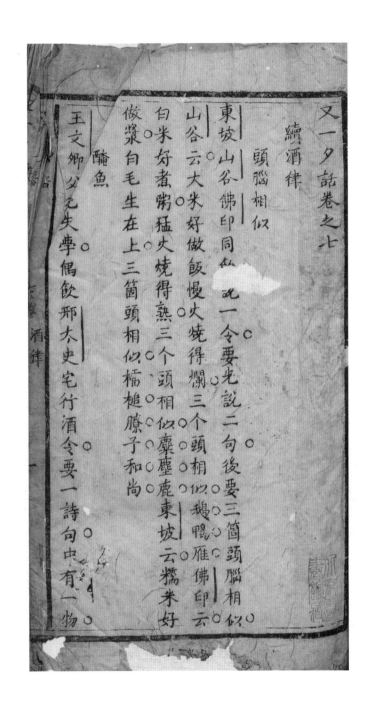

又一夕話卷之七

續酒律

頭腦相似

東坡山谷佛印同似此一令要先說二句後要三箇頭腦相似○

山谷云大米好做飯慢火燒得爛三个頭相似○鵝鴨雁佛印云

自米好者粥猛火燒得熟三个頭相似○麋塵鹿東坡云糯米好

做漿自毛生在上三箇頭相似○橘槌籐子和尚

鮓魚○

王文卿父元失學偶飲邢太史宅行酒令要一詩句中有一物○

又一夕話十種十卷　題〔清〕呐呐夫輯

清康熙刻本

一册　存三卷：七至九（續酒律、續異想、續笑倒）

半葉九行二十四字，白口，邊欄不一，無直格。版框 20.0×12.0 厘米

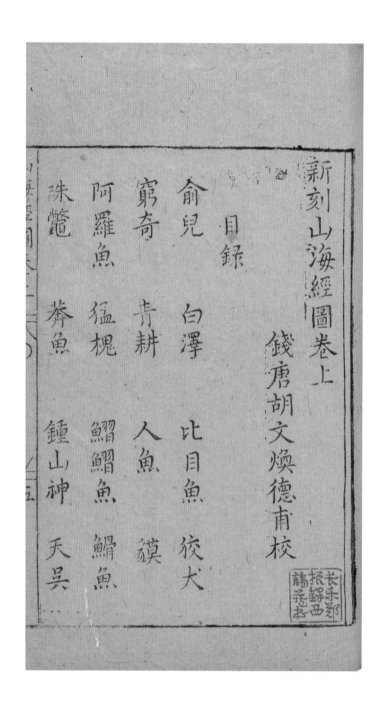

目録

新刻山海經圖卷上　錢唐胡文煥德甫校

俞兒　白澤　比目魚　狡犬

窮奇　青耕　人魚　貘

阿羅魚　猛槐　鰛鰛魚　鰭魚

珠鼈　莽魚　鍾山神天吳

新刻山海經圖二卷

明胡文煥刻格致叢書本　鄭振鐸跋

二冊

左文右圖，左右雙邊。版框 19.5×13.8 厘米

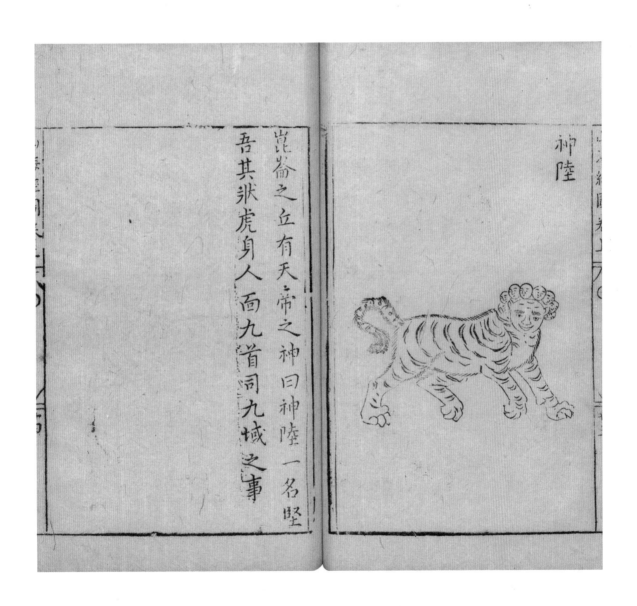

神陸

崑崙之丘有天帝之神曰神陸一名堅
吾其狀虎身人面九首同九域之事

此格致从書本也却不多見予己有明
鑄有圖本山海經二種董会卿得此
書於上海予見之亟向之購得併
此乃得三矣正是模糊影响向
壁虛造之談頗富想像之力亦
多創作之藝論美術史者固宜
收之也 一九五二年十月十二日西諦

新刻出像增補搜神記六卷

明萬曆金陵書林唐富春刻本

六册

半葉十一行十九字，白口，四周單邊。版框 19.4×12.8 厘米

儒氏源流

儒氏源流 九月十五日聖誕

至聖文宣王魯曲阜昌平鄉闕里其先宋人也先聖
魯大父曰孔防叔避宋華督之難徙居於魯生伯
夏伯夏生叔梁紇長子曰孟皮字伯尼有疾不任
繼嗣次子則先聖是也魯襄公二十一年冬十月
庚子日先聖生夕有二龍繞室五老降庭五老
者五星之精也母顏氏房聞奏鈞天之樂空中有
聲云天感生聖子故降以和樂笙鏞之音生而首
上頂頂故因名丘字仲尼幼而喪父葬於防山先
聖身長九尺二寸腰大十圍凡四十九表反首注

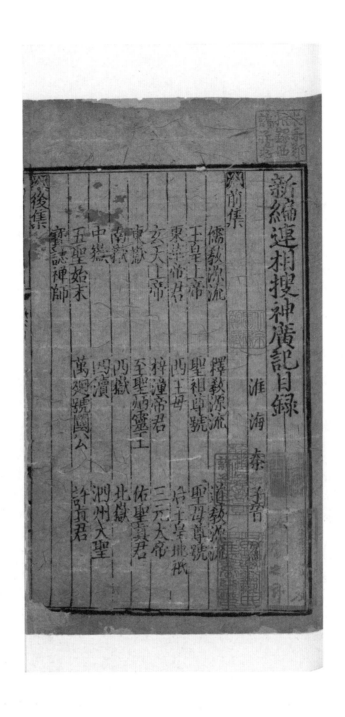

新編連相搜神廣記前集一卷後集一卷　〔元〕秦子晋撰

元刻本

二册

半葉十四行二十四字，黑口，四周雙邊。版框 18.6×12.2 厘米

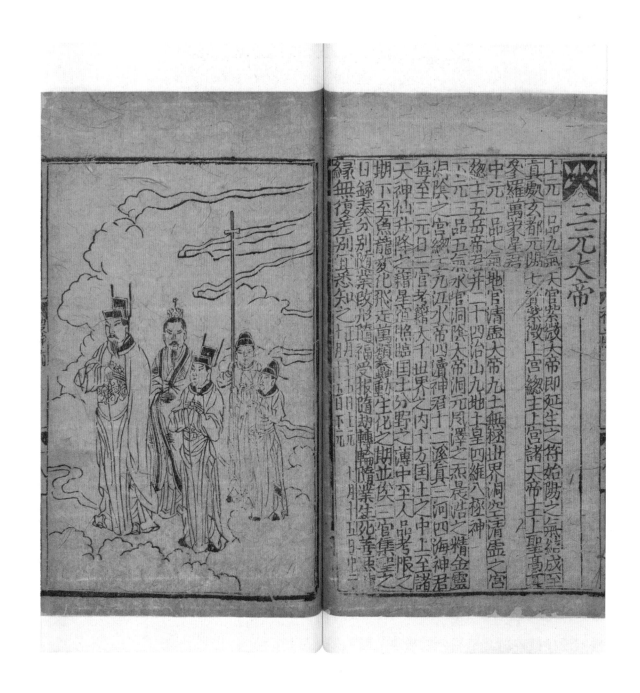

三元大帝

上元一品九氣天官紫微大帝即延生之符始陽之氣結成至真處玄都元陽七寶紫微上宮總主上聖高真三界萬靈星君

中元二品七氣地官清靈大帝九土無穢世界洞空清靈之宮總主五岳帝并二十四治山九地土皇四維八極神君

下元三品五氣水官洞陰大帝洞元風澤之氣晨浩之精金靈洞陰之宮總主九江水帝四瀆神君十二溪真三河四海神君

每至元日三官集聖人品考限之籍慇臨国土分野大簿中至人品諸天神仙升降之時隨天神仙升降之期並俟三官集死善惡之

期下至人爲龍變化形随類美轉生化之籍

日錄奏分別隨業改形飛走國類受報隨劫轉輪隨膜生死善惡之

錄無復差別耳悉知之十月十五日中元七月十五日上元正月十五日下元

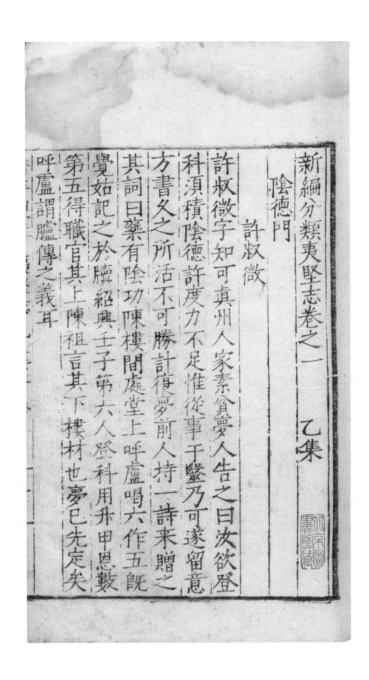

新編分類夷堅志甲集五卷乙集五卷丙集五卷丁集五卷戊集五卷已集六卷庚集五卷辛
集五卷壬集五卷癸集五卷　〔宋〕洪邁撰　〔宋〕葉祖榮輯

明嘉靖二十五年（1546）洪楩清平山堂刻本

四册　存十卷：乙集五卷、癸集五卷

半葉十行二十字，白口，左右雙邊。版框 18.9×13.4 厘米

明刻本首行題新刻晉
堅志一卷甲集次題宋
鄱陽洪邁著明姓訂
瀧昌校補城唐戚訂
唐泉次凡四行

夷堅支甲集血卷第一

夷堅支甲集卷第十四事 宋 鄱陽 洪邁 著

張相公夫人

錢履道字嘉貞京兆咸陽人北朝皇統中遊學商虢
過鄠縣貪程不止獨一僕相隨天曛黑不復辨路信
馬行到一大宅叩門將託宿遇小妾從內出驚諳之
日此地近山多狼虎豈宜夜涉錢日適不意迷塗敢
求棲寓一席之地但不知爲何大官第宅妾日是河
中府尹張相公之居相公薨後惟夫人在須臾命乃

積學齋徐乃昌藏書

夷堅支甲集上

巒晉卿　董小七
夏義成
山明遠　卷第十…事
　　　　海王三
羽客錢庫　　　蔣堅食牛
　龍鳳卵
復圓菜圃　　　薦福如本
　陳體謙
襃忠廟　　　　甘林二命
王仲共
扣冰堂僧　　　艾大中公案
凡一百三十七章
臨安府洪橋南陳家經鋪抄錄
夷堅志囘錄甲集終

夷堅志甲集二卷乙集二卷丙集二卷丁集二卷戊集二卷己集二卷庚集二卷辛集二卷壬集二卷癸集二卷　〔宋〕洪邁撰

清乾隆四十三年（1778）周榮耕煙草堂刻本　陳乃乾校跋並錄清黃丕烈題識

二十冊

半葉九行二十字，黑口，左右雙邊。版框 12.8×9.8 厘米

新刊奇見異聞筆坡叢脞一卷　〔明〕雷燮撰

明弘治十七年（1504）書林江氏宗德堂刻本

一冊

半葉十四行二十四字，黑口，四周雙邊。版框 20.0×12.9 厘米

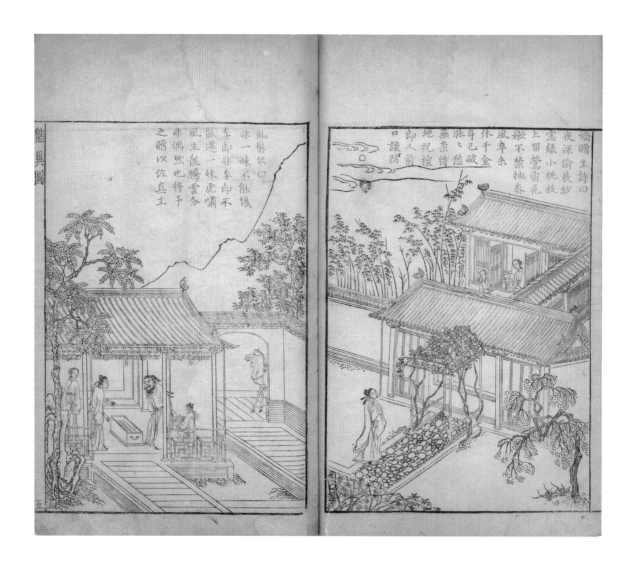

玉茗堂摘評王弇州先生豔異編十二卷　　題〔明〕王世貞撰　〔明〕湯顯祖評

明刻朱墨套印本

六冊

半葉九行二十字，白口，四周單邊。版框 20.9×14.7 厘米

玉茗堂摘評王弇州先生豔異編卷一

星部

郭翰

太原郭翰少簡貴、有清標姿度美秀善談論工帅隸、
早孤獨處當盛暑乘月臥庭中時時有微風稍聞香
氣漸濃翰甚怪之、仰觀空中見有人冉冉而下直至
翰前乃一少女也、明艷絕代光彩溢目衣玄綃之衣
曳羅霜之帔戴翠翹鳳皇之冠躡瓊文九章之履侍
女二人皆有殊色感蕩心神翰整衣巾下牀拜謁曰

便非人間
裝飾

豔異編卷一 一

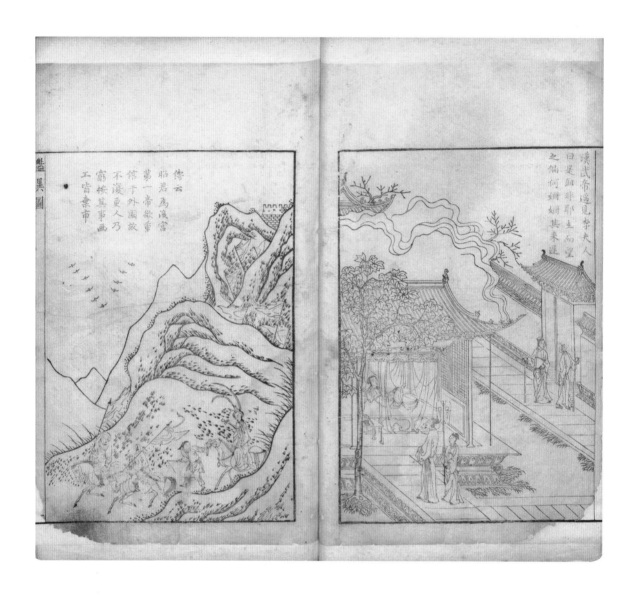

玉茗堂摘評王弇州先生豔異編十二卷　題〔明〕王世貞撰　〔明〕湯顯祖評

明刻朱墨套印本

二冊　存二卷：一至二

半葉九行二十字，白口，四周單邊。版框 20.9×14.7 厘米

玉茗堂摘評王弇州先生豔異編卷一

星部

郭翰

太原郭翰少簡貴有清標姿度美秀善談論工艸隸
早孤獨處當盛暑乘月臥庭中時有微風稍聞香
氣漸濃翰甚怪之仰觀空中見有人冉冉而下直至
翰前乃一少女也明艷絶代光彩溢目衣玄綃之衣
曳羅霜之帔戴翠翹鳳皇之冠躡瓊文九章之履侍
女二人皆有殊色感蕩心神翰整衣巾下牀拜謁曰

豔異編　卷一

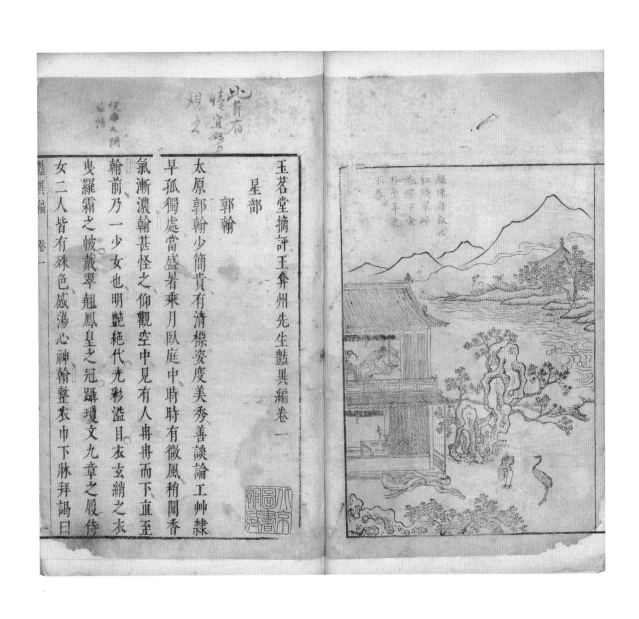

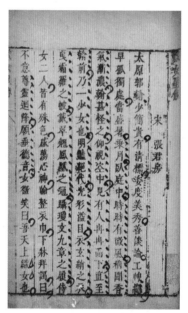

豔異編十二卷

明末刻本

九册　存九卷：一至四、七至十一

半葉九行二十字，白口，左右雙邊。版框 19.1×13.7 厘米

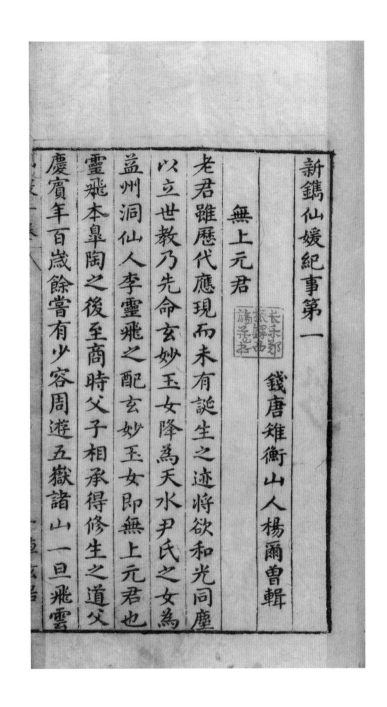

新鐫仙媛紀事第一

錢唐雉衡山人楊爾曾輯

無上元君

老君雖歷代應現而未有誕生之迹將欲和光同塵以立世教乃先命玄妙玉女降為天水尹氏之女為

益州洞仙人李靈飛之配玄妙玉女即無上元君也

靈飛本皐陶之後至商時父子相承得修生之道父

慶賓年百歲餘嘗有少容周遊五嶽諸山一旦飛雲

新鐫仙媛紀事九卷補遺一卷 〔明〕楊爾曾撰

明萬曆三十年（1602）草玄居刻本

四冊

半葉八行二十字，白口，四周單邊。版框 20.7×13.2 厘米

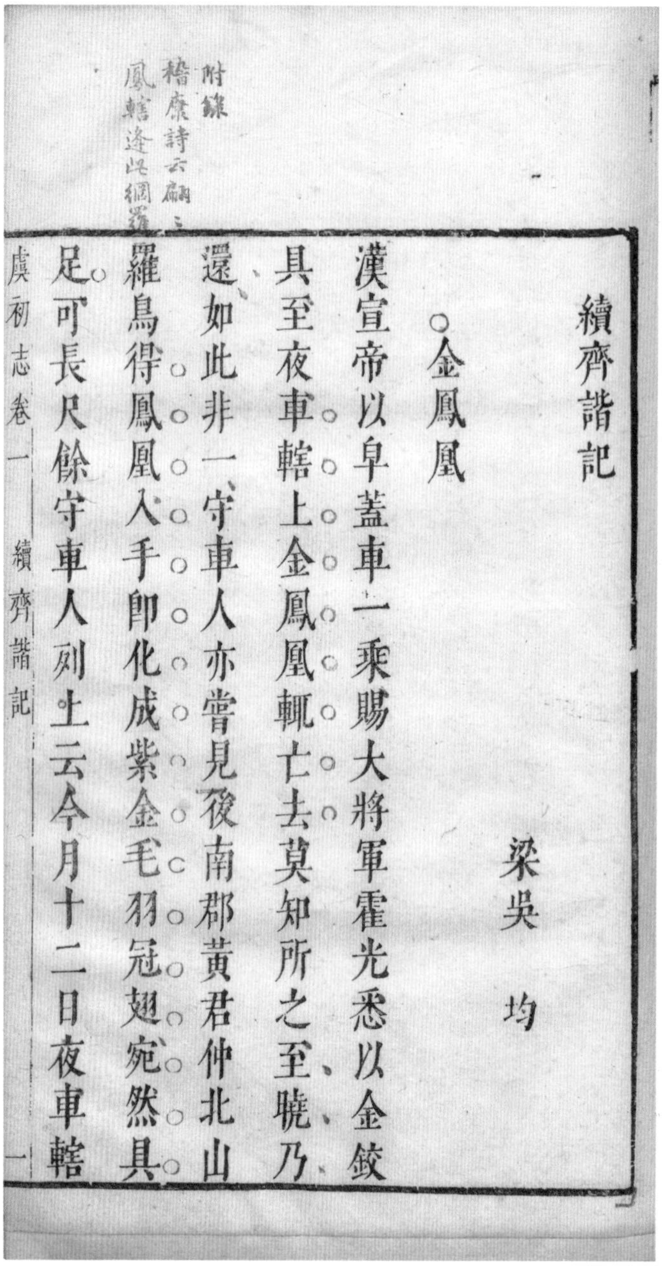
附錄
嵇康詩云翩翩鳳轄逢此網羅

續齊諧記

梁吳　均

○金鳳凰

漢宣帝以皁蓋車一乘賜大將軍霍光悉以金鈫具至夜車轄上金鳳凰輒亡去莫知所之至曉乃還如此非一守車人亦嘗見後南郡黃君仲北山羅鳥得鳳凰入手即化成紫金毛羽冠翅宛然具足可長尺餘守車人列上云今月十二日夜車轄

虞初志卷一　續齊諧記　一

虞初志七卷　〔明〕袁宏道評

明凌性德刻朱墨套印本

八册

半葉八行十九字，白口，四周單邊。版框 21.0×14.3 厘米

16707（補 495）

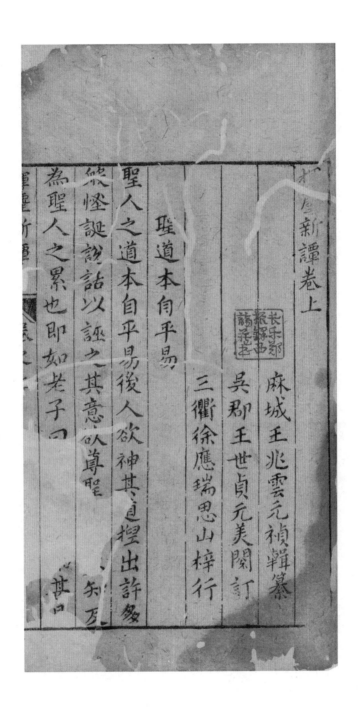

揮塵新譚二卷 〔明〕王兆雲撰

明徐應瑞刻本 鄭振鐸跋

二册

半葉八行十八字，白口，四周雙邊或四周單邊。版框 20.2×13.5 厘米

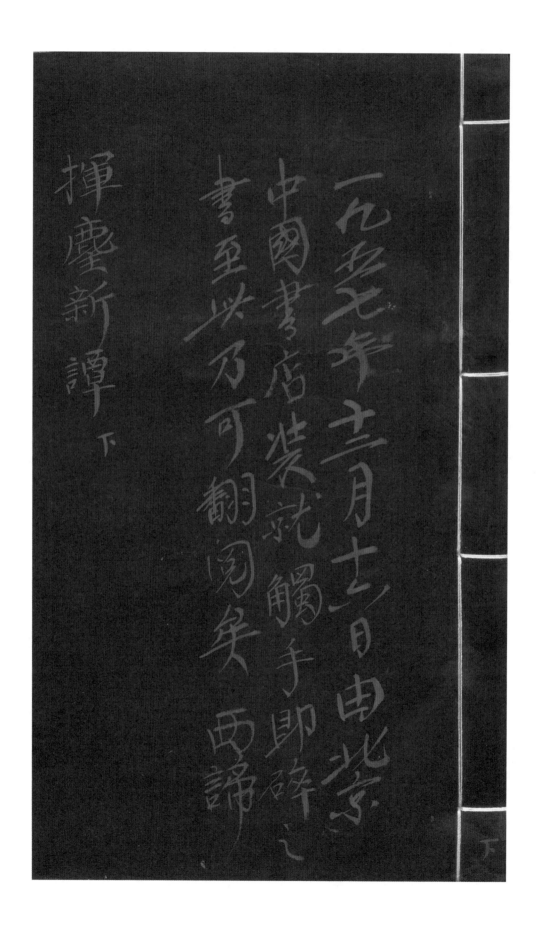

一九五七年十二月十日由北京
中國書店裝就觸手即辭之
書至此乃可翻閱矣
西諦

揮塵新譚　下

張道陵

張道陵字輔漢子房八世孫身長九尺二寸龐
眉廣顙朱頂綠睛隆凖方頤目有三角伏犀貫
頂番手過膝龍蹲虎坎望之儼然漢光武建武
十年生於天目山母初夢大人自北魁星中降
至地以薇香授之既覺滿室異香經月不散
感而有孕及生日黃雲籠室紫氣盈庭室中光
氣如日月七歲通道德經河洛圖緯之書皆極
其真暴賢良方正身雖仕而志在修煉入蜀愛
蜀中溪嶺深秀遂隱於鶴鳴山弟子有王長者
晉天文通黃老相與煉龍虎大丹三年丹成真
人年六十餘餌之者三十許人與王長入北嵩
山遇繡衣使者告曰中峯石室藏上三皇內文
黃帝九鼎太清丹經得而修之乃昇天矣於是
真人齋戒七日入石室毁然有聲捫地取之果
得丹書精思修煉能分形散影每泛舟池中誦

仙佛奇踪八卷 〔明〕洪應明撰

明萬曆刻本

三冊 存三卷：仙二至三、佛二

半葉八行十八字，白口，四周單邊。版框 21.1×14.0 厘米

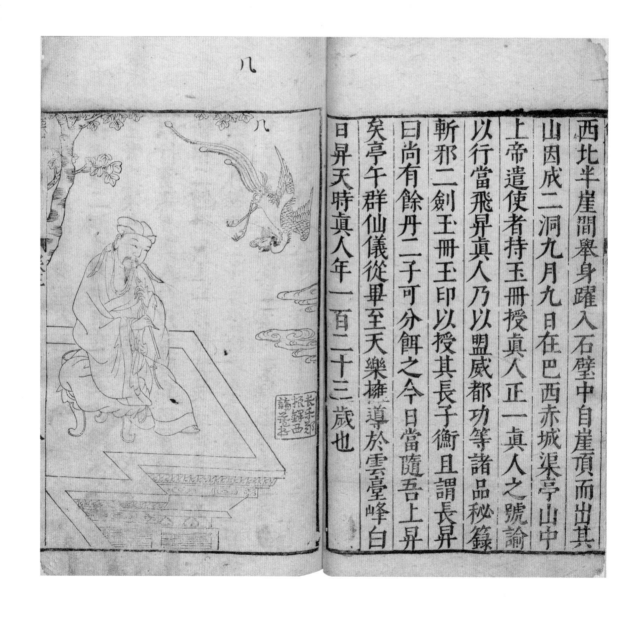

西北半崖間舉身躍入石壁中自崖頂而出其

山因成二洞九月九日在巴西赤城渠亭山中

上帝遣使者持玉冊授眞人正一眞人之號諭

以行當飛昇眞人乃以盟威都功等諸品秘籙

斬邪二劍玉冊玉印以授其長子衡且謂長昇

曰尚有餘丹二子可分餌之今日當隨吾上昇

矣亭午群仙儀從畢至天樂擁導於雲臺峰白

日昇天時眞人年一百二十三歲也

八

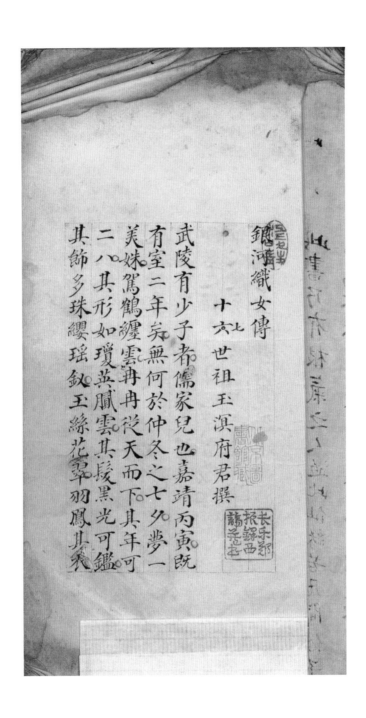

銀河織女傳不分卷　〔明〕華玉冥撰

清乾隆十五年（1750）抄本

一冊

半葉八行十五字，白口，四周單邊。版框 15.0×9.2 厘米

渠丘耳夢録四卷　〔清〕張貞撰

清康熙四十八年（1709）張貞刻本

四册

半葉九行十八字，白口，左右雙邊。版框 16.7×12.7 厘米

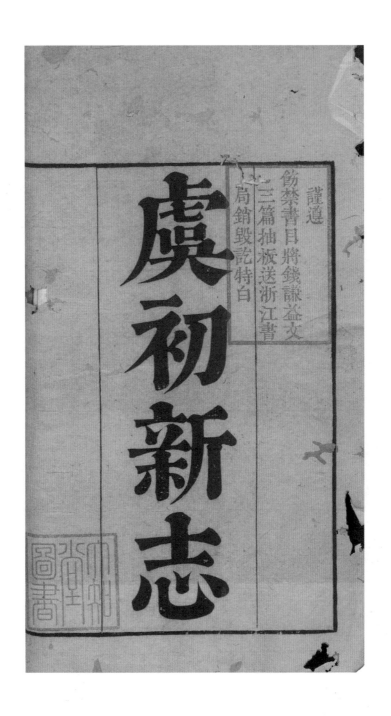

虞初新志二十卷　〔清〕張潮輯

清康熙刻本

六冊

半葉九行二十字，白口，四周單邊。版框 18.7×13.5 厘米

虞初新志卷之一

新安張　潮山來氏輯

魏　禧　冰叔

大鐵椎傳

大鐵椎不知何許人北平陳子燦省兄河南與遇宋
將軍家宋懷慶青華鎮人工技擊七省好事者皆來
學人以其雄健呼宋將軍云宋弟子高信之亦襄慶
人多力善射長子燦七歲少同學故嘗與過宋將軍
時座上有健啖客貌甚寢右脇夾大鐵椎重四五十

虞初新志　　　　卷之一　　　　　　一

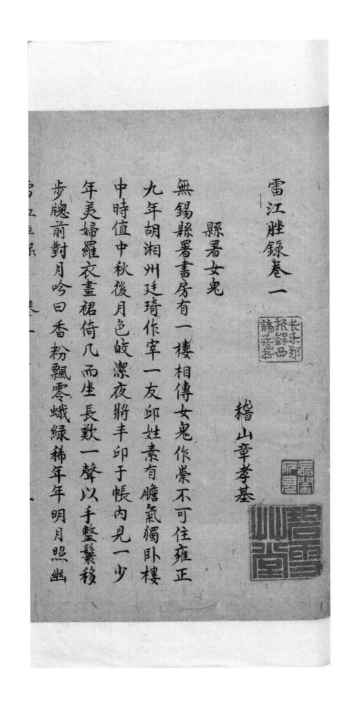

雷江脞録卷一

稽山章孝基

縣署女鬼

無錫縣署書房有一樓相傳女鬼作祟不可住雍正
九年胡湘州廷琦作宰一友邱姓素有膽氣獨卧樓
中時值中秋後月色皎潔夜將半卽于帳内見一少
年美婦羅衣畫裙倚几而坐長歎一聲以手整鬢移
步總前對月吟曰香粉飄零蛾綠稀年年明月照幽

雷江脞録四卷　〔清〕章孝基撰

清抄本

二册

半葉八行二十字，無欄格

一回

九雲夢六卷無序跋撰名惟卷尾有崇禎後三度癸亥
七字詢之韓人尚君有鈺知為康熙間國人金春澤所撰春
澤字北軒不求仕進養母以文章自娛酷嗜稗史故作此書
有北軒集未梓鈔本亦鮮崇禎後三度云者以崇禎後若干
子紀年示不忘朙也癸亥則刊書之歲也予觀書中事跡
之遇遭辭亦欲倣效唐人惜固於方隅不能化除自家
之從唐人劉夤雙虯鬢客紅線柳毅諸傳脫胎而華焉一
人遇如予於父母而稱小子方言也又系句往二層累皆
矣字至如云矣而鳴呼等字更屬不成文泫韓人出筆
輒如此要呈怪者然如北軒之者古不應有此也
光緒二十有六年庚子後八月歸安吳堪識於使韓公署

九雲夢卷之一

蓮花峯大開法宇　真上人幻生揚家

天下名山曰有五馬東曰東岳即泰山西曰西岳即
華山南曰南岳即衡山北曰北岳即恒山中央之山
曰中岳即嵩山此所謂五岳也五岳之中惟衡山
中土最遠九疑之山在其南洞庭之湖經其北湘水
之水環其三面若祖宗儼然中嵓而子孫羅立焉盖
衡馬七十二峯或騰踔而真天或斷崒而截雲如奇
標俊影之美丈夫七發百骸省秀麗清奏無非元氣
所鍾迎其中最高之峯曰祝融曰紫盖曰天柱曰石

九雲夢六卷　〔朝鮮〕金春澤撰

朝鮮李朝純祖三年（1803）刻本　清吴堪跋

三冊

半葉十行二十字，白口，四周單邊。版框 19.1×15.5 厘米

子

子部二 —— 類書類

大唐類要卷第一百三十九

車部上·

車揔載海一

周易曰火在天上大有
曰易載永員途載兒一車先張之狐後說之狐○焦易
林履之豫曰逐狐索破我弓車曰莫不反失利後時焦又
蠱之訟曰長氐亂家大筭破車姬姜不嘉○焦又臨之大
富齊金買車道後時○又觀之晉曰繆車水馬不利遠買
門為患安上舍○又賁之桓碩舍車而從六具駮牛老
自殞酒以清憂○又暌之先曰黃馬河車駕之天都讃善
遠能使我無憂○又書曰武王戎車三百輛與受戰于牧
野○尚書中侯秦繆公出狩天震大雷下有火為曰雀瞻

大唐類要一百六十卷　〔唐〕虞世南輯

明抄本　清勞權校並跋

一冊　存四卷：一百三十九、一百五十八至一百六十

半葉十二行二十二字，無欄格

藝文類聚卷第一

唐太子率更令弘文館學士歐陽詢撰

天部上 天 日 月 星 雲 風

天

周易曰大哉乾元萬物資始乃統天雲行雨施品物流形大明終始六位
時成時乘六龍以御天乾道變化各正性命 又曰立天之道曰陰與陽
又曰天行健 尚書曰乃命羲和欽若昊天 又曰皇天震怒命我文考
肅將天威 禮記曰天地之道博也厚也高也明也悠也久也日月星辰
繫焉萬物覆焉 論語曰天何言哉四時行焉百物生焉 老子曰天得
一以清 春秋繁露曰天有十端天地陰陽水土金木火人凡十端天亦
喜怒之氣哀樂之心與人相副以類合之天人一也 春秋元命苞曰天不足西
北陽極於九故天周九九八十一萬里 渾天儀曰天如雞子天大地小
比陽為蒼天夏為昊天秋為旻天冬為上天 爾雅曰穹蒼蒼天
也
天表裏有水地各乘氣而立載水而浮天轉如車轂之運 黃帝素問曰

藝文類聚一百卷　〔唐〕歐陽詢輯

明嘉靖六至七年（1527－1528）胡纘宗、陸采刻本

二十册

半葉十四行二十八字，白口，左右雙邊。版框 20.8×16.2 厘米

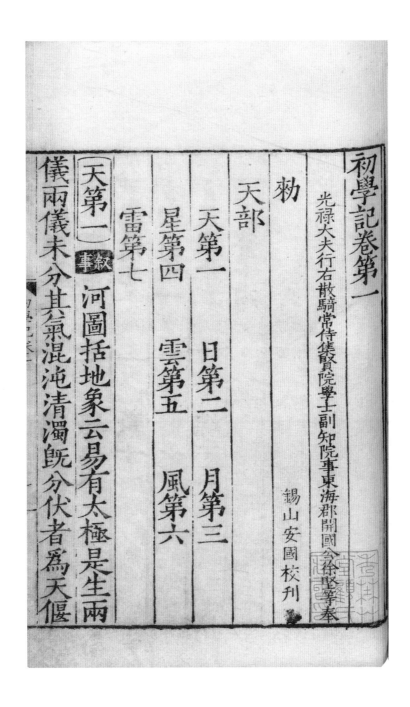

初學記三十卷 〔唐〕徐堅等輯

明嘉靖十年（1531）安國桂坡館刻本〔卷十至十一配明萬曆十五年（1587）徐守銘寧壽堂刻本〕

十二册

半葉九行十八字，小字雙行二十四字，白口，左右雙邊。版框 20.8×16.2 厘米

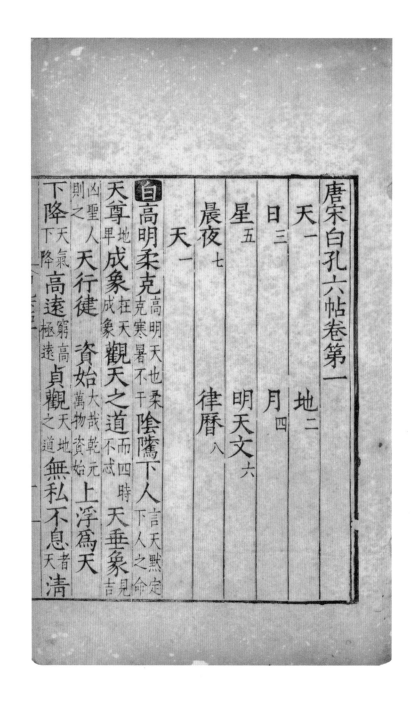

唐宋白孔六帖一百卷目録二卷 〔唐〕白居易 〔宋〕孔傳輯

明刻本（卷八十四至八十五配清抄本）

九十九册

半葉十行十八字，小字雙行同，白口，左右雙邊。版框 19.4×15.4 厘米

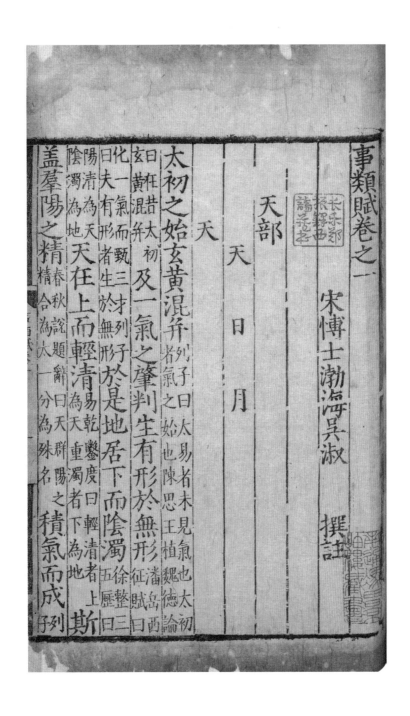

事類賦三十卷 〔宋〕吳淑撰並註

明嘉靖十三年（1534）白玶刻本

八冊

半葉十一行二十字，黑口，四周單邊。版框 20.7×15.1 厘米

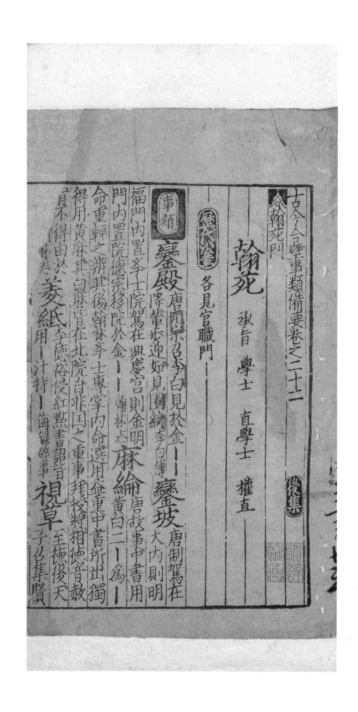

古今合璧事類備要後集八十一卷　〔宋〕謝維新輯

宋刻本

一冊　存一卷：二十二

半葉十四行二十四字，黑口，左右雙邊。版框 17.4×11.6 厘米

文選雙字類要卷上〔四庫存目云書三卷舊本題宋蘇易簡撰〕

天道門

　太極

胚渾　類一之未　萬象　太極之致　氣分　清濁並頭陀
　疑一江賦　　　陳悟　　　　　貫判玄黃一
黃牙　或一玄　　一已　黃剖判上下　睢盱　地未祛
　寺而一萌相嘔　　　　　注嘔燕也　　　　權與天
　音一　相嘔　　融結　一而爲川瀆之元兩儀始分
睢盱　雜肝盱也　　　　　妙有　運自然
　砰雜肝盱　　　　　　　　之一而一
　　　　　　　　　烟熅　烟一熅
混池　音一妙　　混成　太極之否窮
　並天理台也　　　　　　　　　　舞賦三
也注並有一　　　　泰貞　太極之貞象並輿引
　　　劇奏美　　　　　　才化一而甄三
芒芒　一有一　混成　廢類一　　　　　西征賦
　　元極剖氣　　　　　注浮交錯　　　　　權
　氣雜肝知其迹然必窮啟
輿　畫夫太　　化　魏都賦一體象一氣
　夜理包清濁　　　　　　

文選雙字類要三卷　題〔宋〕蘇易簡撰

明抄本

二冊　存二卷：上、下

半葉十行二十至二十四字，小字雙行同，無欄格

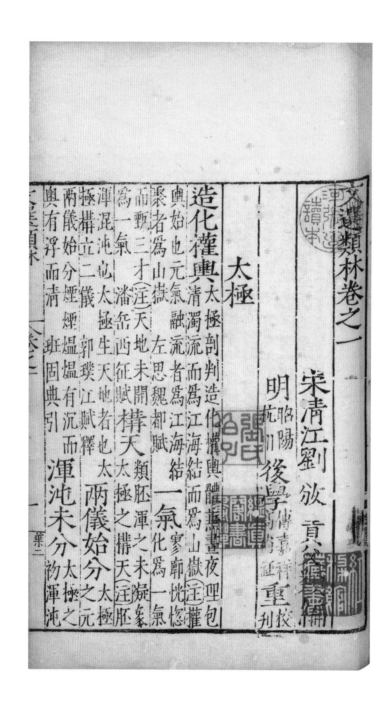

文選類林十八卷　〔宋〕劉攽輯

明隆慶六年（1572）傅嘉祥、高尚鈺刻本

六冊

半葉九行十八字，小字雙行同，白口，四周單邊。版框 19.0×14.8 厘米

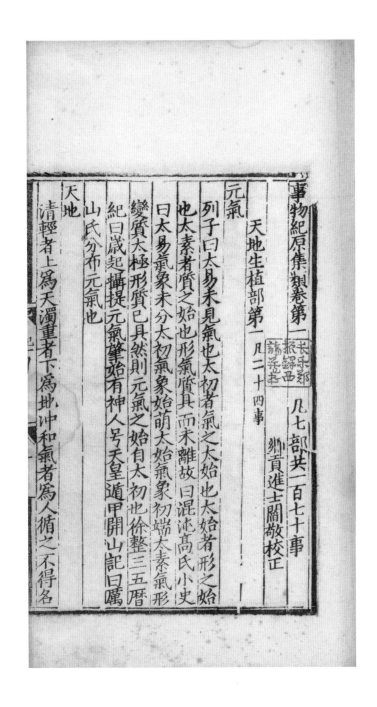

事物紀原集類十卷 〔宋〕高承輯

明正統十二年（1447）閻敬刻本

十册

半葉十二行二十四字，黑口，四周雙邊。版框 19.7×13.2 厘米

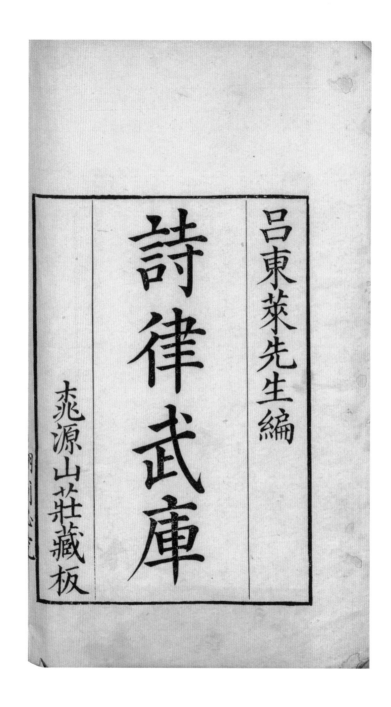

東萊先生詩律武庫十五卷東萊先生詩律武庫後集十五卷　題〔宋〕呂祖謙輯

清康熙五十四年（1715）鄭氏桃源山莊刻本

二冊

半葉九行十九字，白口，左右雙邊。版框 16.6×12.6 厘米

東萊先生詩律武庫卷第一

呂氏家塾手編

慶誕門

。天上石麒麟

南史徐陵母臧氏夢五色雲化爲鳳集左肩已而

有娠生陵年數歲家人抱以見僧寶誌上人上人

以手摩其頂曰眞天上石麒麟也杜工部徐卿二

子歌云孔子釋氏親抱送盡是天上麒麟兒

。充閭之慶

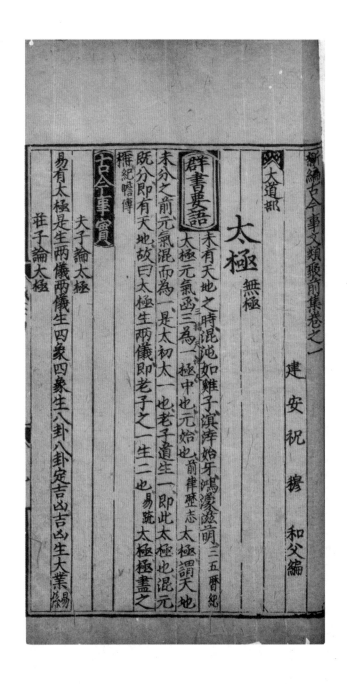

新編古今事文類聚前集六十卷後集五十卷續集二十八卷別集三十二卷　〔宋〕祝穆輯

新集三十六卷外集十五卷　〔元〕富大用輯

明書林明實堂刻本

四十冊

半葉十四行二十八字，黑口，四周雙邊。版框 19.8×13.2 厘米

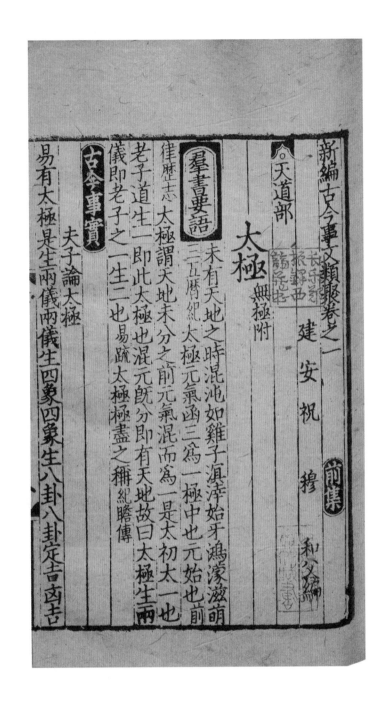

新編古今事文類聚卷之一　　建安　祝　穆　　前集

○天道部

太極　無極附

羣書要語

未有天地之時混沌如雞子涸淬始牙鴻濛滋萌

律歷志　太極謂天地未分之前元氣函三為一極中也元始前二五歷紀太極元氣函三為一是太初太一也

老子道生一即此太極也混元既分即有天地故曰太極生兩儀即老子之一生二也易疏太極極盡之稱瞻傳

古今事實

夫子論太極

易有太極是生兩儀兩儀生四象四象生八卦八卦定吉凶吉

新編古今事文類聚前集六十卷　〔宋〕祝穆輯

元刻本

六冊　存十三卷：一至三、八至十、二十八至二十九、三十四至三十五、三十九至四十一

半葉十三行二十四字，黑口，左右雙邊。版框18.1×12.2厘米

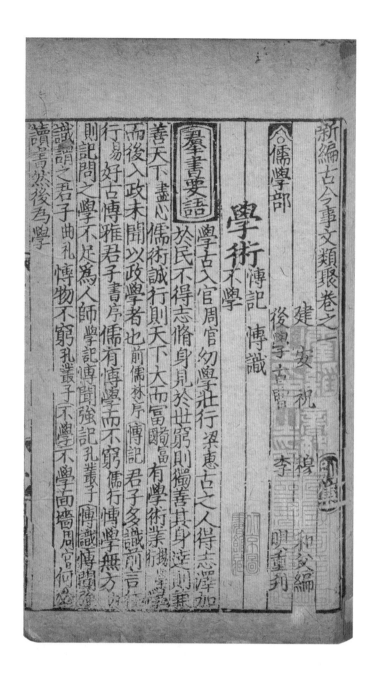

新編古今事文類聚前集六十卷後集五十卷續集二十八卷別集三十二卷　〔宋〕祝穆輯

新集三十六卷外集十五卷　〔元〕富大用輯

元刻本

五冊　存十三卷：別集一至十三

半葉十三行二十四字，黑口，左右雙邊。版框17.8×12.0厘米

全芳備祖卷之一後集

果部
　荔枝龍眼附

天台　陳景沂　編輯
建安　祝穆　訂正

事寔祖碎錄荔枝樹高五六丈大如桂樹綠葉
蓬〻冬夏榮茂青葦朱寔大如雞子核黃黑似
熟蓮子寔白如肪甘而多汁似安石榴有酸甜
者夏至將中翕然俱赤則可食也一樹下子百

全芳備祖後集三十一卷　〔宋〕陳景沂輯

清抄本

十二册

半葉九行十八字，無欄格

15891（9913）

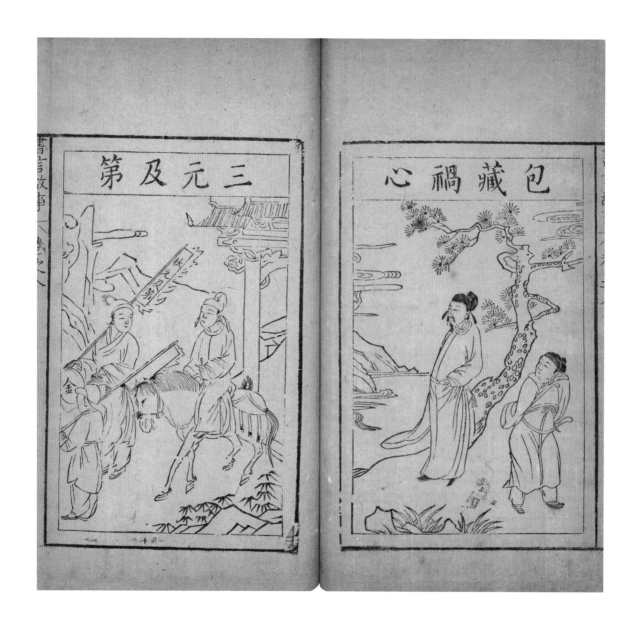

書言故事大全十二卷　〔宋〕胡繼宗輯　〔明〕陳玩直註

明刻本

十二冊

半葉九行二十字，小字雙行同，白口，四周單邊。版框 20.0×13.1 厘米

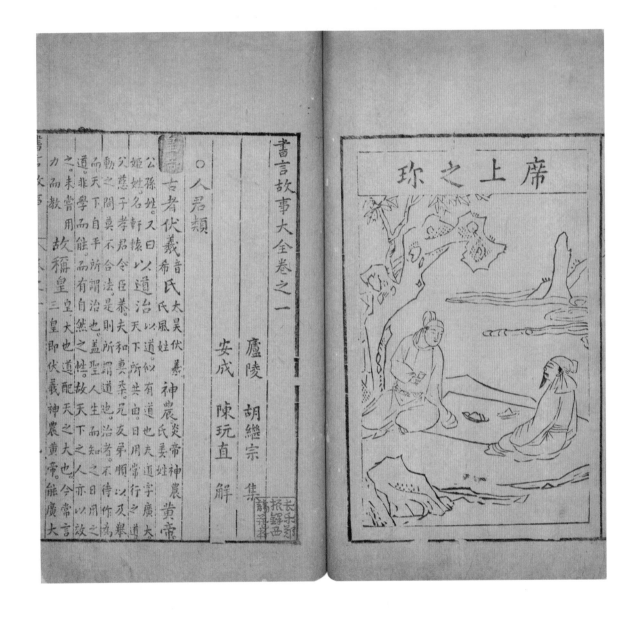

書言故事大全卷之一

　　　　　廬陵　胡繼宗　集
　　　　　安成　陳玩直　解

○人君類

古者伏羲音希氏大昊伏羲
公孫姓又曰以道治天下所似
姬姓名軒轅以道治天下所共由
父慈子孝君令臣恭夫和妻柔兄
動之間自平所謂道也盖聖人生
而天下有自然之性故則所謂人亦以
道非學而能而知者之日用常之故
之而未嘗用故稱皇三皇即伏羲
力而教用故稱皇三皇大也今常廣大

神農炎帝姜姓神農黃帝
氏風姓似有道也夫道字廣大道
以道治天下所由日用常行之反覆擊
夫夫孝君令臣恭兄友爭不待作為
是則所謂道也治者不以反覆擊
則所謂道也盖聖人生而知之人亦以
自然之性故則所謂人亦以
之日用故
即伏羲神農黃帝能廣大

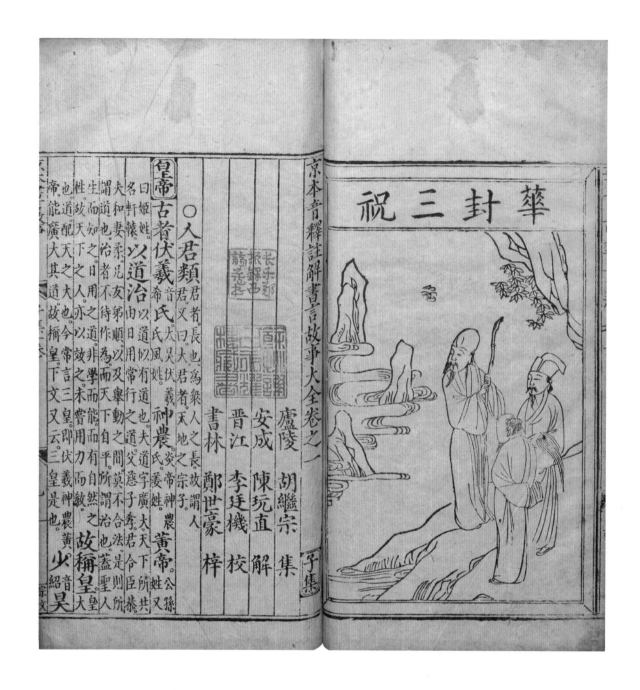

京本音釋註解書言故事大全十二卷　〔宋〕胡繼宗輯　〔明〕陳玩直註

明萬曆十九年（1591）書林鄭世豪宗文書舍刻本

六冊

半葉十一行二十二字，小字雙行同，白口，四周雙邊。版框 20.0×12.7 厘米

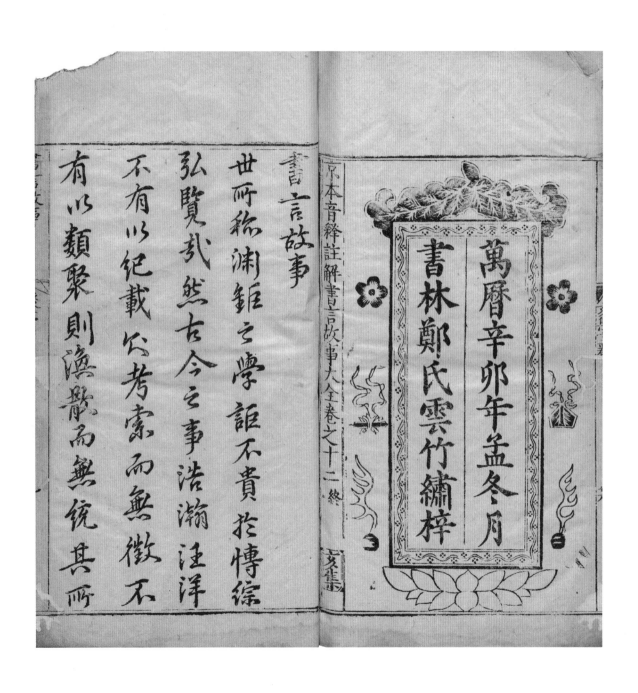

萬曆辛卯年孟冬月

書林鄭氏雲竹繡梓

原本音釋註解書言故事大全卷之十二終

亥集

書言故事

世所稱淵鉅之學詎不貴於博綜

弘覽哉然古今之事浩瀚汪洋

不有以紀載公考索而無徵不

有以類聚則漁散而無統其所

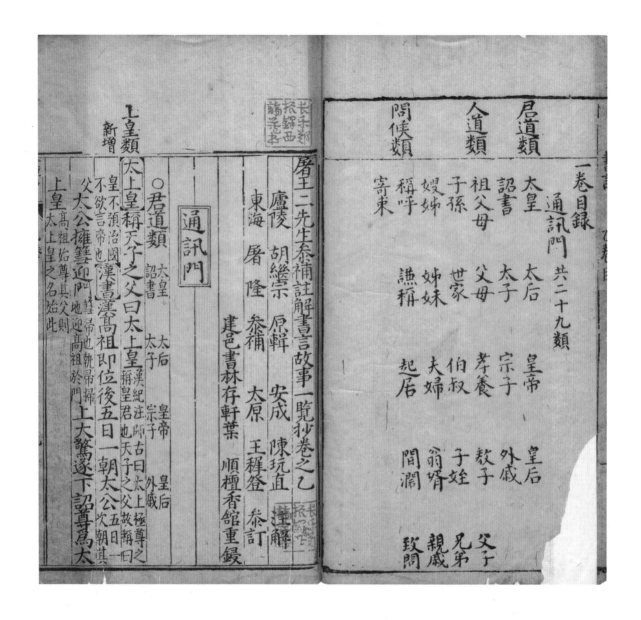

屠王二先生參補註解書言故事一覽抄卷之乙

　　　　　　　　　　　　廬陵　胡繼宗　原輯

東海　屠隆　泰補　　　　　　　安成　陳玩直　注解

　　　　　　　　　　　　　　　太原　王釋登　泰訂

建邑書林存軒葉　順檀香館重鋟

通訊門

居道類
　　　詔書　　太后　皇帝
太皇　　　太子　宗子　外戚
　　　　　皇后

新增

上皇類

君道類

○太上皇稱天子之父曰太上皇漢紀注師古曰太上極尊之稱也上者尊之也天子之父故稱曰皇不預治國故不言帝也漢書漢高祖即位後五日一朝太公如家人父子之禮太公家令說太公曰天亡二日土亡二王高祖雖子人主也太公雖父人臣也奈何令人主拜人臣後高祖朝太公擁篲迎門卻行高祖大驚下扶太公太公曰帝人主也奈何以我亂天下法於是高祖乃尊太公為太上皇

父太公擁篲迎門地迎高祖於門上大驚遂下詔尊爲太
上皇高祖始尊其父上皇之名始此

屠王二先生參補註解書言故事一覽抄六卷　〔宋〕胡繼宗輯　〔明〕陳玩直註

明萬曆二十五年（1597）書林葉順檀香館刻本

二冊

半葉十一行二十三字，小字雙行同，白口，四周雙邊。版框 18.6×13.0 厘米

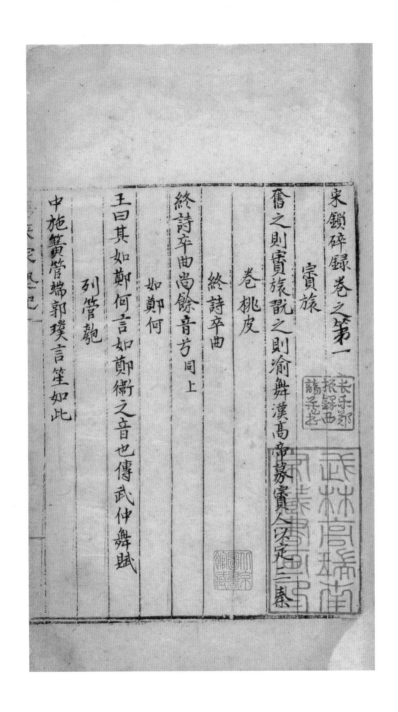

宋鎖碎録二十卷

明楊氏家塾抄本

四册　存十卷：一至十

半葉十行二十字，白口，四周單邊。版框 17.6×13.7 厘米

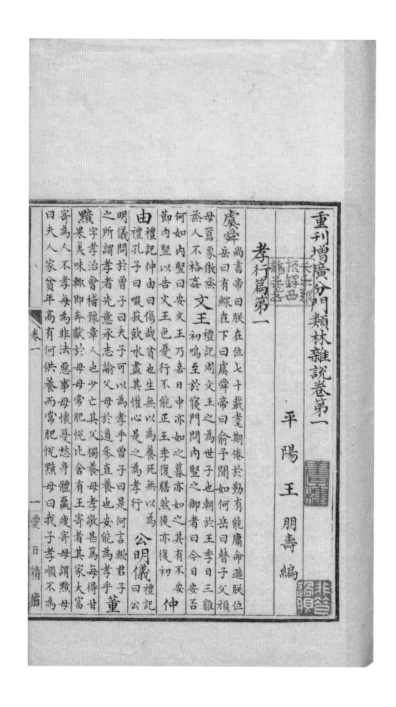

重刊增廣分門類林雜説十五卷 〔金〕王朋壽輯

清張氏愛日精廬抄本

一册

半葉十行二十四字，小字雙行同，黑口，四周雙邊。版框 19.0×14.5 厘米

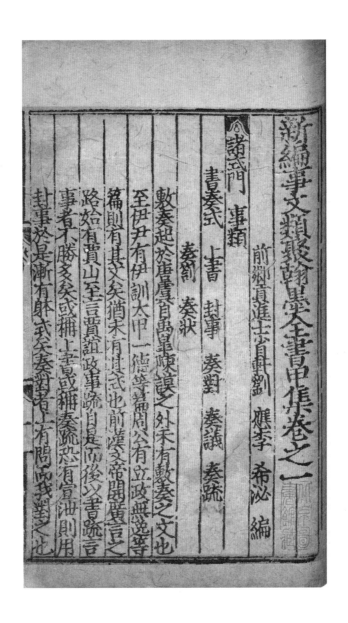

新編事文類聚翰墨全書甲集十二卷乙集九卷丙集五卷丁集五卷戊集五卷己集七卷庚集二十四卷辛集十卷壬集十二卷癸集十一卷後甲集八卷後乙集三卷後丙集六卷後丁集八卷後戊集九卷　〔元〕劉應李輯

明初刻本

十九冊　存三十三卷：甲集一、七至十，乙集五至六、八至九，戊集一至七，庚集三至十二，辛集八，後丙集一至二、五、六，後丁集三至四

半葉十二行二十四字，小字雙行同，黑口，四周雙邊。版框 15.7×10.4 厘米

永樂大典卷之一萬三千九百九十一

戲戲文二十七　　　　　三末

小孫屠　古杭書會編撰　題目　李瓊梅設計麗春園孫必貴相會成夫姊

朱邦傑識法明犯法遭盆吊沒興小孫屠　末白　滿庭芳　白髮相催青春

不再勸君莫羨精神賞心樂事乘興莫因徇浮世落花流水鎮長是會少

離頻須知道轉頭吉夢誰是百年人雍容絃誦嚴試追搜古傳往事閒憑

想像梨園拾範編撰出樂府新聲喧譁靜䀉肴歡笑和氣藹陽春後行子

弟不知戲演甚傳奇應遭盆吊沒興小孫屠　再白　滿庭芳　昔日孫家

雙名必達花朝行樂春風瓊梅李氏賣酒亭上幸相逢從此娉為夫婦兄

弟謀苦不相從因外往瓊梅水性再續舊情濃暗去梅香首級潛奔定底

永樂大典卷一萬三千九百九十一　〔明〕解縉等輯

清末民國抄本

一冊

半葉十行二十八字，無欄格

宋四六叢珠彙選卷之一

賀表

登極

大明繼照　　　不圖再造

至健體元　　　上聖篤生　人望所歸

正位龍飛　　　出震主器　天意有在

對時虎變　　　重離繼明　繼體守文

嗣無疆之曆服　　席累聖之重熙　宅中圖大

歸有道之謳歌　　荷三靈之孚佑

謳歌朝覲之有歸　　　　天地出非常帝之主

宋四六叢珠彙選十卷　〔明〕王明嶅、黄金璽輯

明萬曆陳壁刻本

五冊

半葉十行二十一字，白口，四周雙邊。版框 20.0×13.8 厘米

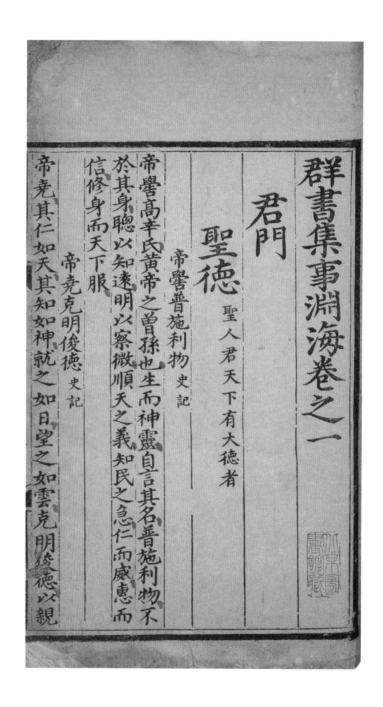

群書集本淵海十一卷群書集事淵海四十七卷

明弘治十八年（1505）賈性刻本

七册　存十一卷：集事淵海一至十一

半葉十二行二十四字，黑口，四周雙邊。版框 19.9×13.6 厘米

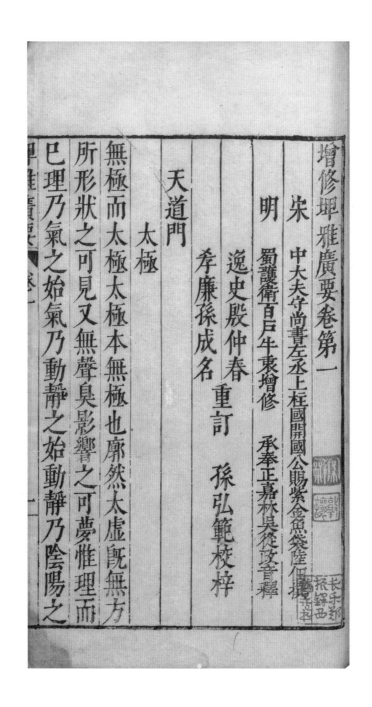

增修埤雅廣要四十二卷　〔明〕牛衷撰

明萬曆三十八年（1610）孫弘範刻本

六冊

半葉十行十八字，白口，四周單邊。版框 21.8×14.5 厘米

新刊姓源珠璣卷之一

江陰楊信民編輯

一東

東平原徵音舜七支東不訾之後

東郭先生不知姓名住東郭家貧履行雪中有上

無下人笑之亦當時隱者也

東方朔亦號東郭先生待詔公車衣履不完行

雪中

童鷹門宮音顓頊生老童以王父字爲氏

童恢後漢爲不其令民有爲虎所害恢捕二虎謂

新刊姓源珠璣六卷　〔明〕楊信民輯

明萬曆二十八年（1600）閭伯子刻本

六冊

半葉十行二十字，白口，四周單邊。版框 19.8×14.4 厘米

蒙求續編二卷 〔明〕孫緒撰 〔明〕李際可註

明嘉靖十六年（1537）孫悟刻本

二冊

半葉八行二十字，白口，左右雙邊。版框 21.0×13.2 厘米

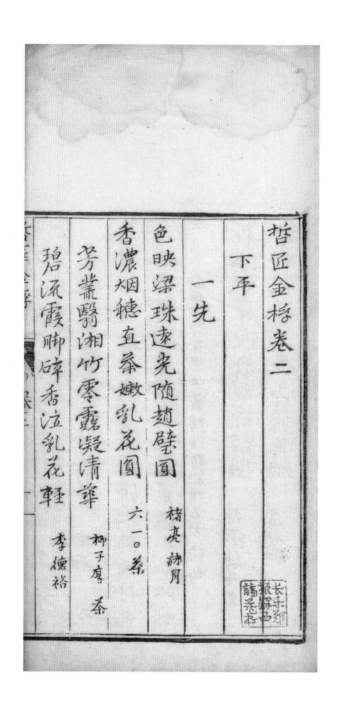

哲匠金桴五卷 〔明〕楊慎輯

明隆慶刻本　鄭振鐸跋

四冊　存四卷：二至五

半葉七行十六字，白口，四周雙邊。版框 19.6×13.4 厘米

此明隆慶刊本哲匠金梓五卷寫刻至精足佩文韻府等書的先声各家書目皆未載一九五〇年十二月二十日下午晴空碧靜文淵閣得水明樓紡授堂諸集心意暢恰偕王君業武至隆福寺驟卷實見暴富快意之極復同往中國書店詢常然所購鄧志謨五局傳奇消息店中人云取即去取出明板聞之果是百柱生之作即挾之歸他们復取出明板書數種柏匠金梓亦在其中予以其罕見魚瀏供首卷亦收之以斯類奇書稍縱即逝固不能論全瀏也西諦記

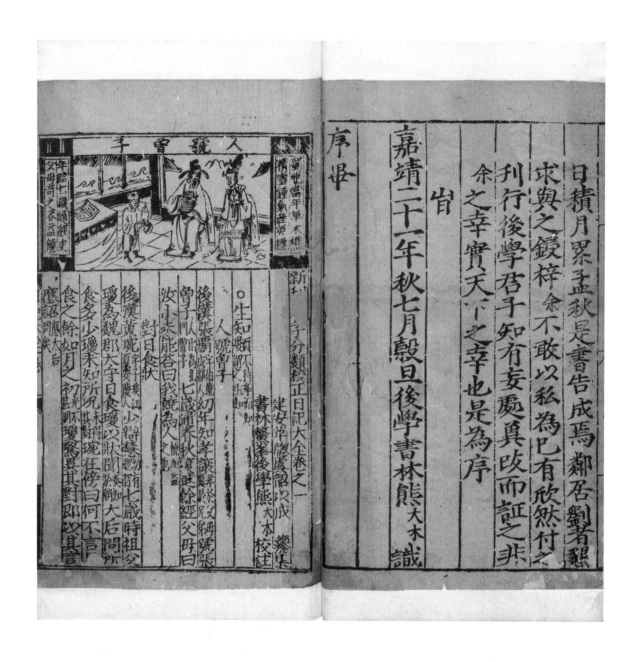

新刊大字分類校正日記大全九卷　〔明〕虞韶輯　〔明〕熊大木註

明嘉靖二十一年（1542）書林熊大木刻本

二册

半葉十四行十九字，黑口，四周單邊。上圖下文。版框 19.5×12.7 厘米

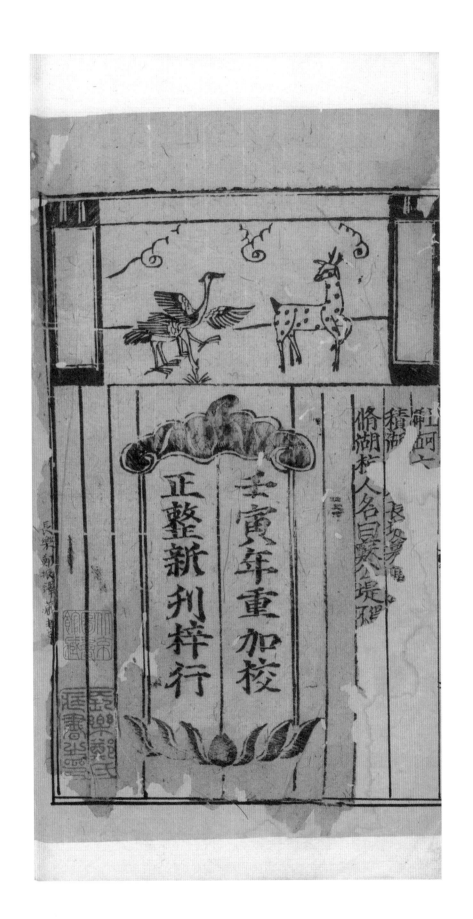

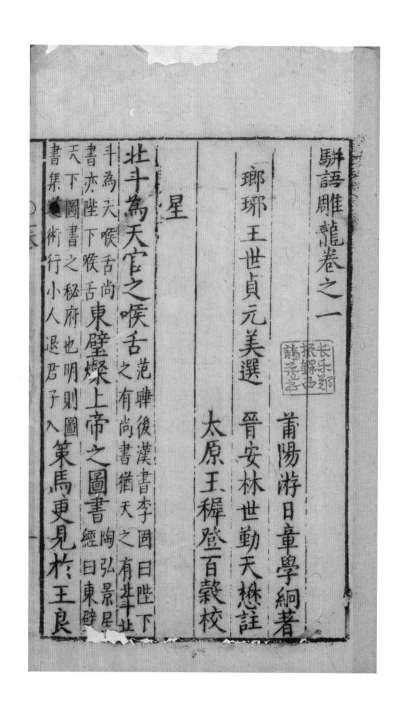

駢語雕龍四卷 〔明〕游日章撰 〔明〕王世貞輯

明萬曆刻本

四册

半葉八行十八字，小字雙行同，白口，四周單邊。版框 20.3×13.2 厘米

古今經世格要二十八卷 〔明〕鄒泉撰

明金陵書坊龔邦録刻本

十冊

半葉十二行二十六字，白口，四周單邊。版框 22.8×13.6 厘米

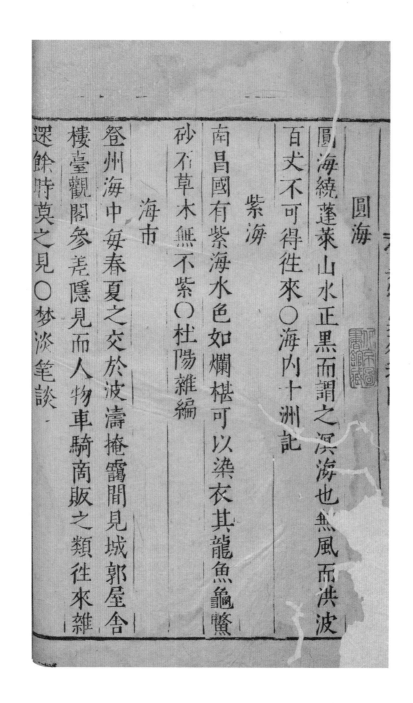

異物彙苑十八卷 〔明〕閔文振輯

明萬曆活字印本

二冊　存十五卷：四至十八

半葉十行二十字，白口，四周單邊。版框 20.1×14.5 厘米

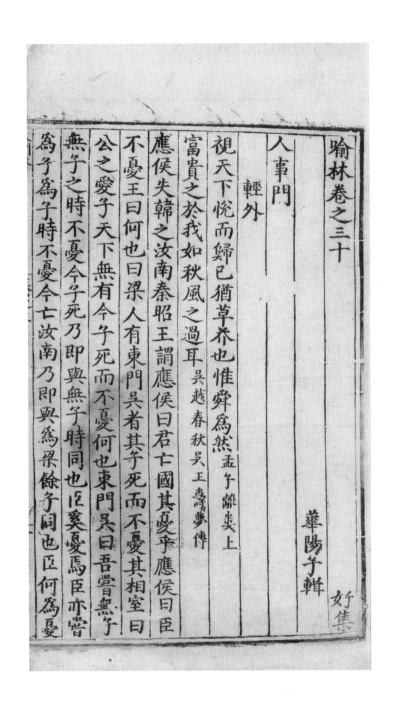

喻林卷之三十　　　華陽子輯

人事門

輕外

視天下悅而歸己猶草芥也惟舜為然　孟子離婁上

富貴之於我如秋風之過耳　吳越春秋吳王壽夢傳

應侯失韓之汝南秦昭王謂應侯曰君亡國其憂乎應侯曰臣

不憂王曰何也曰梁人有東門吳者其子死而不憂其相室曰

公之愛子天下無有今子死而不憂何也東門吳曰吾嘗無子

無子之時不憂今子死乃即與無子時同也臣奚憂焉臣亦嘗

為子為子時不憂今亡汝南乃即與為梁餘子同也臣何為憂

喻林八十卷　〔明〕徐元太輯

明萬曆十七年（1589）何氏刻本

七冊　存二十一卷：二十至四十

半葉十一行二十四字，小字雙行同，白口，四周雙邊。版框 23.6×16.0 厘米

喻林髓卷一

造化門

天道

鼓之以雷霆潤之以風雨日月運行一寒一暑
易繫辭上傳

雷以動之風以散之雨以潤之日以晅之
易說卦傳

萬物尊天而貴風雨所以尊天者爲其莫不受

喻林髓卷一

宣城華陽徐元太汝賢父編輯
莆中後學鄒道元善長父刪校

喻林髓二十四卷　〔明〕徐元太輯

明天啓二年（1622）鄒道元刻本

四册　存九卷：一至四、九至十三

半葉九行十八字，白口，四周單邊。版框 23.6×14.8 厘米

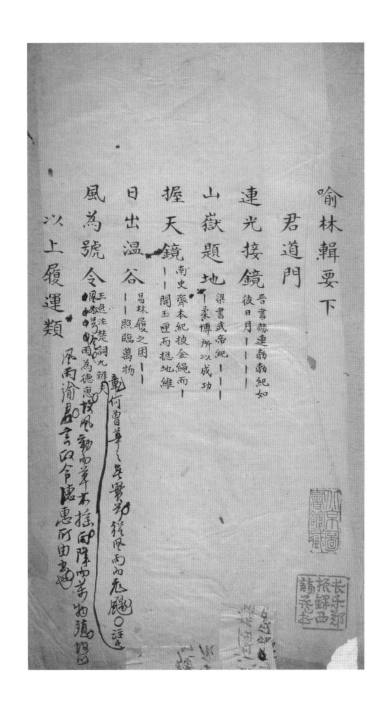

喻林輯要□卷

清抄本

二冊　存一卷：下

半葉八行字不等，小字雙行，無欄格

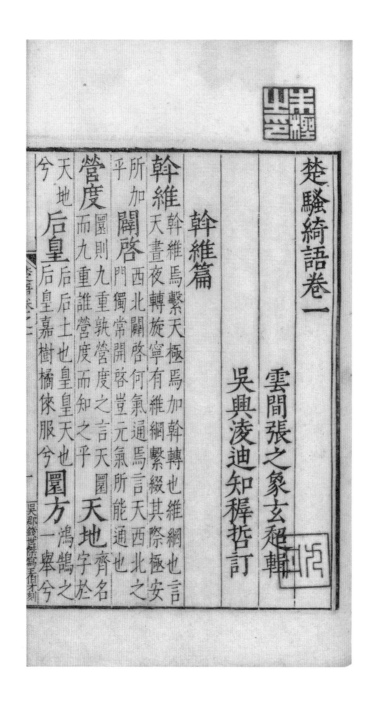

楚騷綺語六卷 〔明〕張之象輯

明萬曆四年（1576）凌迪知刻文林綺繡本

四册

半葉八行十七字，小字雙行同，白口，左右雙邊。版框 18.5×13.0 厘米

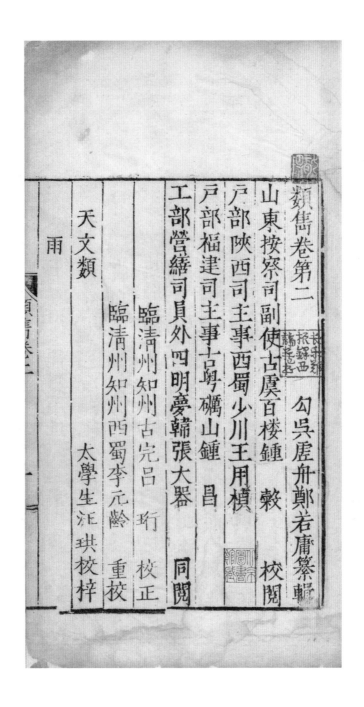

類雋三十卷 〔明〕鄭若庸撰

明萬曆六年（1578）汪珙刻本

二十八冊　存二十八卷：二至三、五至三十

半葉九行十八字，白口，左右雙邊。版框 19.8×14.1 厘米

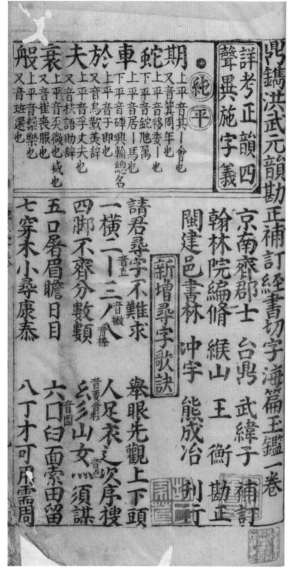
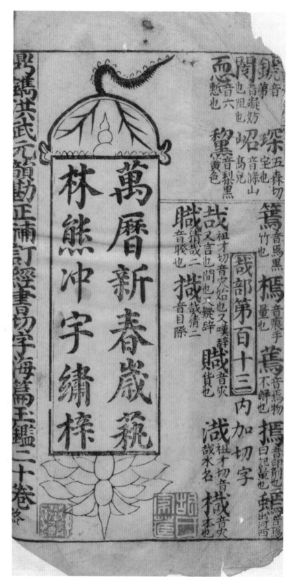

鼎鐫洪武元韻勘正補訂經書切字海篇玉鑑二十卷　〔明〕武緯子補訂　〔明〕王衡勘正

明萬曆元年（1573）書林熊冲宇刻本

五冊

上下兩欄，半葉大小字不等，白口，四周單邊。版框 20.6×12.5 厘米

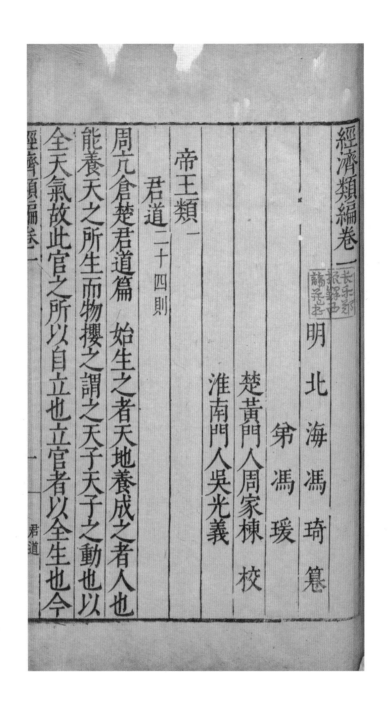

經濟類編卷一

明 北海馮琦纂
弟馮瑗
楚黃門人周家棟 校
淮南門人吳光義

帝王類一

君道二十四則

周亢倉楚君道篇 始生之者天地養成之者人也
能養天之所生而物擾之謂之天子天子之動也以
全天氣故此官之所以自立也立官者以全生也今

經濟頻編卷一 一 君道

經濟類編一百卷　〔明〕馮琦輯

明萬曆三十二年（1604）周家棟等刻本

一百冊

半葉十行二十字，白口，四周單邊。版框 21.7×15.1 厘米

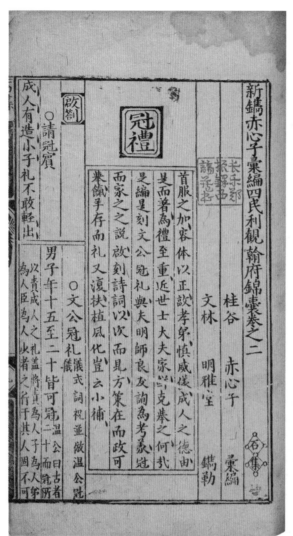
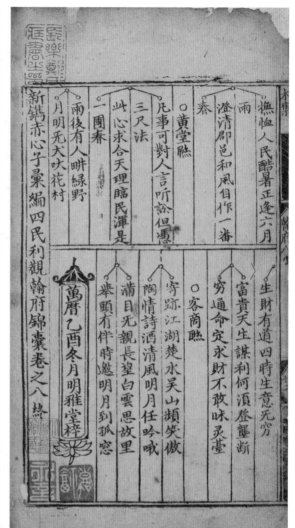

新鐫赤心子彙編四民利觀翰府錦囊八卷　題赤心子輯

明萬曆十三年（1585）明雅堂刻本

二冊

上下兩欄，上欄半葉十二行十一字，下欄半葉十一行十六字，黑口，四周雙邊。版框 19.4×12.4 厘米

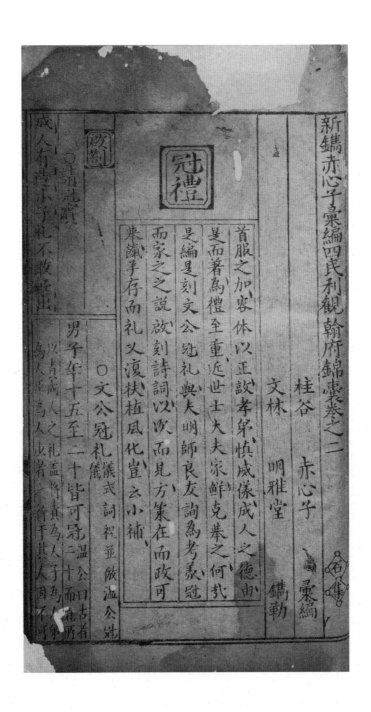

新鐫赤心子彙編四民利觀翰府錦囊八卷　題赤心子輯

明萬曆十三年（1585）明雅堂刻本　鄭振鐸跋

二冊

上下兩欄，上欄半葉十二行十一字，下欄半葉十一行十六字，黑口，四周雙邊。版框 19.4×12.0 厘米

16696（補 446）

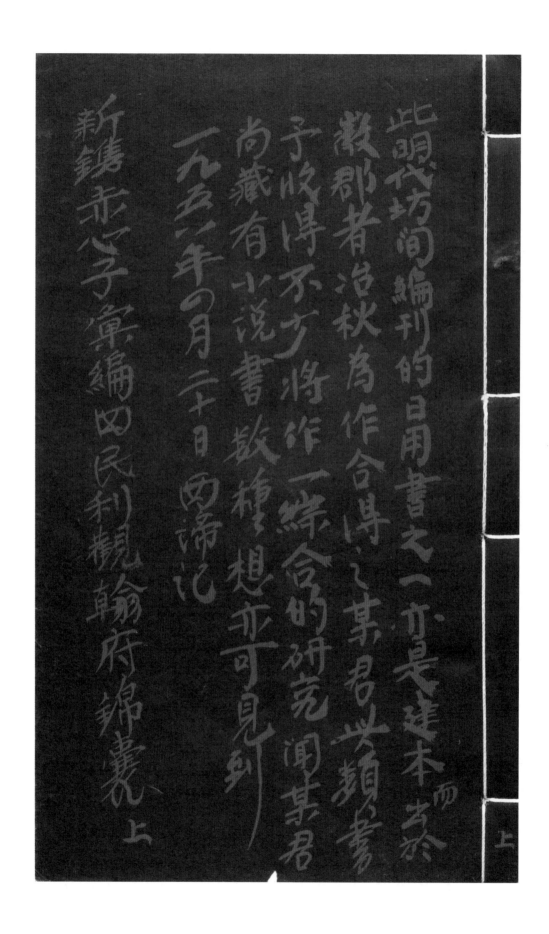

此明代坊間編刊的日用書之一、亦是逮本出於
救郡者治秋為作合得之某君以類書
子收得不少將作一綜合的研究聞某君
尚藏有小說書敬種想亦可見到
一九五三年○月二十日四歸記
新鑄赤心子彙編四民利觀翰府錦囊（上

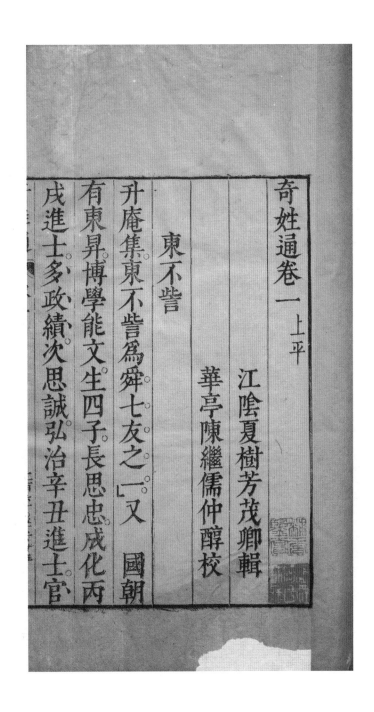

奇姓通十四卷 〔明〕夏樹芳撰

明天啓三年（1623）夏氏宛委堂刻本

六册 存十二卷：一至十二

半葉七行十六字，白口，四周單邊。版框 18.7×12.6 厘米

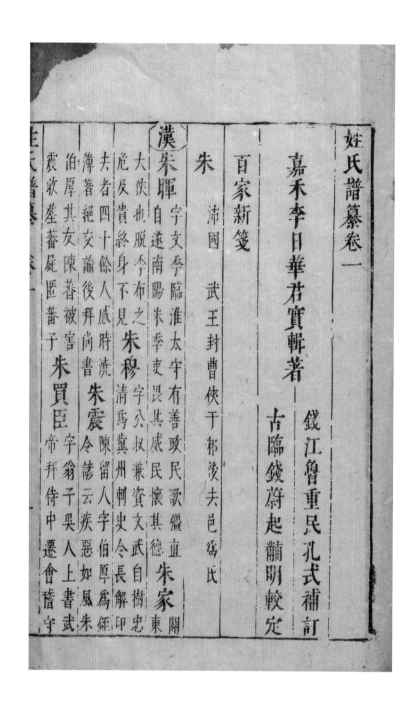

姓氏譜纂七卷　〔明〕李日華撰　〔明〕魯重民補

明崇禎元年（1628）武林魯氏刻四六全書本

四冊　存四卷：一至四

半葉九行二十字，小字雙行同，白口，四周單邊。版框 21.0×14.2 厘米

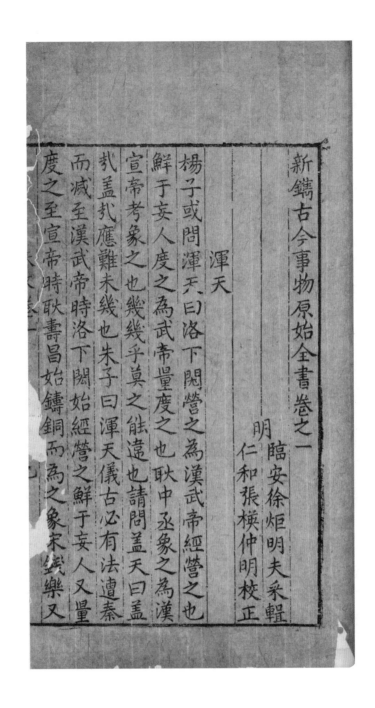

新鐫古今事物原始全書三十卷 〔明〕徐炬撰

明萬曆二十一年（1593）徐炬刻本

十五冊 存二十九卷：一至二十三、二十五至三十

半葉十行二十字，白口，四周單邊。版框 19.8×12.5 厘米

圖書編一百二十七卷　〔明〕章潢輯

明萬曆四十一年（1613）涂鏡源等刻天啓三年（1623）岳光聲印本

二冊　存六卷：五十七、五十八、六十八至七十一

半葉十行二十二字，小字雙行同，白口，四周單邊。版框 22.6×15.5 厘米

圖書編卷之五十八

南昌後學章潢本清甫編

潛初子嶽元聲訂

萬里長江圖總叙

水之大者莫大於四瀆江淮河漢是也淮漢之源在中
國境內故其流短惟河源發於崑崙之西江源亦發於
西戎故其流長然則中國之水源皆自西而來乎西方
堯舜金爲水母水皆發源於西者其金生水之義乎河
由西而北而東入于海江由西而南而東入于海然則
海圖江河之會而江河其始南北兩大經絡所以會四
方之水而歸之海矣乎江源發自岷山固屬之蜀也云

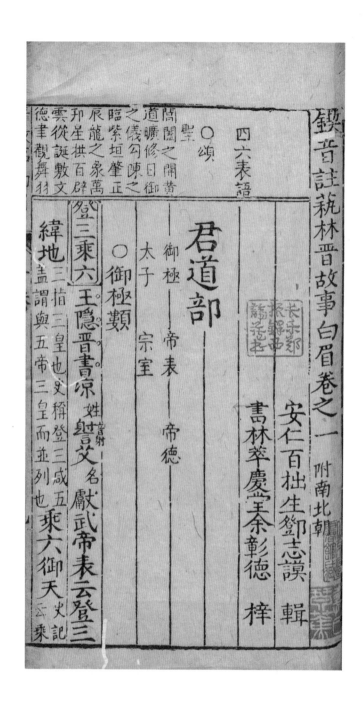

鍥音註藝林晋故事白眉十二卷　〔明〕鄧志謨輯

明萬曆三十五年（1607）書林余彰德萃慶堂刻本

五冊

上下兩欄，下欄半葉九行十九至二十字，小字雙行同，白口，四周單邊。版框 20.8×12.5 厘米

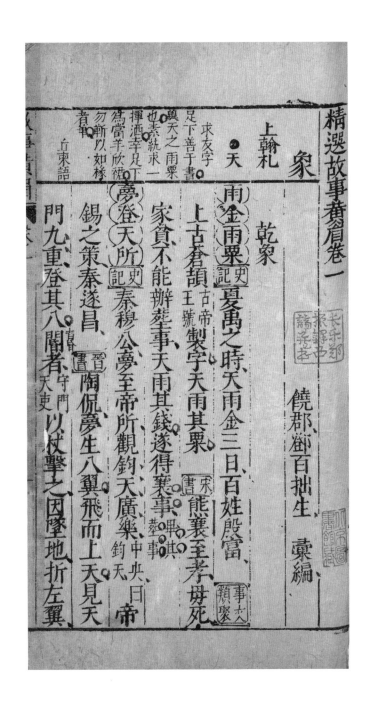

精選故事黃眉十卷 〔明〕鄧志謨輯

明萬曆四十四年（1616）李少泉刻本

二冊

半葉九行二十一字，小字雙行同，白口，四周單邊。眉欄鐫評。版框 21.7×14.0 厘米

新刻一札三奇四卷　〔明〕鄧志謨輯

明刻本

四冊

半葉八行二十二字，白口，四周單邊，無直格。版框 20.7×12.5 厘米

新刻一札三奇卷之一

一往一荅

無一舊欵

雲錦　百拙生鄧志謨　編

社友　淑孟甫毛士魁　校

仕進
　賀

賀入學

札　凡計三十六欵

一奇

足下道航聖瀆學冠儒紳一試文衡来芹泮水萬里雲

程峽其發軔廖耳鵬翮扶摇即看其搏風九萬磵擊水

文苑彙雋二十四卷　〔明〕孫丕顯輯

明萬曆三十六年（1608）刻本

八冊

半葉十一行二十一字，小字雙行同，白口，四周單邊。眉欄鐫評。版框 22.5×15.1 厘米

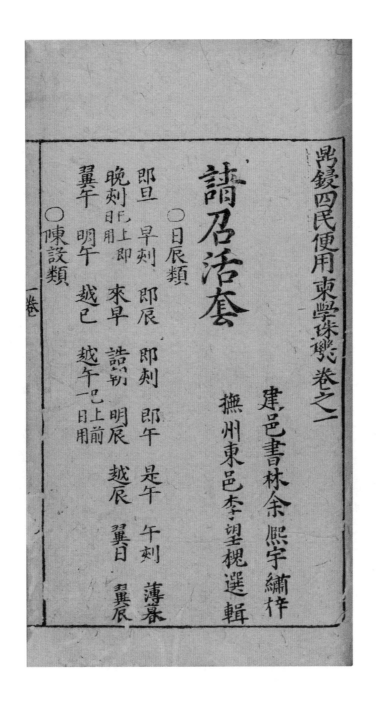

鼎鋟四民便覽東學珠璣四卷首一卷　〔明〕李望槐輯

明萬曆三十七年（1609）書林余熙宇刻本

三冊

半葉十行二十二字，白口，四周單邊。版框 18.8×12.7 厘米

○答不赴式

辭、

寵命下頒久宜
趨赴塵冗偶羈
炳原是幸

侍教生某姓名拜

養生門生
眷晚生變
通用之

○再答不赴式

恭承
雅召劇欲趨赴偶以事絆徒切
心馳頫此佈辭是祈

某生再拜

謝辭

耕田一年憑中議定工資銀若干口約朝夕勤謹照管田地
不得閒戲主家各色動用器皿不致踈失其銀約四季干支取
不缺如有風水不虞此係已△未干主家之事今恐毋憑立
此為照

○錢粮收帖

某都某面粮長某今收到本都某圖某甲排年戶首某戶丁某
名下民未若干及甲下虛荒或有無丁口一應照則收完穏
後毋憑立此収帖為照

萬曆己酉孟秋
月余氏熙宇梓

四卷大尾終

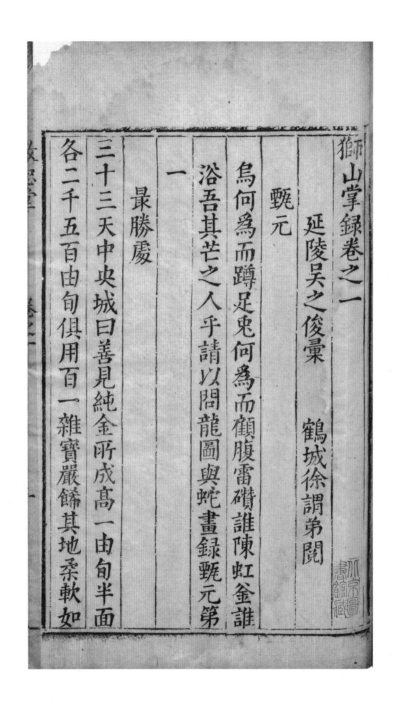

獅山掌錄二十八卷　〔明〕吳之俊撰

清康熙元年（1662）徐謂弟敬恕堂刻本

二冊　存七卷：一、二、九至十三

半葉九行二十字，白口，四周雙邊。版框20.3×13.8厘米

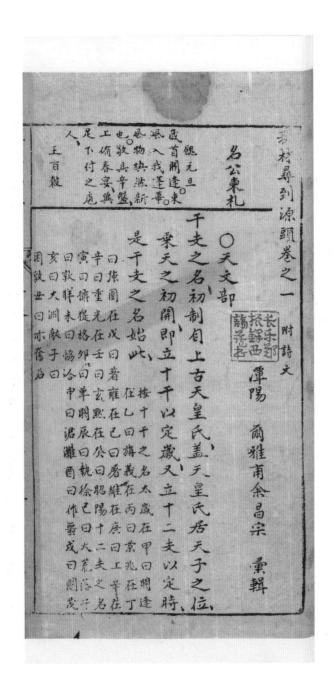

藝林尋到源頭八卷　〔明〕余恒輯

明萬曆余恒刻後印本

四冊

上下兩欄，下欄半葉九行二十一字，小字雙行同，白口，四周單邊，無直格。版框21.2×12.5厘米

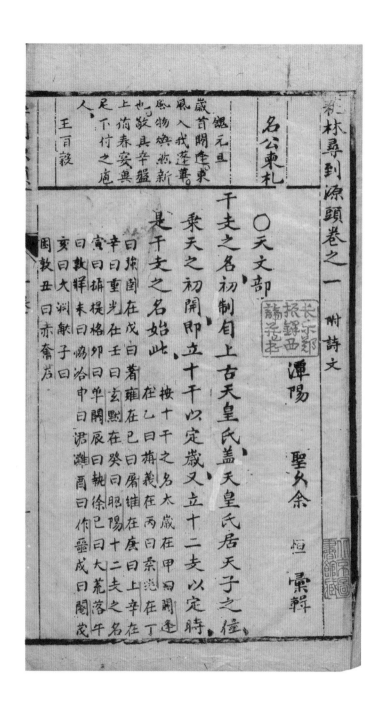

藝林尋到源頭八卷 〔明〕余恒輯

明萬曆余恒刻本

四冊

上下兩欄，下欄半葉九行二十一字，小字雙行同，白口，四周單邊，無直格。版框21.1×12.6厘米

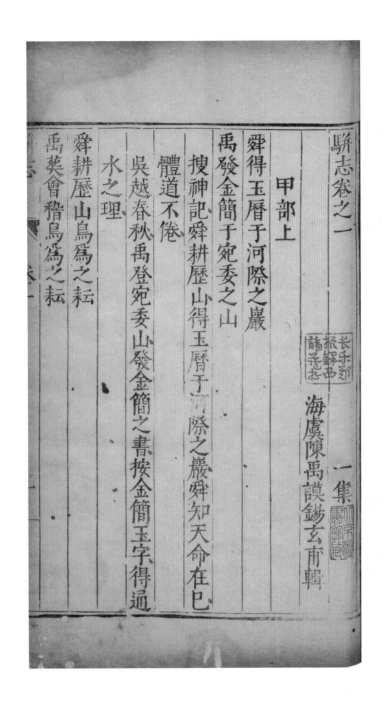

駢志卷之一

甲部上

舜得玉曆于河際之巖

禹發金簡于宛委之山

搜神記舜耕歷山得玉曆于河際之巖舜知天命在巳

體道不倦

吳越春秋禹登宛委山發金簡之書按金簡玉字得通

水之理

舜耕歷山鳥爲之耘

禹葵會稽鳥爲之耘

海虞陳禹謨鈔玄甫輯

一集

駢志二十卷 〔明〕陳禹謨輯

明萬曆三十四年（1606）刻本

九册

半葉十一行二十二字，白口，四周雙邊。版框 21.2×14.8 厘米

T01161 （11816）

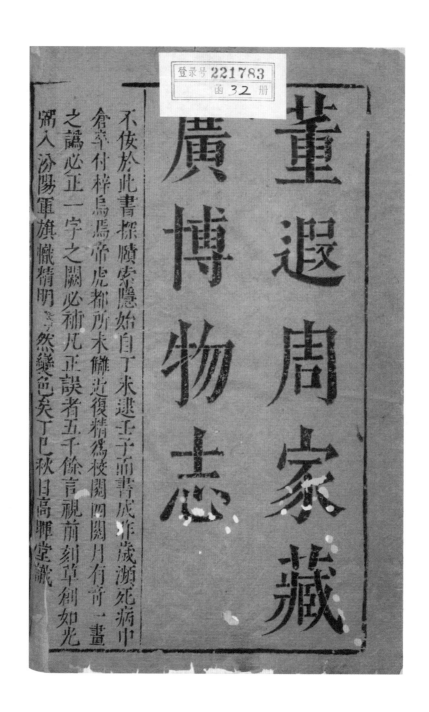

廣博物志五十卷　〔明〕董斯張輯

明萬曆四十五年（1617）董氏高暉堂刻本

三十二冊

半葉九行十八字，白口，四周單邊。版框 20.6×15.3 厘米

T01237（13772）

廣博物志卷之一

　　　　　　　　隴西董斯張纂輯

　　　　　　　　武陵楊　鶴訂

天道上　天　日　月

天道尚右日月西移地道尚左水道東流人道

尚中耳目役心心有四佐不和曰廢地有五行

不過曰惡天有四時不時曰凶天道曰祥地道

曰義人道曰禮　周書

太初氣之始也生於酉仲清濁未分也太始形

庶物異名疏三十卷　〔明〕陳懋仁撰

明崇禎刻本　鄭振鐸跋

四册

半葉九行十八字，白口，四周單邊。版框 19.6×13.5 厘米

廣物異名疏三十卷明陳懋仁輯以怪
異罕知之名辭爲主加以分類詮釋
並徵引諸書條徵字証目天部至鬼神
部凡分二十五部自黄甲至佩阿凡二千
四百五十有二條体例頗爲謹嚴求
採集事物名辭者必須參考之
一書也一九五六年十二月二十九日傍晚
得於北京隆福寺文奎堂西諦

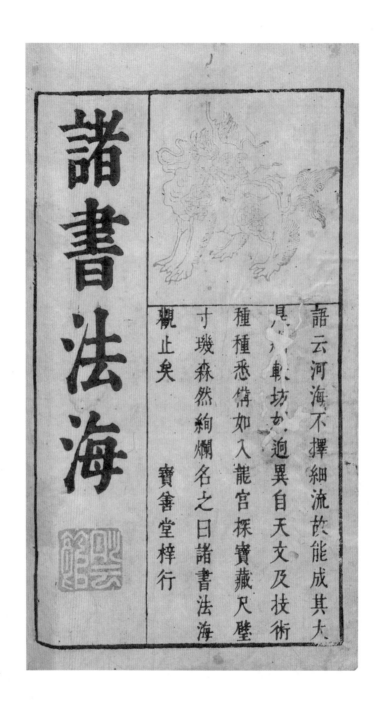

新刻石渠閣彙纂諸書法海三十四卷

明寶善堂刻本

十二册

上下兩欄，白口，四周單邊。版框 21.3×12.2 厘米

新刻石渠閣彙纂諸書法海卷之一

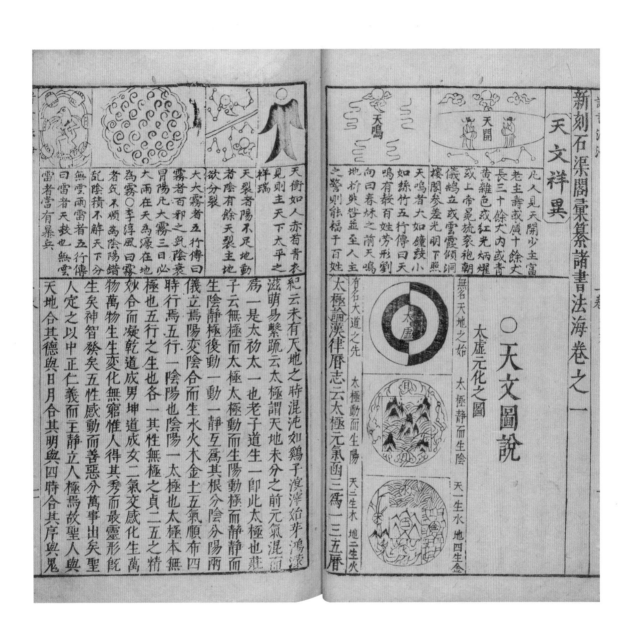

天文圖說

太虛元化之圖

太極動而生陽　天三生木　地四生金

太極靜而生陰　天一生水　地二生火

無名天地之始　太極論漢律曆志云太極元氣函三爲一三五曆

有名天地之母　太極動而生陽

之道之先

凡人見天開少主富
老主壽或廣十餘大
長三十餘犬內或青
黃雜色或紅光炳燿
致上帝晃朗衮袍朝
儀鴻立多益至人主
向曰春姝之前天鳴
鳴有赦百姓芳形劉
如綠竹五行傳曰天
樓閣參差光明下照

天鳴

天文祥異

天衡如人赤者青衣紀云未有天地之時混沌如雞子溟涬始芽鴻濛
見則主天下太平之滋萌易繁疏云太極謂天地未分之前元氣混而
祥瑞　　　　　　　爲一是太初太一也老子道生一即此太極也莊
天裂者陽不足地動子云太一也太極動而生陽動極而靜靜而
者陰有餘天裂主地極而生五行之生也其性無極之貞二五之精
欲分裂　　　　　　生陰靜極復動一動一靜互爲其根分陰分陽兩
大大霧者五行傳曰儀立焉陽變陰合而生水火木金土五氣順布四
霧者百邪之氣陰衰時行爲五行一陰陽也陽變陰合而生水火木金
冒陽者陽凡大霧三日必滋萌易繁疏云太極謂天地未分之前元氣
大兩在天爲漂在地爲霧○李淳風曰霧陰陽錯合而凝者爲霧效乾道成男坤道成女二氣交感化萬
者氣不順爲霧陰陽錯物生生而變化無窮惟人得其秀而最靈形旣
亂陰積不解天裁也與生矣神發知矣五性感動而善惡分萬事出矣聖人定之以中正仁義而主靜立人極焉故聖人與
無雲而雷者當有暴兵　　　　　　天地合其德與日月合其明與四時合其序與鬼
曰雷者天鼓也與雲
雷者當有暴兵

新鐫翰府素翁雲翰精華六卷

明萬曆二十九年（1601）書林熊冲宇刻本　鄭振鐸跋

六册

上下兩欄，上欄半葉十一行十二字，下欄半葉十行十六字，四周雙邊。版框 19.3×11.8 厘米

鐫海內名家手柬鱗鴻新札八卷　〔明〕佚名輯

明萬曆三十一年（1603）書林鄭雲竹刻本

二冊　存四卷：五至八

上下兩欄，半葉十行，上欄十一字，下欄十六字，白口，四周雙邊。版框 19.6×12.2 厘米

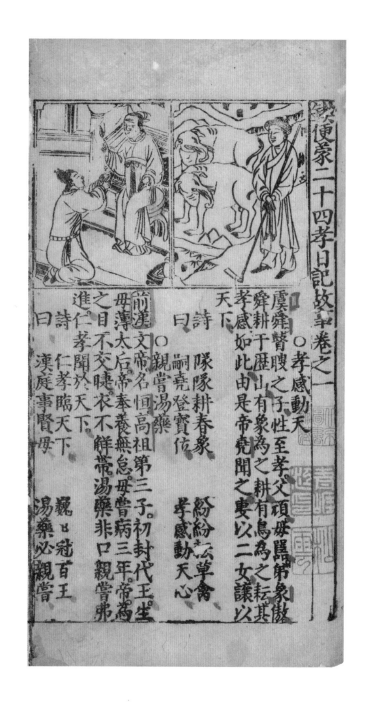

鍥便蒙二十四孝日記故事一卷新鍥徽郡原板校正繪像註釋魁字便蒙日記故事四卷

明萬曆四十二年（1614）周靜吾四有堂刻本　鄭振鐸跋

一冊

上下兩欄，下欄半葉十四行十六字，白口，四周單邊，無直格。版框 20.7×12.8 厘米

氏冬雪州認還壅道過公安民皆迎祭斬竹插地以紙錢焚之

竹復成林。邦人神之因號相公竹。

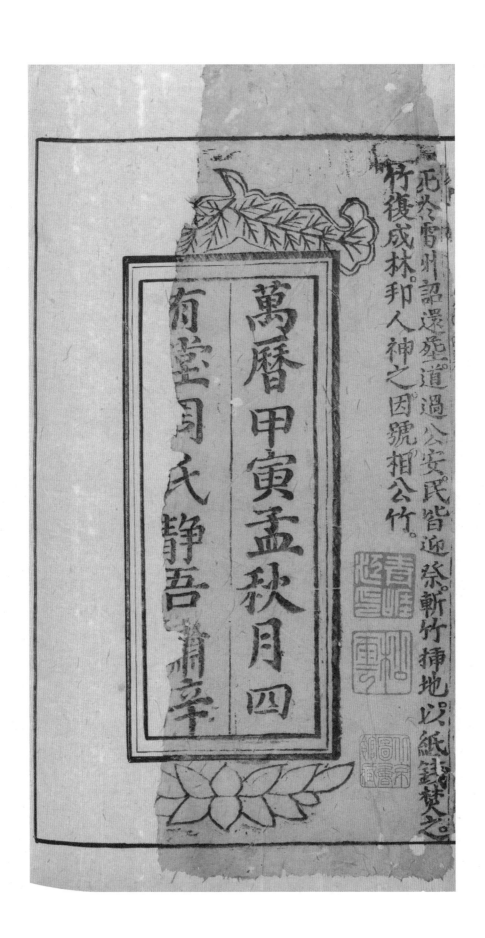

萬曆甲寅孟秋月四

有堂周氏靜吾藩州辛

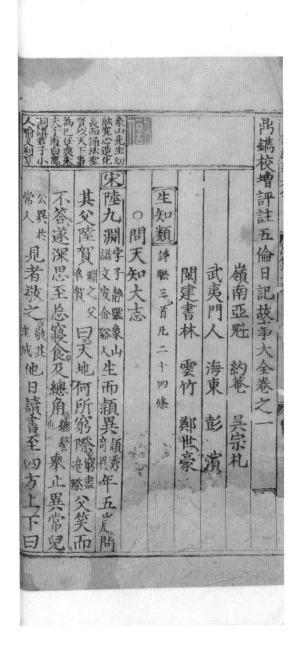

鼎鐫校增評註五倫日記故事大全四卷 〔明〕吳宗札校增 〔明〕彭濱評註

明萬曆二十一年（1593）閩建書林鄭世豪刻本

四冊

半葉十行二十字，白口，四周雙邊。眉欄鐫評。版框 20.7×12.9 厘米

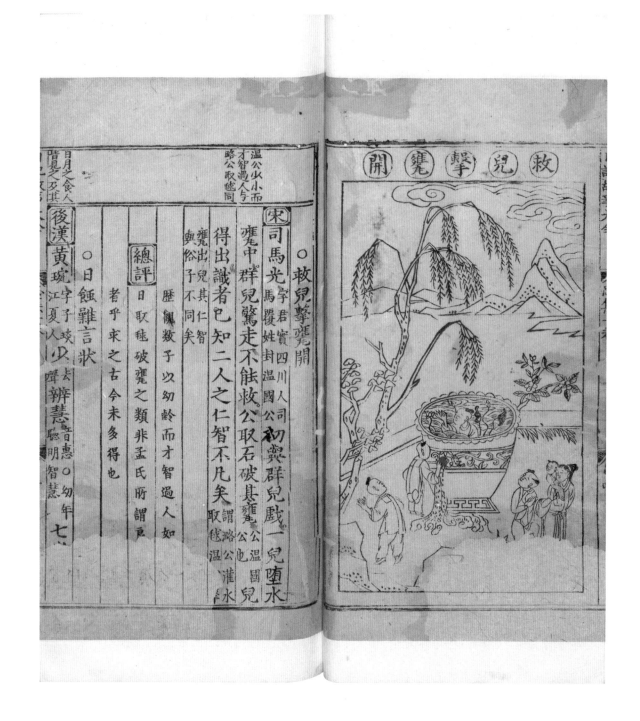

開甕擊兒救

○救兒擊甕開

宋司馬光 光字君實四川人司封溫國公 初與群兒戲一兒墮水

甕中群兒驚走不能救公取石破其甕

得出識者已知二人之仁智不凡矣

甕出兒其仁智　與俗子不同矣

歷觀數千以幼齡而才智過人如

總評

曰取毬破甕之類非孟氏所謂

者乎來之古今未多得也

○日餂雖言狀

後漢黃琬 字子琰江夏人 少 辨慧音惠○幼年七 聰明智慧

溫公必小而
才智過人今
略公取毬同

日月之食人
皆見之及其

新刻闇然堂類纂皇明新故事六卷　〔明〕潘士藻撰

明萬曆喬山劉氏刻本

四冊

半葉十行二十字，小字雙行同，白口，四周單邊。版框 19.4×12.8 厘米

新刻闇然堂類纂皇明新故事卷二

玉笥山人　潘士藻　輯

嘉話

美聽聞也薦紳先生長者時有之而游所乘岀議屠
慾好義之倫彼皆仁心爲質修行于闇物敢然不
歌屋涓響則深澤之蘭豈爲人芳而好藝若佩之
予爲隨事摽揭令觀者若詞削楚之橘柚馨香溢
者若詞削楚之橘柚馨香溢
亦比于讚嘆功德哉
不類而津津

○清福

胡九韶金谿人家甚貧課兒力耕僅給毎日晡焚香
九頓謝天賜一日清福其老妻肯笑之曰一日三餐
薄粥何名爲福九韶曰吾幸生太平之世無兵禍又

蓋王之幻術姑以息其子之心也

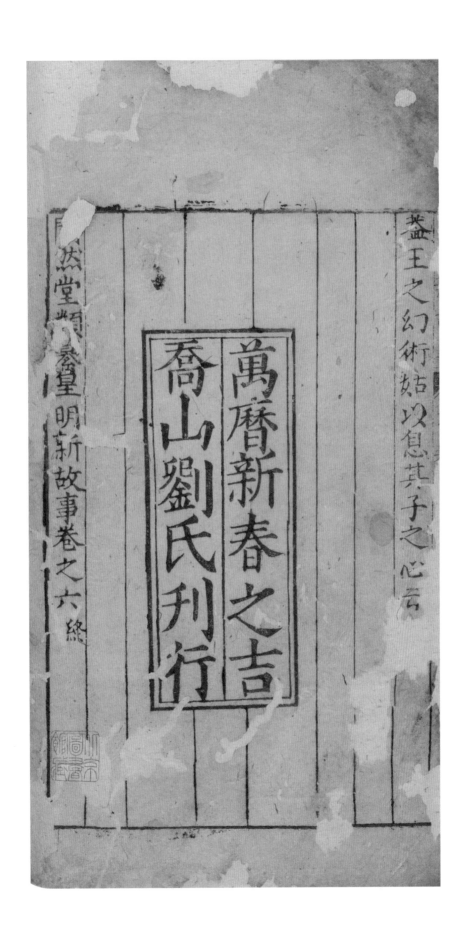

新鐫堂類二卷皇明新故事卷之六　終

萬曆新春之吉

喬山劉氏刊行

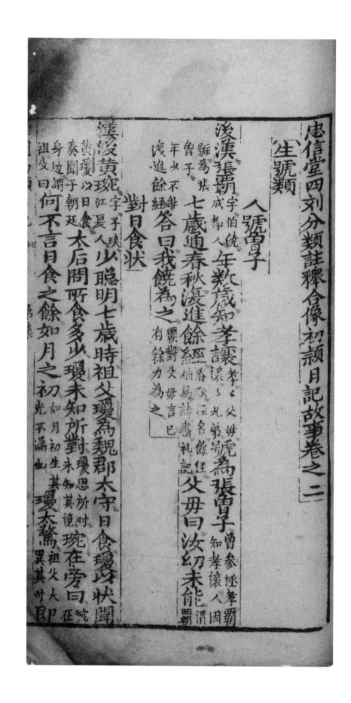

忠信堂四刻分類註釋合像初穎日記故事□□卷

明刻本

一册　存三卷：一至三

半葉十行十八字，小字雙行同，白口，四周單邊。版框 20.0×12.0 厘米

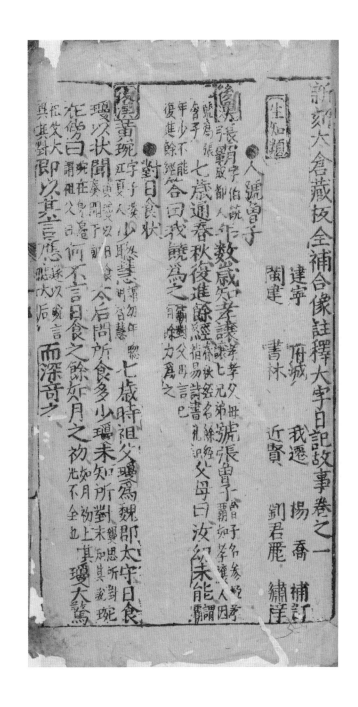

新刻太倉藏板全補合像註釋大字日記故事□□卷 〔明〕楊喬補訂

明閩建書林劉君麗刻本

一册　存三卷：一至三

半葉十四行十六字，白口，四周單邊，無直格。版框 21.4×12.3 厘米

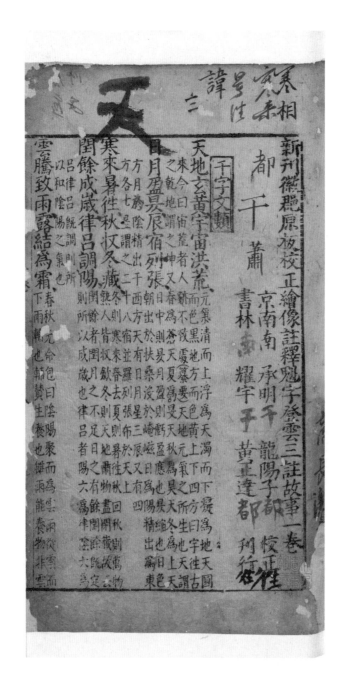

新刊徽郡原板校正繪像註釋魁字登雲三註故事四卷

明書林黃正達刻本

二册

半葉十二行二十四字，小字雙行同，白口，四周單邊，無直格。版框 20.1×12.7 厘米

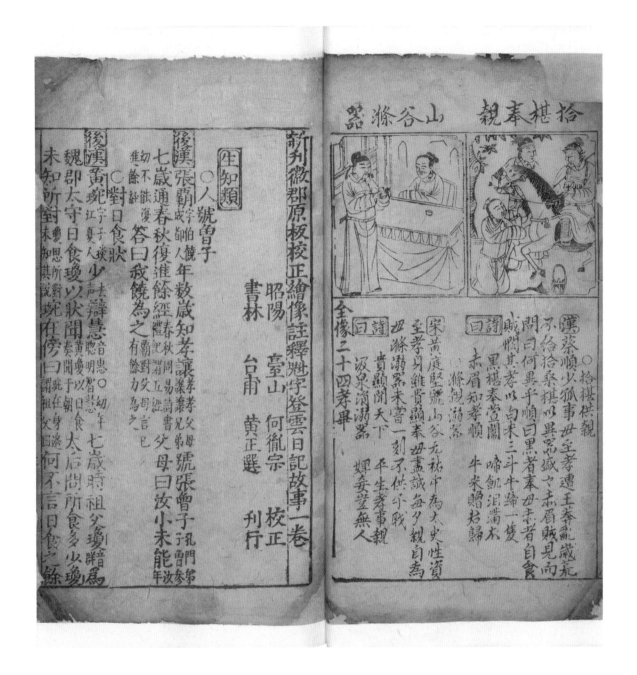

新刊徽郡原板校正繪像註釋魁字登雲日記故事四卷　〔明〕何胤宗校正

明書林黄正選刻本

二册　存三卷：一、三至四

半葉十二行二十四字，白口，四周單邊，無直格。版框 20.5×12.8 厘米

16985（補 417）

新鐫翰林考正歷朝故事統宗十卷　〔明〕李廷機撰

明萬曆二十三年（1595）金陵周氏萬卷樓刻本

一册　存三卷：三至五

半葉十行二十三字，小字雙行同，白口，四周單邊。版框 19.7×12.6 厘米

新鐫翰林改正歷朝故事統宗卷之三

翰林　修撰　九我　李廷機　改正

白華　後學　希尼　丘宗孔　增釋

○身體類

面諫　阿諫人曰面諫孟子 告子 音穀

訑訑之聲音顏色距人於千 興拒同

人也孟子言人苟不好善則自

里之外足其智以距絕直諫多

多聞之君子相以不餒之

去於里之遠矣士止於千里之外則諛諂面諛之人至矣

面諫言人有過不餒

諫友阿諫之以為是

面謾　欺誑人曰面謾 音瞞

漢樊噲頓得十萬眾橫行匈奴中季

布曰噲妄言是面謾也

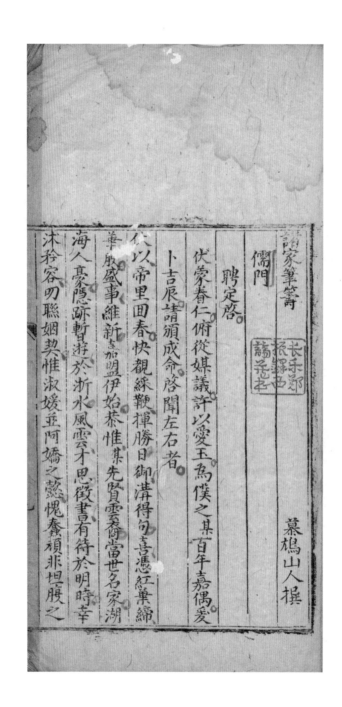

諸家筆籌四卷　題慕鳩山人輯

明萬曆星源游氏餘慶堂刻本

一冊

半葉九行二十二字，白口，四周雙邊。版框 15.7×11.4 厘米

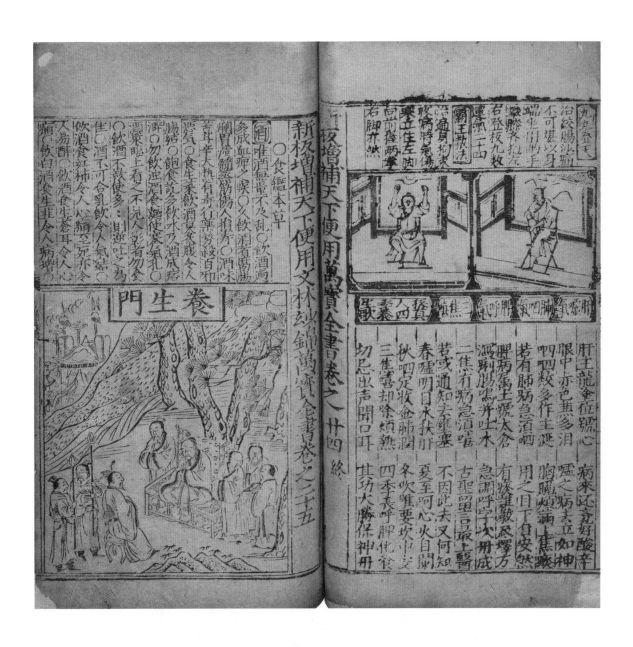

新板增補天下便用文林妙錦萬寶全書□卷

明刻本

一冊　存五卷：二十二至二十六

上下兩欄，上欄半葉十六行十四字，下欄半葉十四行十八字，白口，四周雙邊。版框 19.4×12.5 厘米

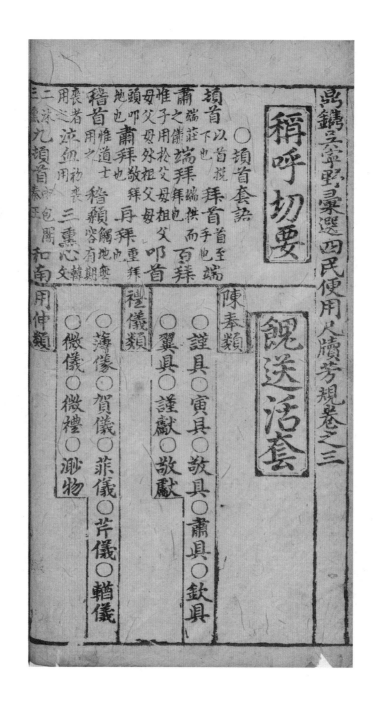

鼎鐫吳寧野彙選四民切要時製尺牘芳規四卷　〔明〕吳從先輯

明存誠堂黃裔我刻本

二冊

上下兩欄，上欄半葉十一行十字，下欄半葉十行十七字，白口，四周單邊。版框 20.5×11.8 厘米

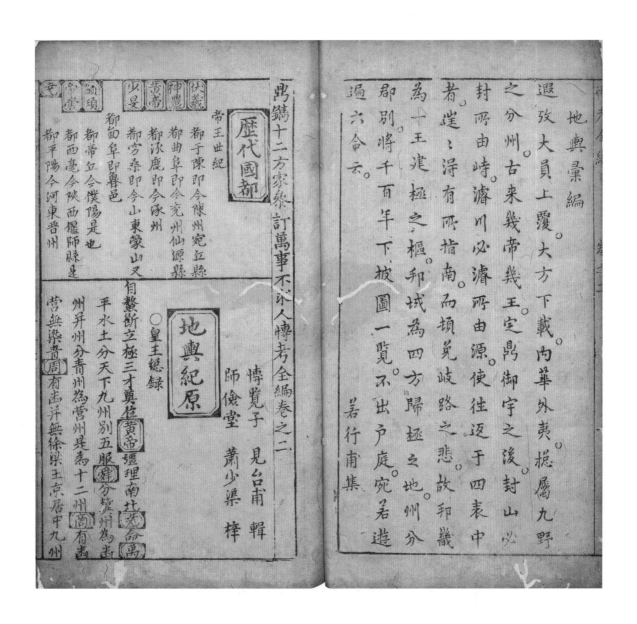

地輿彙編

遐敷大員上覆大方下載內華外夷槪屬九野之分州古來幾帝幾王定鼎御宇之後封山必封冊而由峙瀆川必瀆瀦由源使往返于四表中者崖崖浮有所指南而頒覓岐路之悲故邦畿為十王建極之樞邦城為四方歸極之地州分郡別將千百年下披圖一覽不出戶庭宛若遊遍六合云

若行甫集

鼎鐫十二方家參訂萬事不求人博考全編卷之二

博覽子　見台甫　輯
師儉堂　蕭少渠　梓

歷代國都
帝王世紀
○皇王總錄
地輿紀原

伏羲　都于陳即今陳州宛丘縣
神農　都曲阜即今兗州仙源縣
黃帝　都涿鹿即今涿州
少昊　都窮桑即今山東蒙山又
顓頊　都帝丘即魯邑
帝嚳　都西亳今陝西偃師縣是
堯　都平陽今河東晉州

鼇斷立極三才奠位黃帝疆理南北定命萬
平水土分天下九州別五服舜分冀州為十二州
州并州分青州為營州是為十二州商有齊
營兗染青周有齊并無徐梁玉京居中九州

營兗染青周有齒

鼎鐫十二方家參訂萬事不求人博考全編六卷　題〔明〕博覽子輯

明蕭少渠師儉堂刻本

四冊

上下兩欄，上欄半葉十二行十三字，下欄半葉十行十八字，白口，四周單邊，無直格。版框21.8×12.2厘米

16711（補452）

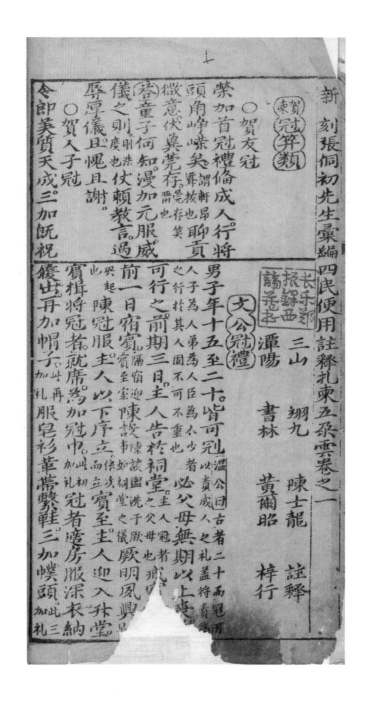

新刻張侗初先生彙編四民便用註釋札柬五朵雲四卷　〔明〕陳士龍註

明書林黃爾昭刻本

一冊

上下兩欄，上欄半葉十二行十字，下欄半葉十一行二十一字，白口，四周單邊，無直格。版框 21.3×11.7

厘米

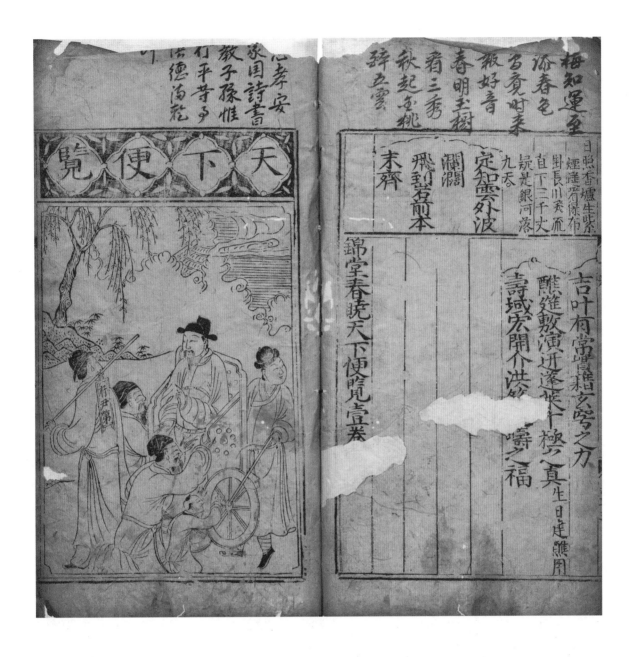

新鍥兩京官板校正錦堂春曉翰林查對天下萬民便覽四卷　〔明〕鄧仕明輯

明書林陳德宗刻本

一冊

上下兩欄，上欄半葉八行六字，下欄半葉八行十八字，小字雙行同，白口，四周雙邊。版框 20.3×12.5 厘米

新鍥兩京官板校正錦堂春曉翰林杏對天下萬民便覽卷二

書林 耀吾 陳德宗

諸品詩聯

醉蕈門

○梅 楊月軒詩

誤說氷霜醉酒

家肯教玉骨

事樣華消融

庚樹千秋雪

柴出孤山一

蟠飛景詩對

廣慶門

舒芬詩

加慕詩一百八句

昨宵一夢七優鴻夢入壺公壺裏頭壺裏乾坤

容海皇壺中日月貫臺樓

對聯

片霞 又

烟護淡陰篭錦

帳氷迴陳影

映冊砂兒童

折向街頭過

春暖人疑賣

杏花

傳他王母三千歲教我錢雙八百秋得引長生

玄妙術今朝漏泄好情由 ○南極常以秋分之日平生壽昌

●五字對共計六聯

宜佩長生錄

應為不老仙

中朝又出一吕子 南極用

南極添成兩壽星

七字巧聯 二对

枝閣黃似玉

葉下動如金

七實連三實

但祝無期壽

唯焚不斷烟

蟠虬歲熟三千實

海屋壽添八百期

南戈對北枝

雙親並白髮期百載廿上長春 壽旦用 南極聯南極旦用

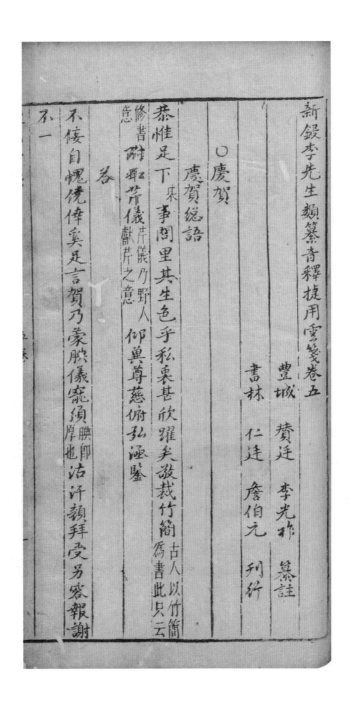

新鋟李先生類纂音釋捷用雲箋卷五

豐城　賛廷　李光祚　纂註

書林　仁廷　詹伯元　刊行

○慶賀

慶賀總語

恭惟足下床第問里其生色乎秌裹甚欣躍美啟裁竹簡　古人以竹簡為書此只云

修書耐野苹儀芹儀乃野人意薾薾獻芹之意　仰冀尊慈俯弘涵鑒

荅　　　　　　　丫

不佞自愧傖俸奠是言賀乃豪臌儀寵頌興即沽汗顏拜受另容報謝

不一

新鋟李先生類纂音釋捷用雲箋六卷　〔明〕李光祚輯註

明書林詹伯元刻本

一册　存三卷：四至六

半葉十行二十七字，白口，四周單邊。版框 21.1×12.4 厘米

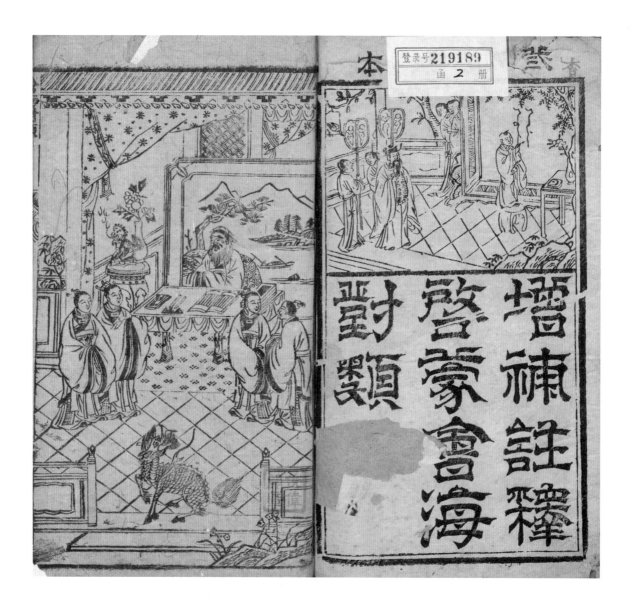

新刻訂補註釋會海對類十九卷首一卷

明古潭書林楊帝卿刻本

三冊　存十七卷：一至六、十至十九，首一卷

上下兩欄，上欄半葉十六行字不等，下欄半葉十六行二十五字或十三行二十七字，白口，左右雙邊。版框

20.4×11.6 厘米

T03323（9791）

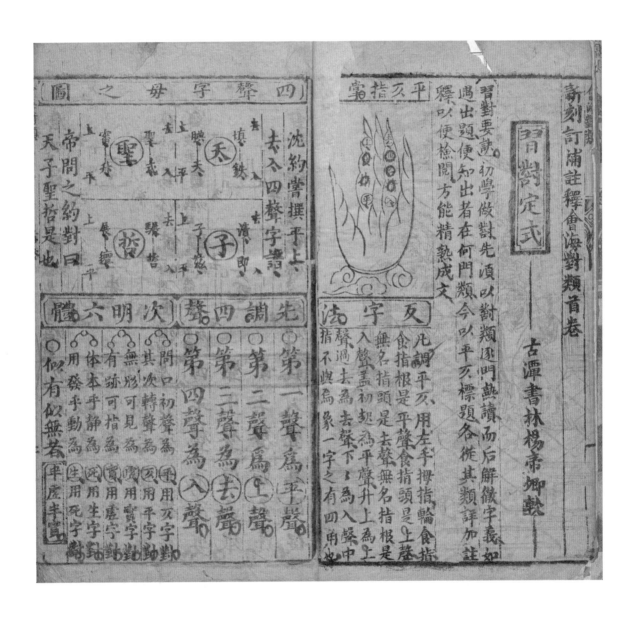

新刻訂補註釋會海對類首卷

古潭書林楊宗卿輯

習對定式

習對要訣，初學做對先須以對類逐門熟讀而后解微字義，如遇出題便知出處，在何門類，今以平亥標題，各從其類詳加註釋，以便檢閱方能精熟成文。

平亥指掌

反字法

凡調平亥，用左手捫指，輪食指入聲過去為去聲下，為入聲中，無名指根是平聲，食指頭是上聲，食指根是平聲，食指頭是去聲無名指頭為入聲初起為平聲升上為上聲是指不與為象一字之有四用也

四聲字母之圖

沈約嘗撰平上去入四聲字謁

天　子　聖　裁

帝間之約對曰
天子聖裁是也

先調四聲　次明六體

第一聲為平聲
第二聲為上聲
第三聲為去聲
第四聲為入聲

問口初聲為
其次轉聲為
有跡可見為
無形可指為
體本乎靜為
用發乎動為
似有似無者
用生字對死字
用虛字對實字
用實字對虛字
〇似有似無者
〔平虛半實〕

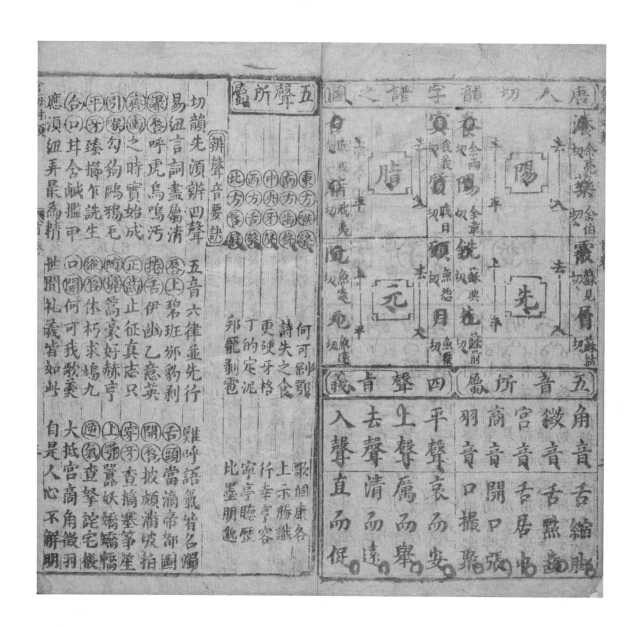

唐人切韻字譜之圖

五聲所屬

五音所屬

角音　舌縮喉
徵音　舌黏齒
宮音　舌居中
商音　舌開口
羽音　口攝聚張

四聲音義

平聲哀而安
上聲屬而舉
去聲清而遠
入聲直而促

辯聲音要訣

五音六律並先行
征真志只
碧班邪豹剌
伊幽乙意英
蒿豪好赫

切韻先須辯四聲
言詞盡屬清
虎烏鳴污
鴉鴉毛
寶始成

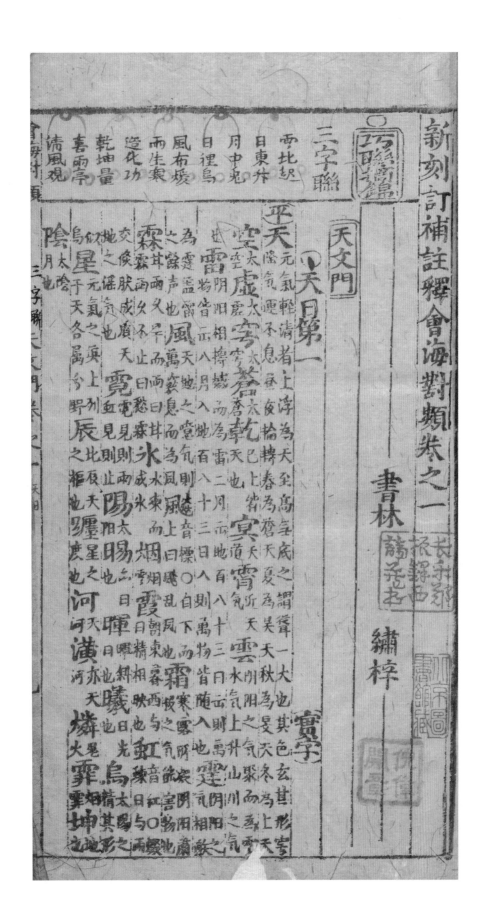

新刻訂補註釋會海對類卷之一

書林　籛光孝書

繡梓

【天文門】

天日第一

平天　元氣輕清者上浮為天至高至大為蒼蒼之謂也其色玄其形穹

空虛　太空虛處擬搆撰撰而月入地為宴道百物皆隨入地則為氣山川聚而為雲冬為玄

太虛　太虛處

穹蒼　蒼蒼乾為天巳上也春為蒼天夏為昊天秋為旻天冬為上天

乾　天也

霄　天近地十三日地入則萬物皆下而霄

宵　夜也

雲　水氣陰陽之氣上升氣聚而為雲

雹　雷陽氣相薄陰氣相擊而為雹

霆　霆氣陰相薄雷之氣也

霖　霖其形狀成也雨久不止而雨日雨

雷　雷聲也之聲為霆留而久不止而為百氣

風　天地噫氣也日雨而風為暴風

冰　雨水寒甚而上凝而為水冰

陽　太陽也

煙　雲煙也

霞　日朝束自日朝風而霞

暈　日暈日暉日

曦　日曦天也

霜　寒之氣凝霜與雲氣彼寒之氣

虹　虹音紅日與雨氣相映宮商之氣

烏　日精太陽其形日烏

星　元氣之精上列於野各屬分之真於上

霓　虹電愁見之比則止夜之天

辰　地之樞也

暘　太陽暘之謂也

河　河天漢河亦天

漢　河漢

燐　火鬼火也

霏　霏雨霏之精太

坤　地之形之

新刻張天如先生增補註釋啓蒙會海玉堂對類四卷首一卷

明藝林存誠堂黃爾昭刻本　鄭振鐸跋

二册

上下兩欄，上欄半葉十六行字不等，下欄半葉十六行二十七字或行字不等，白口，四周單邊。版框
20.3×11.9 厘米

新刻張天如先生增補註釋啟蒙會海玉堂對類一卷

蘇林　黃爾昭　存誠堂　繡梓

長樂鄒振釋曰

天文門

三字聯　摘錦　巧聯

○雲乍起
○日出兎
○月出兎
○風和煖
○雨初寒
○造化功
○乾坤量
○喜雨亭
○清風觀

○天日第一

天　元氣輕清者上浮為天至高無上之謂鋒一大也其色玄其形穹

空　太空虛空太虛近天水陰氣陽上之氣山聚川而為雲

雷　太陰陽物陰陽搏擊之氣二十三日入則萬物皆隨出入則萬物皆藏

風　天地之噫氣也風從八方而出

蒼　蒼蒼天地之氣為氣為雨不止而日出則為虹

霓　霜天之氣噫怒而雹

水　水凍而成冰

陽　陽太陽也日之精其形圓與日同

星　星元氣之英上列分野列宿之謂天之躔度星之紀也

○金　太陰月也地之陰

烏　烏似地

XD5319
5~2

此是明刊的「兔園冊子」之一，凡の卷，

為通俗簡要的士人作詩寫賦

的入門書。

四諦

增補註釋啟蒙會海玉堂對類　上

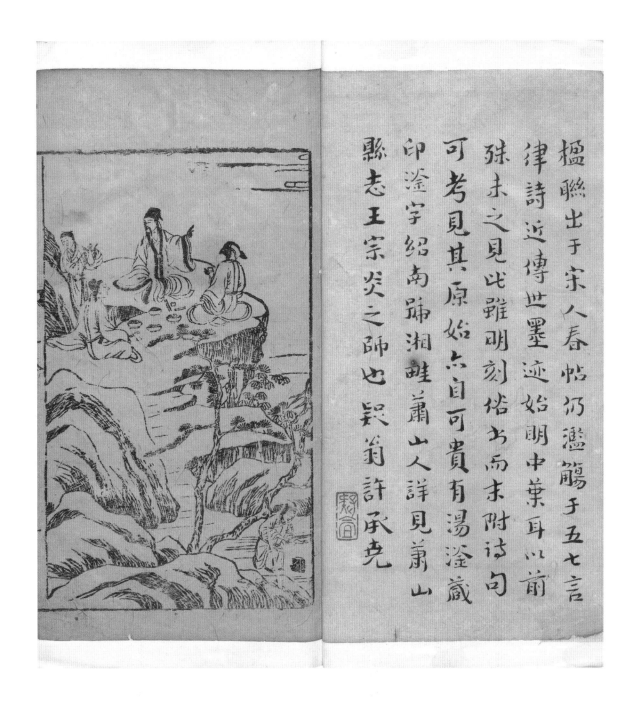

楹聯出于宋人春帖仍濫觴于五七言
律詩近傳世墨迹始明中葉耳以前
殊未之見此雖明刻粗古而末附詩句
可考見其原始去自可貴有湯滏藏
印滏字紹南蒳湘雒蕭山人詳見蕭山
縣志王宗炎之師也巽菊許承堯

刻精選百家錦繡聯六卷　題〔明〕竹溪主人輯

明末刻本

六冊

上下兩欄，上欄半葉十二行九字，下欄半葉十行十六字，白口，四周單邊。版框 19.6×11.9 厘米

16565（9597）

新刻精選百家錦繡聯卷之一

竹溪主人　蕭登甫　編纂
漱石居士　選君甫　參閱

附韻府聯

夫韻府詩家最急
者寧此入彼識者
笑之茲以四聲而
編之聯亦便覽云

闔海
上疾
鳳

（平聲）

●一東

天文聯

人際熙朝狂飈息烈電消陰霾歇豐霎

鄉興
慶會

是食太平春○
天開景運景星明甘露降卿雲生偃武
修文全盛世○

玉版筍水晶蔥卽富清
夜氣程席坐春風雷

增訂二三場群書備考四卷　〔明〕袁黃撰　〔明〕袁儼註　〔明〕沈昌世增

明崇禎刻本

四册

半葉九行二十一字，小字雙行同，白口，四周單邊。版框 21.0×14.2 厘米

T01066（11803）

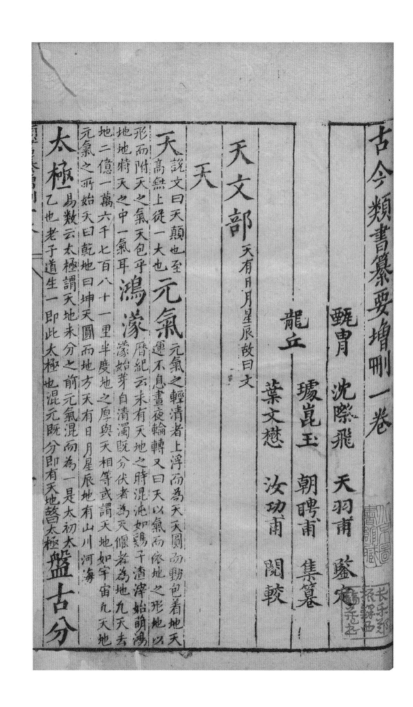

古今類書纂要增删十二卷 〔明〕璩崑玉輯

明崇禎刻本

十二册

半葉十行十六字，小字雙行三十二字，白口，四周單邊。版框 21.4×15.7 厘米

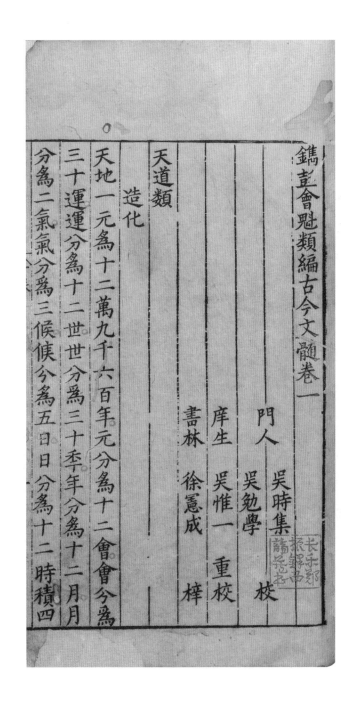

鐫彭會魁類編古今文髓六卷　〔明〕彭好古輯

明書林徐憲成刻本

六册

半葉十行二十二字，白口，四周單邊。版框 19.9×12.5 厘米

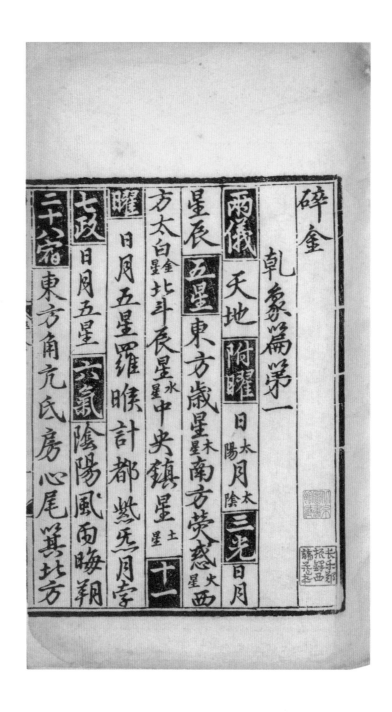

碎金不分卷

明刻本

一冊

半葉八行十二至十五字，小字雙行，黑口，四周雙邊。版框 24.2×18.2 厘米

憑山閣彙輯四六留青采珍前集十二卷後集十二卷　〔清〕陳枚輯

清康熙四十二年（1703）刻金閶寶翰樓印本

十二冊　存十二卷：前集一至十二

半葉九行二十字，白口，左右雙邊。版框 19.4×12.8 厘米

憑山閣彙輯四六留青采珍集卷一

西泠陳　枚簡侯選

仁和諸匡鼎虎男訂

賀盧江孫令公同年到任啓　吳國緒玉林

德裕子厚校

冀北看名花早占皇都之席譏南剖信竹暫縮赤縣
之符喜鸞鳳之來棲德輝藉照嘉芝蘭之近植芳澤
叨披四鄰喘息更生一榜姓名增重恭惟台臺地祉
擷青藩之秀天樞鍾虛宿之祥流風近附東山家聲
久播矩範崇標北斗國器雙英鶯鷟翥雲門積鬱蔥

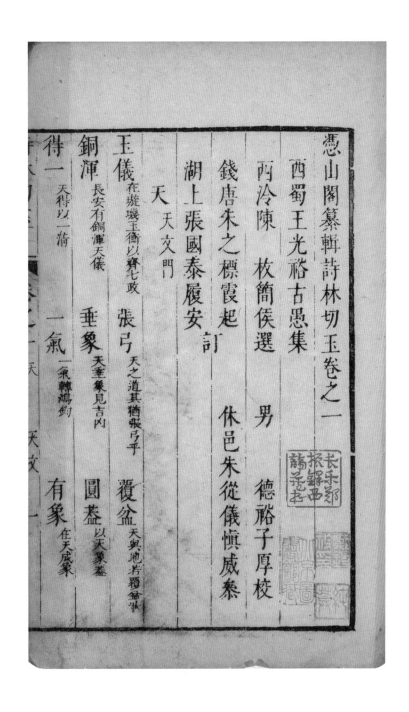

憑山閣纂輯詩林切玉八卷　〔清〕陳枚輯

清康熙刻本

十冊

半葉九行字不等，白口，四周單邊。版框 18.9×12.6 厘米

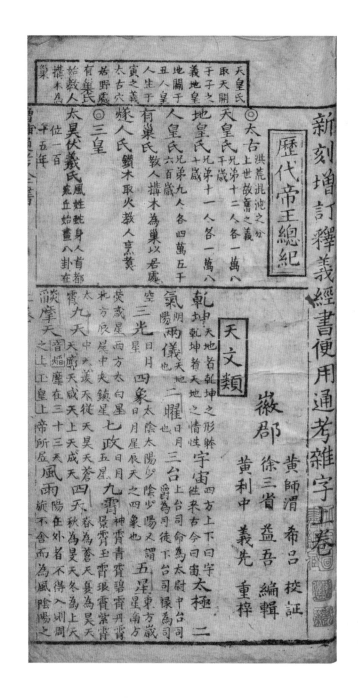

新刻增訂釋義經書便用通考雜字二卷外卷一卷　〔清〕徐三省輯

清康熙黃利中恩壽堂刻本

一冊

上、中、下三欄，下欄半葉十行字不等，小字雙行二十二字，白口，四周單邊，無直格。上欄鐫評釋。版框 19.9×12.0 厘米

商合孫祖丁觚圖

古今圖書集成圖不分卷

清雍正四年（1726）內府刻本

十六冊

版框 21.3×14.8 厘米

御製百家姓一卷附孔聖天經地義正道教人修心八卦大學考經一卷 〔清〕佚名輯

清康熙三十年（1691）刻本

一冊　存一卷：御製百家姓一卷

半葉四行八字，白口，四周單邊。版框 21.6×14.6 厘米

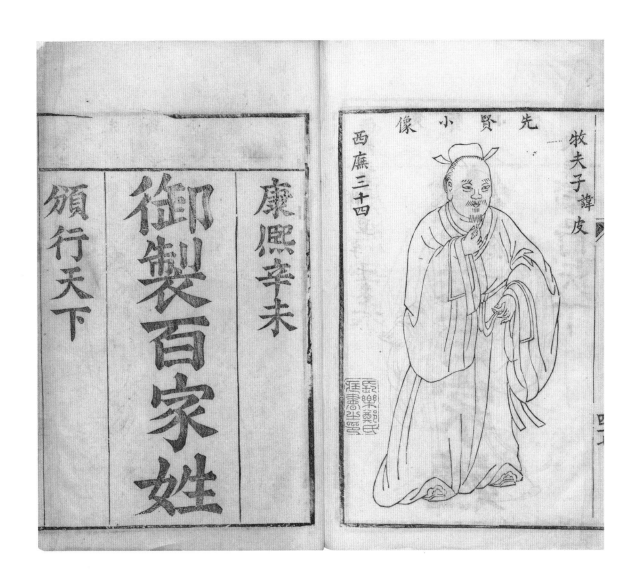

先賢小像

牧夫子譚皮

西廡三十四

御製百家姓

康熙辛未

頒行天下

孔子里

孔（魯國）　師（太原）　關（下邳）　党（馮翊）　孟（平陸）　席（安定）　齊（汝隴）
孟子為齊梁賓師　四六

冉有季子路政事之科

高山（登泰山　渤海）　詹（河內）　仰（汝南）　鄒魯（范陽　扶上汝）　榮昌（二國名　風谷　南）

冉（武陵海）　季（渤海　彭）　宗（平）　政（城　會稽）　游（虞）　夏（門）　文章（雁門河間）
子游子夏文學之科

蓋（南　汝）　郲（山　武）　顏（國　陵）　閔（西）　父（功）　邵（濟　陽）　蘇（武　清）　張（功　河間）
顏淵閔子騫
蘇秦張儀遊士
蘇武張…

宦（會　天）　會（齊　河間　吳）　明（興）　濮（魯國）　桓（上谷）　侯（晉）　眉（琅　晉）　匡（陽）
宦甫武子與衛人盟于宛濮

莘（天東　水陽）　苗（邰陽）　祁（太原　水陽）　尹（天水）　華（武陵　南陵）　封（原　海）　祝（太原）　湯（山）
華封人三祝唐堯

軒轅（京兆　卬陽）　皇（京兆）　甫　夏（晉）　侯（國　譙）　殷（平）
華封人三祝唐堯

余（下邳）　宗（京兆）　伊（太　蘆）　傅（清　江）　何（河　武）　賈（安　始）　孫（樂　平）　麗
伊尹傅說王佐
孫臏龐涓善戰

子

伅真陀羅所問寶如來三昧經三卷 〔漢〕釋支婁迦讖譯

宋元間平江府磧砂延聖院刻大藏本

二冊

經摺裝。一版五半葉，半葉六行十七字，上下單邊。版框 24.7×11.3 厘米

16024（10407）

他真陀羅所問寶如來三昧經卷中

後漢月支三藏法師支婁迦讖　譯

化十

佛言其他真陀羅妓樂音聲如是用是音故
今人發菩薩心是者其德甚厚佛說他真陀
羅功德爾時其在會者衣被上皆化自有華
皆起持是華散他真陀羅上則時他真陀羅

以右肩悉受華其華不墮地便持是華供養
散佛上其華於佛上便化作珍寶華蓋覆蔽
千佛利其華華蓋者一一處懸億百千珠寶其
一珠光明出億百光明一一明者有一蓮華
其色若干其香甚香其一一蓮華上有坐佛
如釋迦文皆言善哉善哉仁者他真陀羅所

化人甚多皆發阿耨多羅三耶三菩提心是
菩薩之所作已度界已界示現過於生死復
見如故住於泥洹三界而行用一切人故他
真陀羅念諸坐佛欲持寶華蓋遍覆其上應
時坐三昧其三昧名嚴蓋則時諸坐佛上皆
有華蓋及諸菩薩比丘僧其在會者各各

華蓋以手持蓋柄諸菩薩比丘僧者皆持華
蓋供養上諸佛他真陀羅後念欲請佛及諸
化佛及菩薩比丘僧到香山自是其所居處
欲令宮室及諸天鬼神一切聞說法時皆得
安隱令悉見供養佛可以為本因是便可得
福他真陀羅便從座起已頭面著地為佛作

禮白佛唯恒薩阿竭及菩薩諸比丘僧到香
山就其請處欲以飯食供養七日令一切人
得增益功德佛即時默然已受請故他真陀
羅則時歡喜便以所從中宮八萬四千人皆
皷琴作妓樂供養佛作禮而去還歸令山住

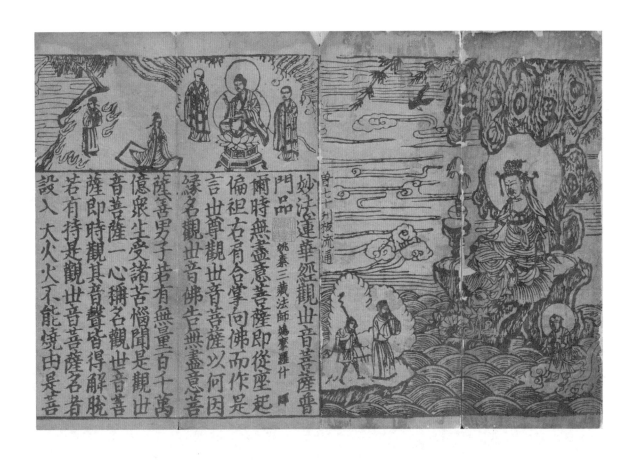

妙法蓮華經觀世音菩薩普門品一卷 〔後秦〕釋鳩摩羅什譯

宋刻本

一冊

經摺裝。一版六半葉，半葉六行十一字，上下兩欄，上圖下文，上下單邊。版框 24.1×9.7 厘米

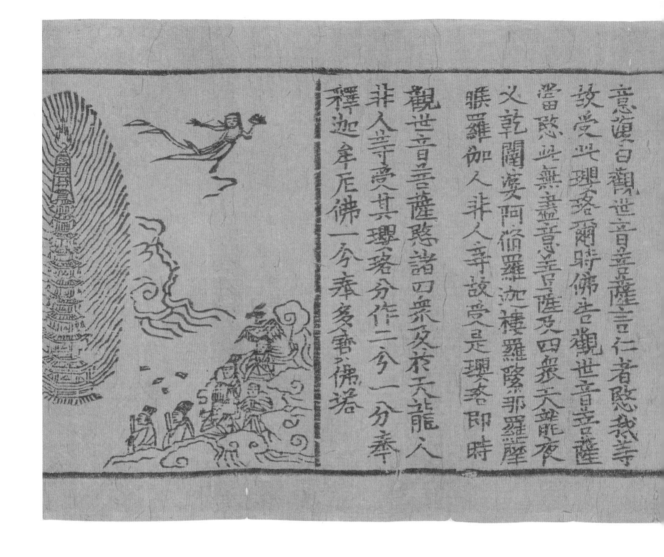

妙法蓮華經觀世音菩薩普門品一卷　〔後秦〕釋鳩摩羅什譯

明刻本

一捲

經摺裝改卷軸裝。一版七半葉，半葉五行十四字，上下單邊。卷長 282.4 厘米，高 9.9 厘米

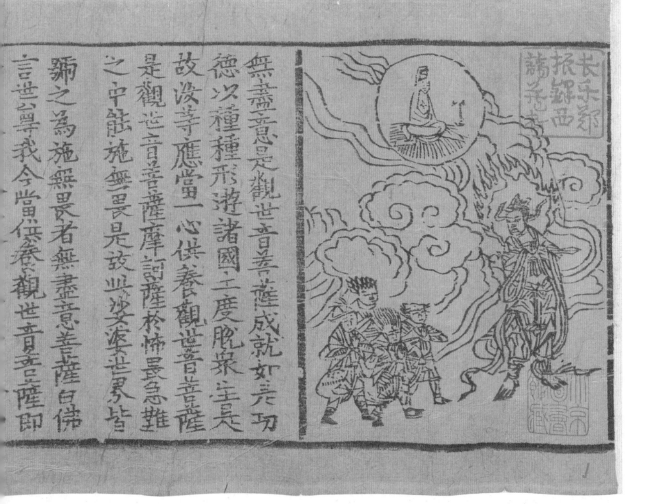

無盡意是觀世音菩薩成就如是功
德以種種形遊諸國土度脫衆生是
故汝等應當一心供養觀世音菩薩
是觀世音菩薩摩訶薩於怖畏急難
之中能施無畏是故此娑婆世界皆
號之爲施無畏者無盡意菩薩白佛
言世尊我今當供養觀世音菩薩即

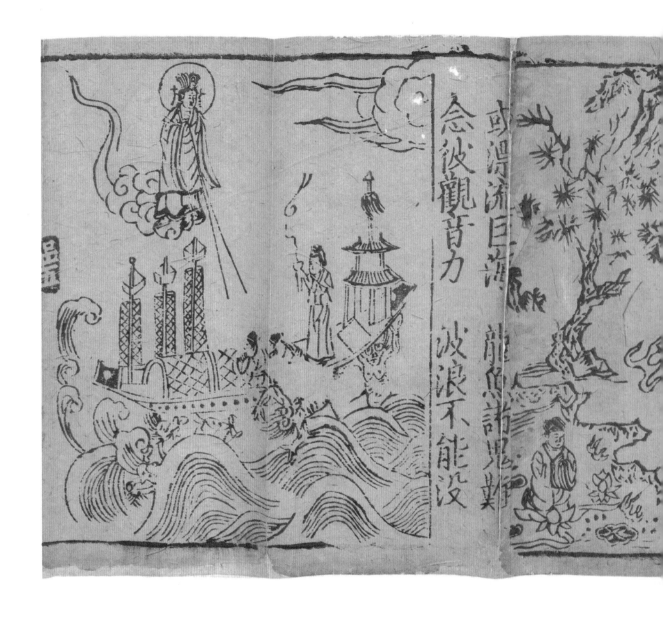

妙法蓮華經觀世音菩薩普門品一卷　〔後秦〕釋鳩摩羅什譯

元刻本

一捲

經摺裝改卷軸裝。半葉五行十字，上下單邊。卷長 158.3 厘米，高 13.5 厘米

念彼觀音力　火坑變成池

假使興害意　推落大火坑

心念不空過　能滅諸有苦

我為汝略說　聞名及見身

侍多千億佛　發大清淨願

弘誓深如海　歷劫不思議

汝聽觀音行　善應諸方所

具足妙相尊　偈答無盡意

佛子何因緣　名為觀世音

世尊妙相具　我今重問彼

問曰

法身不動無量壽　應變形色諸佛母

百意成就寶生佛　現前護念菩薩觀音

衆生見聞解行者　成就教度不空過

而今一心稱讚禮　所求遂心皆滿願

妙法蓮華經觀世音菩薩普門品

爾時無盡意菩薩即從座起偏袒右

有合拿向佛而作是言世尊觀世音

菩薩以何因緣名觀世音佛告無盡

意菩薩善男子若有無量百千萬億

衆生受諸苦惱聞是觀世音菩薩一

心稱名觀世音菩薩即時觀其音聲

皆得解脫若有持是觀世音菩薩名

者設入大火火不能燒由是菩薩威

神力故

妙法蓮華經觀世音菩薩普門品一卷　〔後秦〕釋鳩摩羅什譯

明刻本

一捲

經摺裝改卷軸裝。一版十半葉，半葉五行十四字，上下單邊。卷長 400.6 厘米，高 10.1 厘米

16090（10401）

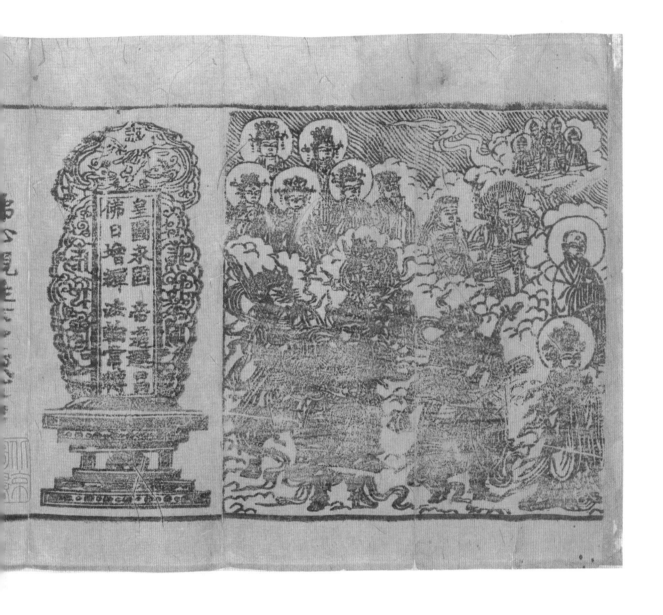

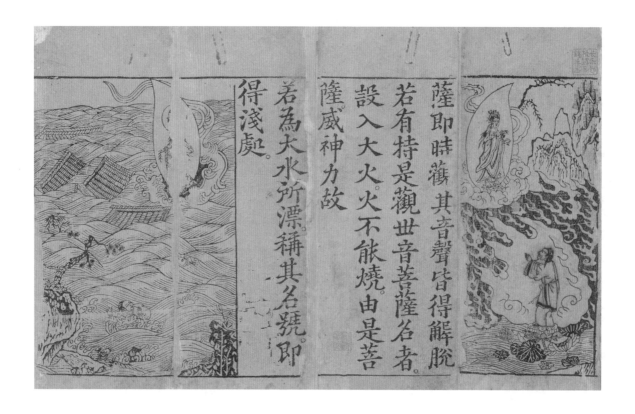

妙法蓮華經觀世音菩薩普門品一卷　〔後秦〕釋鳩摩羅什譯

明刻本

一册

經摺裝。一版五半葉，半葉四行十一字，上下單邊。版框 24.9×12.3 厘米

16027（10412）

無盡意是觀世音菩薩成就
如是功德以種種形遊諸國
土度脫衆生是故汝等應當
一心供養觀世音菩薩是觀
世音菩薩摩訶薩於怖畏急
難之中能施無畏是故此娑
婆世界皆號之為施無畏者
無盡意菩薩白佛言世尊我
今當供養觀世音菩薩即解
頸衆寶珠瓔珞價直百千兩
金而以與之作是言仁者受
此法施珍寶瓔珞時觀世音
菩薩不肯受之無盡意復白
觀世音菩薩言仁者愍我等
故受此瓔珞爾時佛告觀世

音菩薩當愍此無盡意菩薩
及四衆天龍夜叉乾闥婆阿
脩羅迦樓羅緊那羅摩睺羅
伽人非人等故受是瓔珞即
時觀世音菩薩愍諸四衆及
於天龍人非人等受其瓔珞
分作二分一分奉釋迦牟尼
佛一分奉多寶佛塔

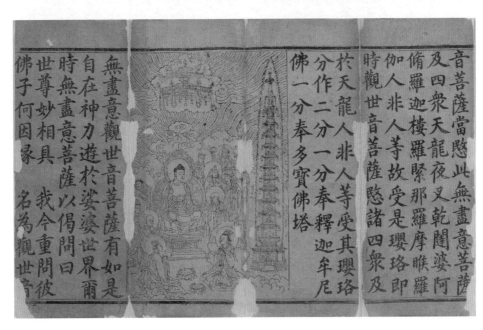

無盡意觀世音菩薩有如是
自在神力遊於娑婆世界爾
時無盡意菩薩以偈問曰
世尊妙相具我今重問彼
佛子何因緣名為觀世音

妙法蓮華經觀世音菩薩普門品一卷　〔後秦〕釋鳩摩羅什譯

明初刻本

一册　殘葉

經摺裝。半葉五行十一字，上下雙邊。版框 28.2×13.2 厘米

妙法蓮華經觀世音菩薩普門品一卷　〔後秦〕釋鳩摩羅什譯

明初刻本

一冊　殘葉

經摺裝。半葉四行十一字，上下雙邊。版框 28.0×12.8 厘米

妙法蓮華經觀世音菩薩普門品一卷　〔後秦〕釋鳩摩羅什譯

明初刻本

一册　殘葉

經摺裝。半葉五行十四字，上下單邊。版框 24.3×11.2 厘米

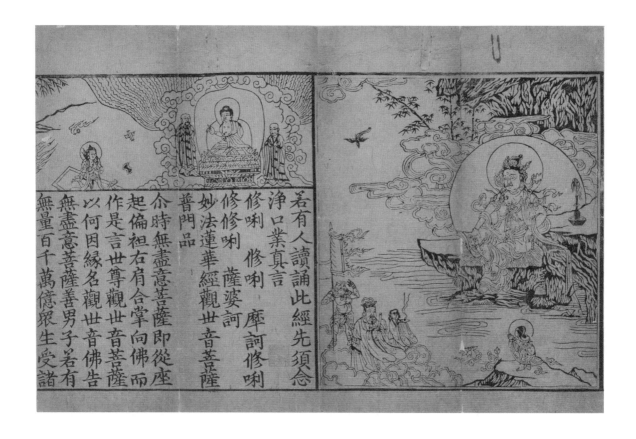

無量百千萬億眾生受諸
無盡意菩薩善男子若有
以何因緣名觀世音佛告
作是言世尊觀世音菩薩
起偏袒右肩合掌向佛而
尒時無盡意菩薩即從座
普門品
妙法蓮華經觀世音菩薩
修修唎 薩婆訶
修唎 修唎 摩訶修唎
淨口業真言
若有人讀誦此經先須念

妙法蓮華經觀世音菩薩普門品一卷 〔後秦〕釋鳩摩羅什譯

明高家經鋪刻本

一冊

經摺裝。一版五半葉，半葉六行十字。上下兩欄，上圖下文，上下單邊。版框 23.3×10.8 厘米

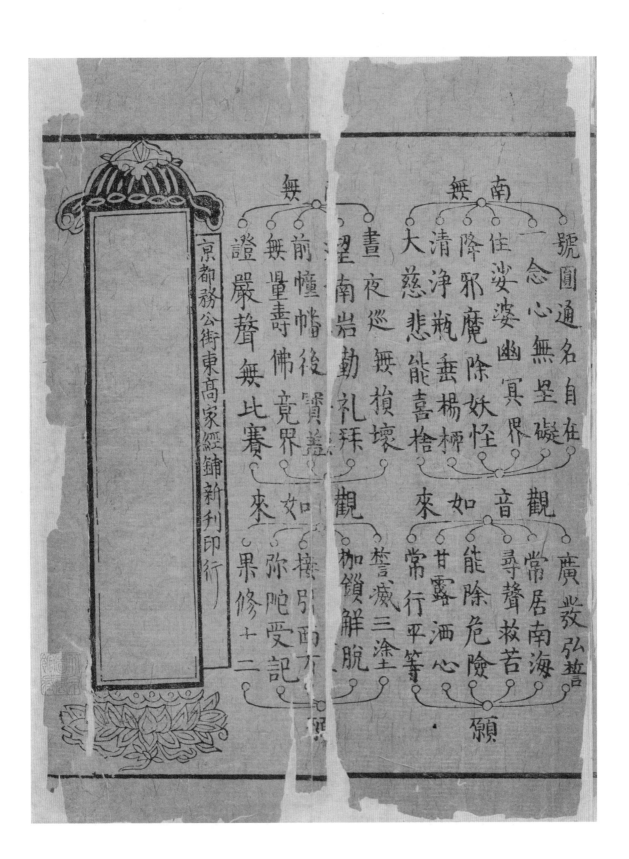

號圓通名自在　一念心無罣礙　觀

住娑婆幽冥界　常居南海　廣發弘誓

降邪魔除妖怪　尋聲救苦　音

清淨瓶垂楊柳　能除危險　如

大慈悲能喜捨　甘露洒心　來　常行平等

誓藏三塗　枷鎖解脫　願

畫夜巡無損壞　觀

望南岩勤礼拜　伽鎖解脫

無前幢幡後寶蓋

無量壽佛竟界　弥陀受記

證嚴聲無比賽　來　果修十二

京都務公街東高家經鋪新刊印行

妙法蓮華經觀世音菩薩普門品一卷　〔後秦〕釋鳩摩羅什譯

明刻景泰六年（1455）徐妙全印本

一冊

經摺裝。一版七半葉，半葉五行十五字，上下單邊。版框 19.3×8.2 厘米

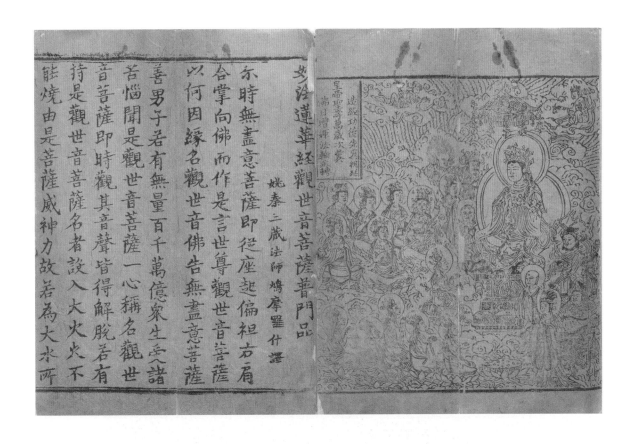

妙法蓮華經觀世音菩薩普門品一卷　〔後秦〕釋鳩摩羅什譯

明刻本

一冊

經摺裝。一版七半葉，半葉五行十五字，上下雙邊。版框 19.1×8.1 厘米

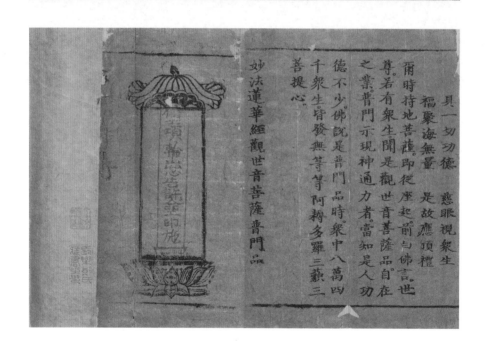

妙法蓮華經觀世音菩薩普門品一卷　〔後秦〕釋鳩摩羅什譯

明刻本

一冊

經摺裝。一版七半葉，半葉五行十五字，上下單邊。版框 19.0×8.2 厘米

妙法蓮華經觀世音菩薩普門品一卷　〔後秦〕釋鳩摩羅什譯

明刻本

一册

經摺裝。一版七半葉，半葉五行十五字，上下單邊。版框 19.0×8.3 厘米

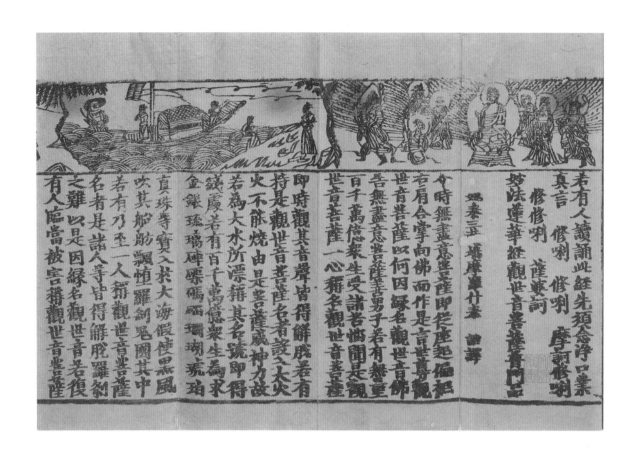

妙法蓮華經觀世音菩薩普門品一卷 〔後秦〕釋鳩摩羅什譯

明初刻本

一冊

經摺裝。一版七半葉，半葉六行十三字，上下兩欄，上圖下文，上下單邊。版框 18.4×8.2 厘米

16042（10455）

妙法蓮華經觀世音菩薩普門品一卷　〔後秦〕釋鳩摩羅什譯

明刻本

一册

經摺裝。一版七半葉，半葉五行十七字，上下單邊。版框 16.0×7.9 厘米

16053（10455）

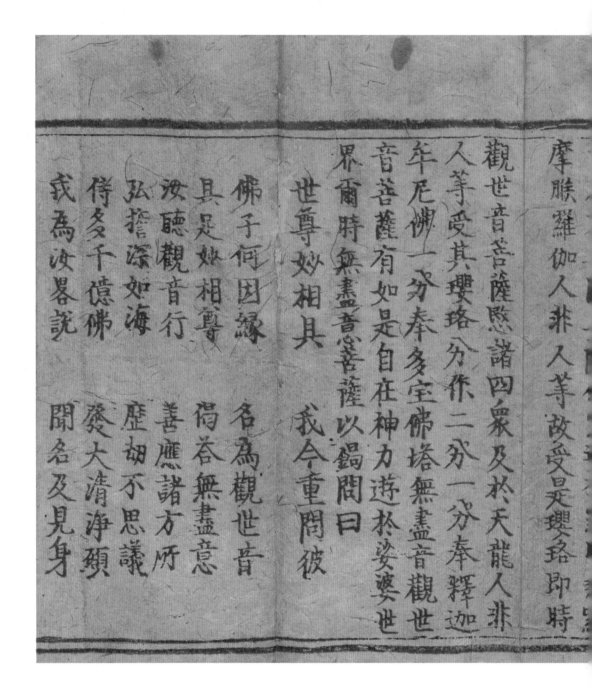

妙法蓮華經觀世音菩薩普門品一卷　〔後秦〕釋鳩摩羅什譯

明刻本

一册

經摺裝。一版八半葉，半葉六行十五字，上下雙邊。版框 15.2×7.3 厘米

程之形遊諸

等應當一心供養觀世音菩薩是觀世
音菩薩摩訶薩於怖畏急難之中能施
無畏是故此娑婆世界皆號之為施無
畏者無盡意菩薩白佛言世尊我今當
供養觀世音菩薩即解頸眾寶珠瓔珞
價直百千兩金而以與之作是言仁者
受此法施珍寶瓔珞時觀世音菩薩不
肯受之無盡意復白觀世音菩薩言仁

百千萬億衆生受諸若惱聞是觀

世音菩薩。一心稱名觀世音菩薩。

即時觀其音聲。皆得解脫若有持

是觀世音菩薩名者設入大火火

不能燒由是菩薩威神力故若為

大水所漂稱其名號即得淺處若

有百千萬億衆生為求金銀琉璃

硨磲碼碯珊瑚琥珀真珠等寶入

於大海假使黑風吹其船舫漂陸

羅剎鬼國其中。若有乃至一人稱

觀世音菩薩名者是諸人等皆得

解脫羅剎之難以是因緣名觀世

音若復有人臨當被害稱觀世音

菩薩名者彼所執刀杖尋段段壞。

妙法蓮華經觀世音菩薩普門品一卷 〔後秦〕釋鳩摩羅什譯

明初刻本

一冊

經摺裝。一版九半葉，半葉五行十三字，上下雙邊。版框 11.0×5.9 厘米

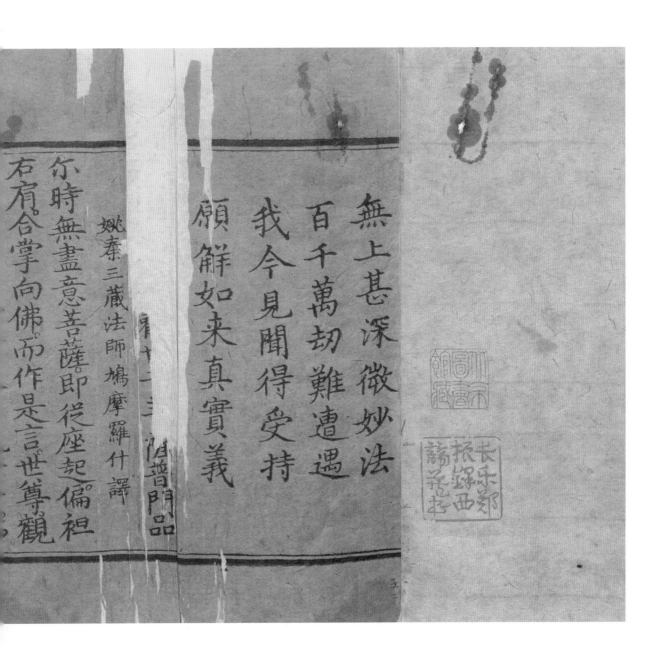

無上甚深微妙法

百千萬劫難遭遇

我今見聞得受持

願解如來真實義

姚秦三藏法師鳩摩羅什譯

卷十二三十五觀音普門品

爾時無盡意菩薩即從座起偏袒

右肩合掌向佛而作是言世尊觀

眾生受諸苦惱聞是觀世音菩薩一
心稱名觀世音菩薩即時觀其音聲
皆得解脫若有持是觀世音菩薩名
者設入大火火不能燒由是菩薩名
神力故若為大水所漂稱其名號即
得淺處若有百千萬億眾生為求金
銀琉璃硨磲碼碯珊瑚琥珀真珠等
寶入於大海假使黑風吹其船舫漂
墮羅剎鬼國其中若有乃至一人稱
觀世音菩薩名者是諸人菩皆得解
脫羅剎之難以是因緣名觀世音若
復有人臨當被害稱觀世音菩薩名
者彼所執刀杖尋段段壞而得解脫
若三千大千國土滿中夜叉羅剎欲
來惱人聞其稱觀世音菩薩名者是

右側欄：慈菩薩菩四刀子若有無量百千萬億

妙法蓮華經觀世音菩薩普門品一卷　〔後秦〕釋鳩摩羅什譯

明初刻本

一冊

經摺裝。一版十四半葉，半葉五行十四字，上下雙邊。版框 11.9×5.6 厘米

妙法蓮華經觀世音菩薩普門品

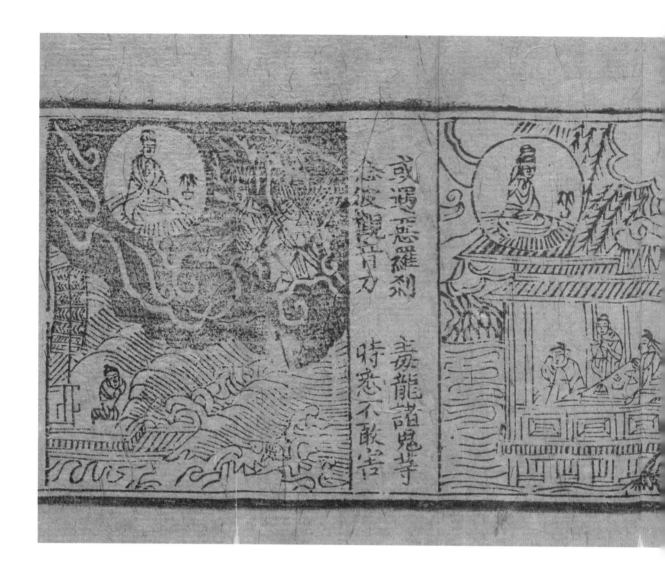

妙法蓮華經觀世音菩薩普門品一卷 〔後秦〕釋鳩摩羅什譯

明刻本

一冊

經摺裝。一版十半葉，半葉五行十字，上下雙邊。版框 9.8×5.1 厘米

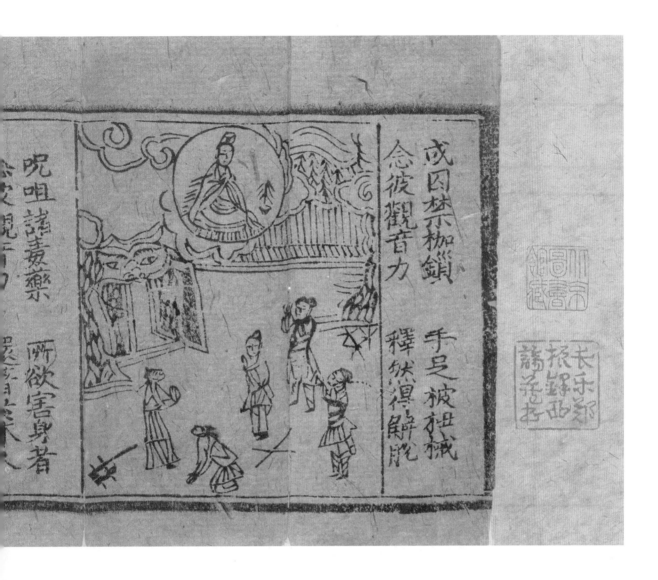

或囚禁枷鎖

念彼觀音力

手足被杻械

釋然得解脫

呪咀諸毒藥

所欲害身者

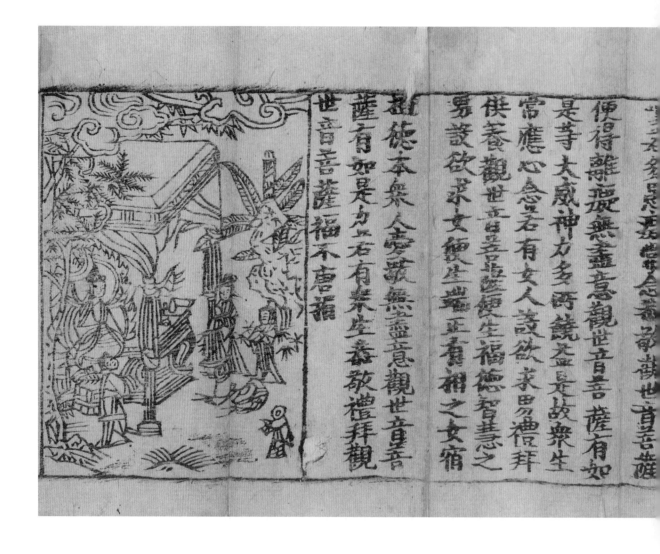

妙法蓮華經觀世音菩薩普門品一卷　〔後秦〕釋鳩摩羅什譯

明初刻本

一冊

經摺裝。一版十一半葉，半葉五行十四字，上下單邊。版框 9.4×4.9 厘米

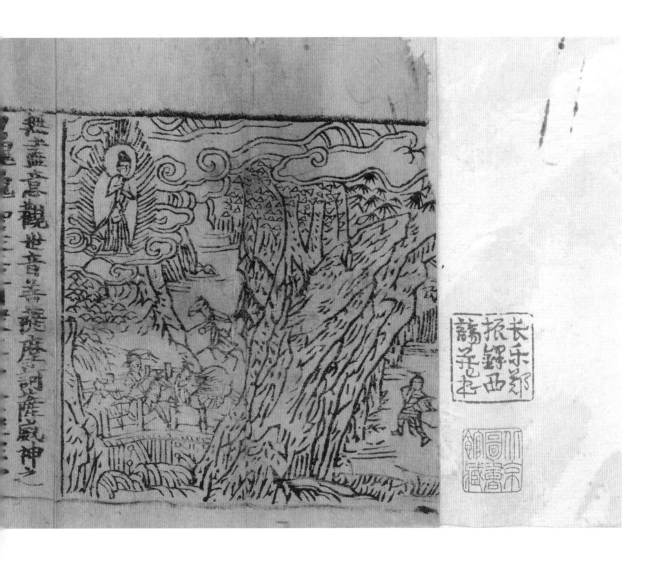

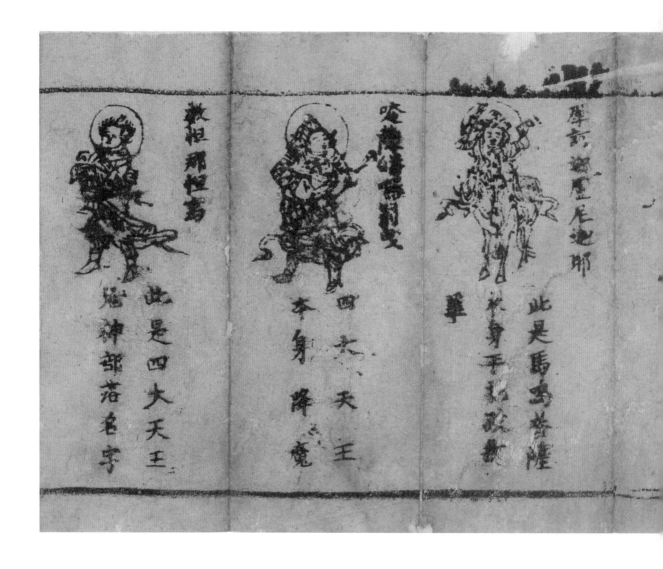

佛像一卷

明初刻本

一册

經摺裝。一版十三半葉，半葉行字不等，上下單邊。版框 10.1×5.0 厘米

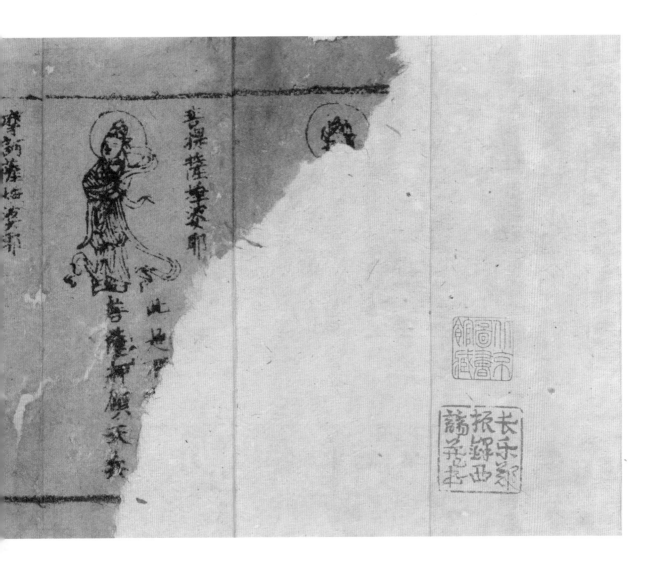

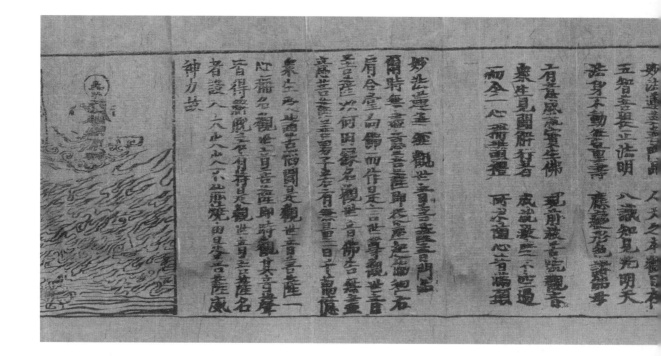

妙法蓮華經觀世音菩薩普門品一卷　〔後秦〕釋鳩摩羅什譯

明初京都沈家刻本

一冊

經摺裝。一版十一半葉，半葉五行十四字，上下單邊。版框 9.6×5.0 厘米

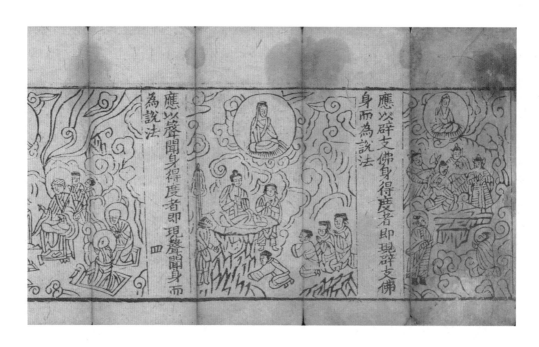

妙法蓮華經觀世音菩薩普門品一卷 〔後秦〕釋鳩摩羅什譯

明初杭州大街睦親坊巷沈家刻本

一冊 殘葉

經摺裝。一版十一半葉，半葉五行十四字，上下單邊。版框 9.8×5.3 厘米

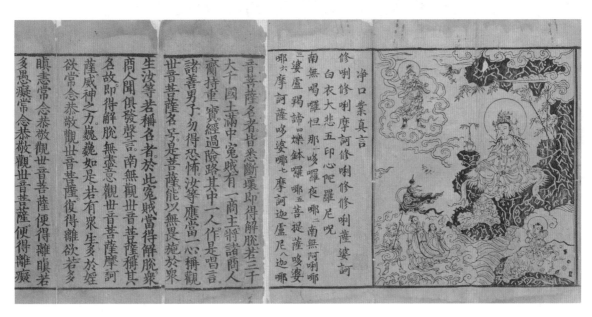

妙法蓮華經觀世音菩薩普門品一卷　〔後秦〕釋鳩摩羅什譯

明初刻本

一冊

經摺裝。一版五半葉，半葉五行十六字，上下單邊。版框 24.6×11.2 厘米

16074（10435）

觀世音菩薩普門品經一卷　〔後秦〕釋鳩摩羅什譯

明初刻本

一册

經摺裝。一版五半葉，半葉五行十一字，上下雙邊。版框 28.5×13.4 厘米

妙法蓮華經觀世音菩薩普門品一卷　〔後秦〕釋鳩摩羅什譯

明刻本

一冊

經摺裝。一版五半葉，半葉五行十五字，上下單邊。版框 23.3×10.9 厘米

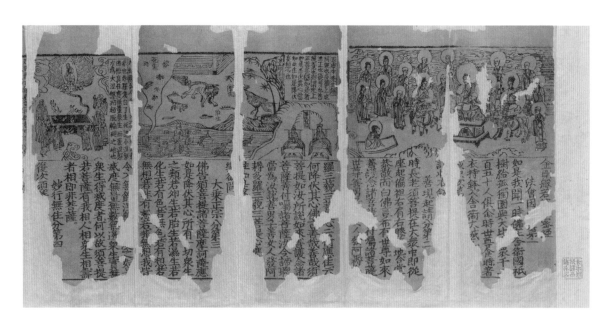

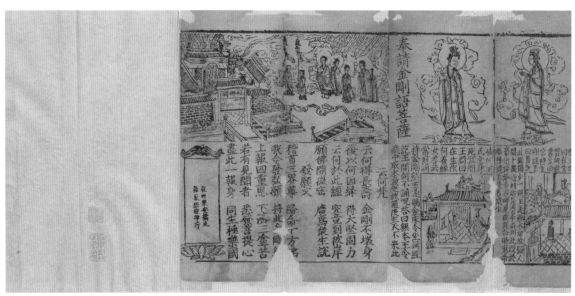

金剛般若波羅蜜經一卷　〔後秦〕釋鳩摩羅什譯

明初楊家經坊刻遞修本

一册

經摺裝。一版五半葉，半葉七行十二字，上下兩欄，上圖下文，上下單邊。版框 23.5×11.0 厘米

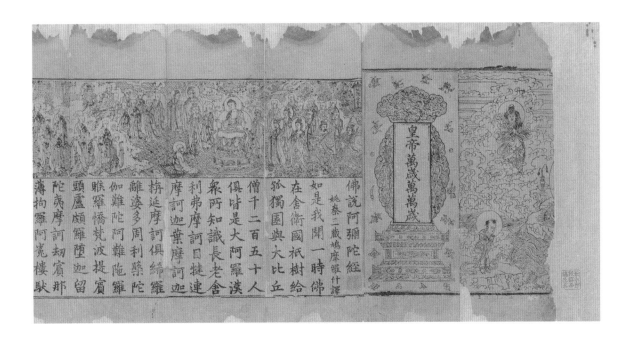

佛説阿彌陀經一卷　〔後秦〕釋鳩摩羅什譯

明初刻本

一册

經摺裝。一版五半葉，半葉五行七字，上下兩欄，上圖下文，上下雙邊。版框 24.0×11.0 厘米

16079（10415）

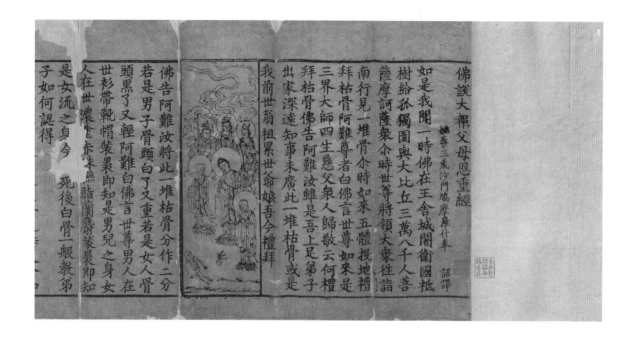

子如何認得
是女流之身今　死後白骨一般教弟
人在世濃食赤末燃脂蘭麝嚴晨即知
世衫帶靴帽裝裹即知是男兒之身女
頭黑了又輕阿難白佛言世尊男人在
若是男子骨頭白了又重若是女人骨
佛告阿難汝將此一堆枯骨分作二分

我前世翁祖累世爺娘吾今禮拜
出家深遠知事未廣此一堆枯骨或是
拜枯骨佛告阿難汝雖是吾上足弟子
三界大師四生慈父人歸敬云何禮
拜枯骨阿難尊者白佛言世尊如來是
南行見一堆骨尒時如來五體投地禮
薩摩訶薩衆尒時世尊將領大衆往詣
樹給孤獨園與大比丘三萬八千人菩
如是我聞一時佛在王舍城閒衛國祇
　　　　　　　　　　　　　　　詔譯
姚秦三藏沙門鳩摩羅什奉

佛說大報父母恩重經

佛說大報父母恩重經一卷　〔後秦〕釋鳩摩羅什譯

明刻本

一册　殘本

經摺裝。半葉五行十五字，上下單邊。版框 25.1×10.2 厘米

大般涅槃經四十卷 〔十六國〕釋曇無讖譯

宋元間平江府磧砂延聖院刻大藏本

二册 存二卷：十六至十七

經摺裝。一版五半葉，半葉六行十七字，上下單邊。版框 24.3×11.1 厘米

16025（164、10408）

大般涅槃經卷第十六

北涼天竺三藏曇無讖奉　詔譯

大般涅槃經梵行品第八之二

復次善男子舍衛城中有婆羅門女姓婆私
吒唯有一子愛之甚重遇病命終爾時女人
愁毒入心往亂失性躶形無恥遊行四衢啼
哭失聲唱言子子汝何處去周徧城邑無有
已便為種種說諸法要是女聞法歡喜踊躍
即告侍者阿難汝可持衣與是女人既與衣
生子想還得稱心前抱我身鳴噁我口我時
善男子波羅奈城有優婆夷字曰摩訶斯那
達多已於過去無量先佛種諸善根是優婆
發阿耨多羅三藐三菩提心善男子我於爾
時實非彼子彼非我母亦無抱持善男子當
知皆是慈善根力令彼女人見如是事復次
有一比丘身嬰重病良醫診之當須肉藥若
得肉者病則可除若不得肉命將不久時優
婆夷聞醫此言尋持黃金徧至市里唱如是
言誰有肉賣吾以金買若有肉者當等與金
周徧城市求不能得是優婆夷尋自取刀割
其髀肉切以為臛下種種香送病比丘比丘
服已病即得瘥是優婆夷患瘡苦惱不能堪
忍即發聲言南無佛陀南無佛陀我於爾時
在舍衛城聞其音聲於是女人起大慈心是
女尋見我持良藥塗其瘡上瘡合如本我即

者不名無礙無所取著乃名無礙善男子是
故一切諸菩薩等有取著者則無無礙若無
無礙不名菩薩摩訶薩善男子是人名為凡夫何故取
著名為凡夫一切凡夫取著於色乃至著識
以著色故則生貪心生貪心故為色繫縛乃
至為識之所繫縛以繫縛故則不得免生老
病死憂悲大苦一切煩惱是故取著名為凡
夫以是義故一切凡夫無四無礙善男子菩
薩摩訶薩已於無量阿僧祇劫知見法相以
知見故知其義以見法相及知義故而於
色中不生繫著乃至識中亦復如是以不著
故菩薩於色不生貪心不生貪心故不為色
之所繫以不縛故則得脫於生老病死憂悲
大苦一切煩惱以是義故一切菩薩得四無
礙菩薩摩訶薩以是因緣我為弟子十二部中說
繫著者名為魔縛若不著者則脫魔縛譬如
世間有罪之人為王所縛無罪之人王不能
縛菩薩摩訶薩亦復如是有繫著者為魔所
縛無繫著者魔不能縛以是義故菩薩摩訶
薩而無所著

大般涅槃經卷第十六

音釋

裸郎果切　婑於委切　嬈奴鳥切
臛訶各切　剝北角切　劖魚器切
嬭奴蟹切　嗛苦簟切　挦祥廉切
初　限　憲許建切　擯必刃切
觱二音　刊魚切　熊胡弓切

佛説觀無量壽佛經一卷　〔南朝宋〕釋畺良耶舍譯

明天啓元年（1621）陸基志刻本

一册

經摺裝。一版五半葉，半葉五行十五字，上下雙邊。版框 25.9×12.1 厘米

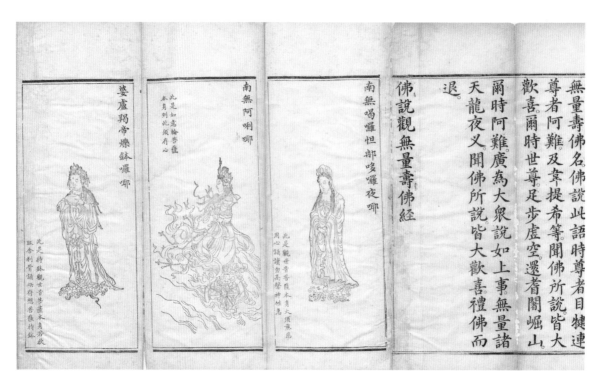

無量壽佛名佛說此語時尊者目犍連

尊者阿難及韋提希等聞佛所說皆大

歡喜爾時世尊足步虛空還耆闍崛山

爾時阿難廣為大眾說如上事無量諸

天龍夜义聞佛所說皆大歡喜禮佛而

退。

佛說觀無量壽佛經

南無喝囉怛那哆囉夜耶

此是觀世音菩薩本身大頭毘盧
用心讀誦勿高聲神姓怠

南無阿唎耶

此是如意輪菩薩
本身列此須存心

婆盧羯帝爍鉢囉耶

此是持鉢觀世音菩薩本身斊故
班舍利骨誦水行總勞無持飾

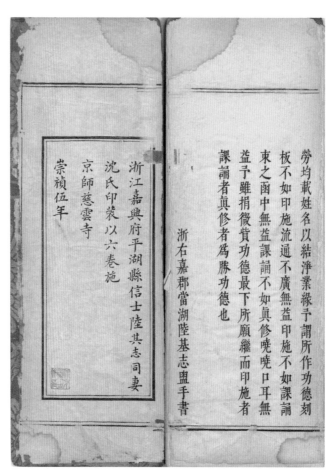

勞均載姓名以結淨業綠予謂所作功德刻

板不如印施流遍不廣無益無益印施不如課誦

束之函中無益課誦不如眞修曉曉口耳無

益予雖捐微賞功德最下所願繼而印施者

課誦者眞修者為勝功德也

浙右嘉郡當湖陸基志盟手書

浙江嘉興府平湖縣信士陸其志司妻

沈氏印裝以六卷施

京師慈雲寺

崇禎伍年

過去莊嚴劫千佛名經一卷 〔南朝宋〕釋曇良耶舍譯

清順治八年（1651）牛立志刻本

一冊

經摺裝。一版五半葉，半葉五行十三字，上下雙邊。版框 24.1×11.9 厘米

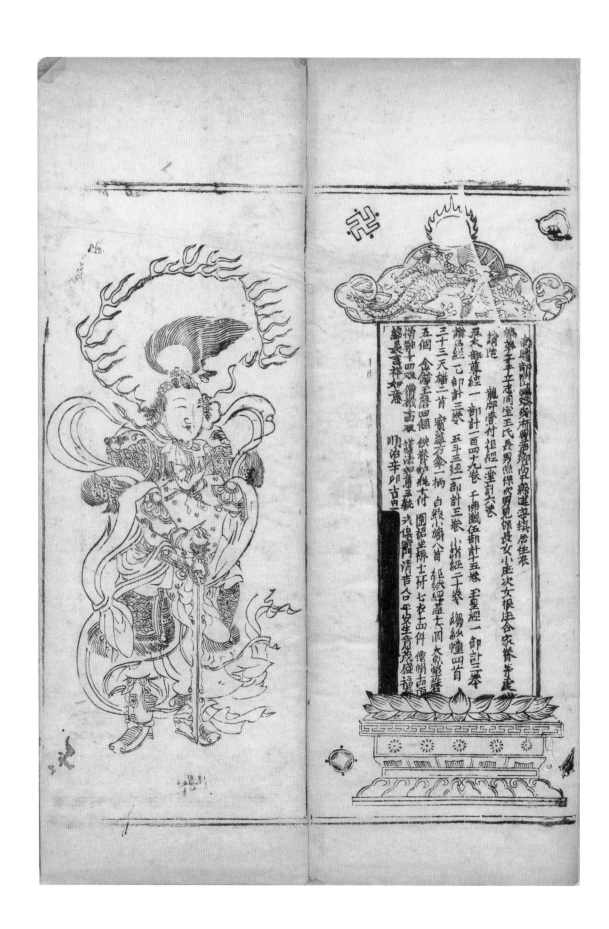

梵天王那羅延天大自在天及五乾闥婆王
大比丘大菩薩等及彼天主無量衆俱時大
如是我聞一時佛在忉利天宮白王座上與
唐中天竺三藏法師地婆訶羅奉勅譯
佛説造塔功德經
法寶周給大千俾彼慧燈照融三界云爾
詔宣譯至其年十二月八日終其文義庶斯
五人於弘福道場奉
法師地婆訶羅晦言與西明寺沙門圓測等
此經以永隆元年冬十一月十五日請天竺
無災之地斯教之弘旨也
乃位隆三果勲重四禪高升有頂之宮行届
譯以流清晨霖仙露之甘上彫盤以嵌茲至
暉火齊水精浮空競彩夕震祥飆之響入鑾
大小千計淨心終一何只黃金白玉架逶爭
蕃葉偶棄業而鬯針鋒洪纖兩途福應無二
已哉將有量等大千覆三界而高梵世取均
弓劍衣冠言申永慕禹陵孔壁用顯緘藏而
鈴法藏冀表河砂之德庶酬塵劫之勞豈伊
多緒乍琢乍璞文質異宜並以封樹遺靈局
夫塔者梵之稱譯者謂之墳或方或圓歌製

　　　　　　　　　　　　翻經沙門釋圓測撰
造塔功德經序
堅固女經
造塔功德經　　不增不滅經
三經合卷　　　　　　　　　　　　景六

佛説造塔功德經一卷　〔唐〕釋地婆訶羅譯　**佛説不增不減經一卷**　〔北魏〕釋菩提留支譯

佛説堅固女經一卷　〔隋〕釋那連提耶舍譯

元大德六年（1302）平江路磧砂延聖寺刻大藏本

一册

經摺裝。一版五半葉，半葉六行十七字，上下單邊。版框 24.3×11.2 厘米

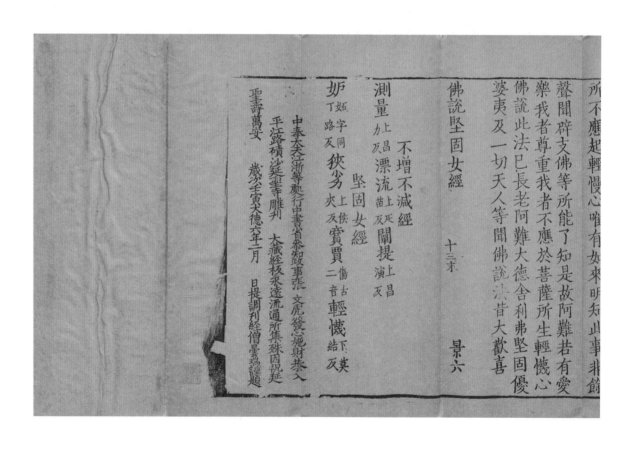

聖壽萬安　歲次壬寅大德六年三月　日提調刊經僧量譿謹題

中奉大夫江浙等處行中書省參政事張　文虎發心施財恭入

平江路積沙延聖寺雕刊　大藏經板永遠流通所集殊因祝延

姤　字同　狹劣丁路反夾上侯反寳賈二音輕懷結反傷古下莫

測量力上昌反漂流苗上正閘提演上昌反

不增不減經

堅固女經

佛説堅固女經　十三末　景六

婆夷及一切天人等聞佛説演昔大歡喜

佛説此法巳長老阿難大德舍利弗堅固優

樂我者尊重我者不應於菩薩所生輕懷心

聲聞辟支佛等所能了知是故阿難若有愛

所不應起輕慢心唯有如來明知此事非餘

大威德陀羅尼經二十卷 〔隋〕釋闍那崛多等譯

宋元間平江府磧砂延聖院刻大藏本

一册 存一卷：十八

經摺裝。一版五半葉，半葉六行十七字，上下單邊。版框 21.3×11.2 厘米

大威德陀羅尼經卷第十八　恃八

隋北天竺三藏法師闍那崛多等譯

時彼城中所有人民皆悉聚集而作誓言今
者不聽沙門釋種弟子入城爾時彼中復有
於佛教中信行之者有淨心者作如是言佛
出世難但令沙門釋種弟子入城還共此沙
門釋子等打邊城王令我等勝以其逼切沙
門釋種弟子輩於彼城中諸人衆等或作如
是或作如是言論不定爾時魔波旬勤求方
便願彼沙門釋種弟子莫令得入彼特叉尸
羅大城阿難若沙門釋種弟子得入特叉尸
羅大城者於三年中諸沙門等應作城主阿

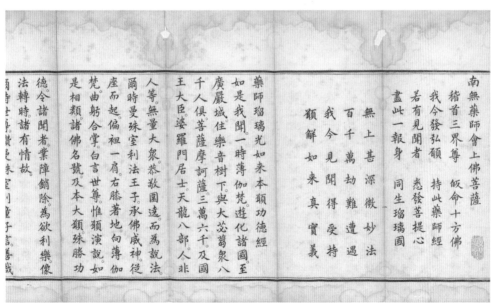

藥師瑠璃光如來本願功德經不分卷　〔唐〕釋玄奘譯

清康熙三十四年（1695）內府刻本

一冊

經摺裝。一版五半葉，半葉五行十四字，上下雙邊。版框 22.1×11.7 厘米

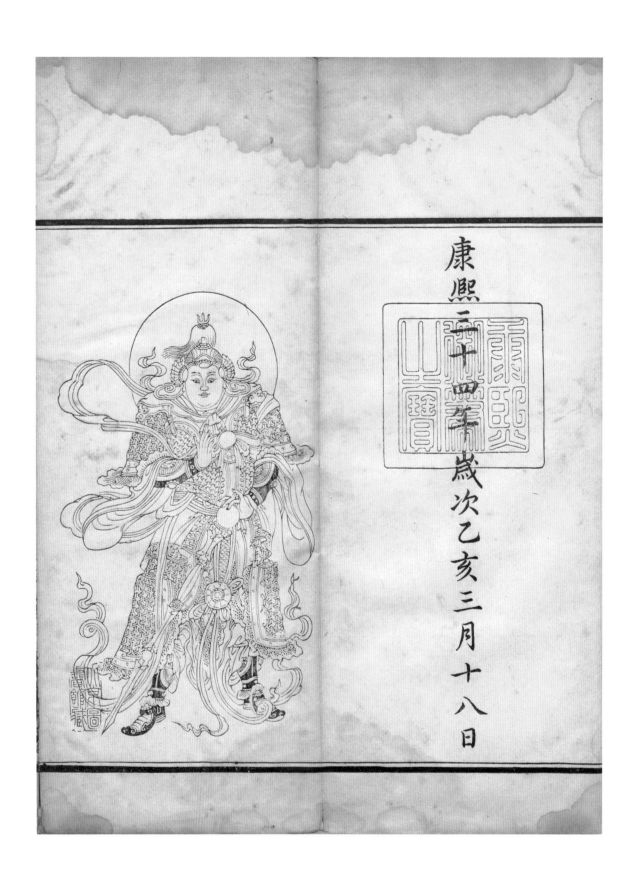

康熙二十四年歲次乙亥三月十八日

摩訶般若波羅蜜多心經一卷　〔唐〕釋玄奘譯

元刻本

一册　殘葉

經摺裝。半葉五行十七字，上下單邊。版框 19.1×8.5 厘米

摩訶般若波羅蜜多心經一卷　〔唐〕釋玄奘譯

明刻宣德元年（1426）馬福童印本

一册

經摺裝。一版四半葉，半葉四行十字，上下雙邊。版框 16.6×8.3 厘米

16038（10457）

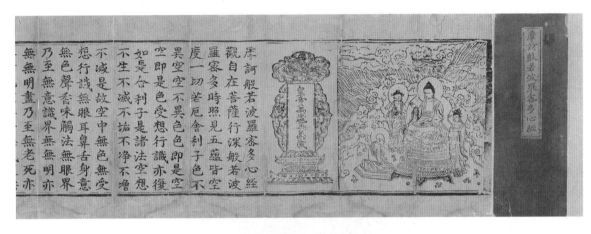

無無明盡乃至無老死亦
無色聲香味觸法無眼界
想行識無眼耳鼻舌身意
不減是故空中無色無受
空即是色受想行識亦復
如是舍利子是諸法空想
不生不滅不垢不淨不增
異空空不異色色即是空
度一切苦厄舍利子色不
羅蜜多時照見五蘊皆空
觀自在菩薩行深般若波
摩訶般若波羅蜜多心經
皇帝萬歲萬萬歲

摩訶般若波羅蜜多心
宣德元年正月吉日奉
佛弟子馬福童志心印施
般若波羅蜜多心經

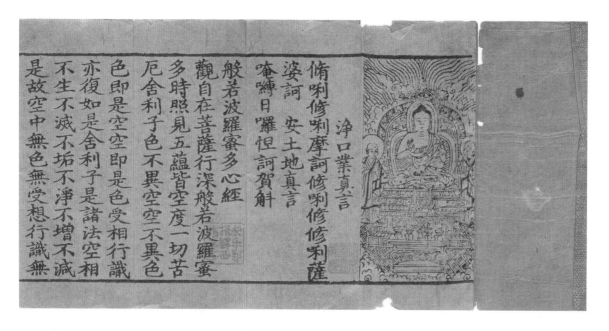

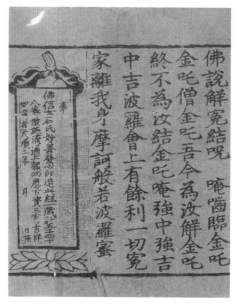

般若波羅蜜多心經一卷 〔唐〕釋玄奘譯

明刻天順二年（1458）石妙善印本

一冊

經摺裝。一版九半葉，半葉四行十二字，上下單邊。版框 12.1×6.1 厘米

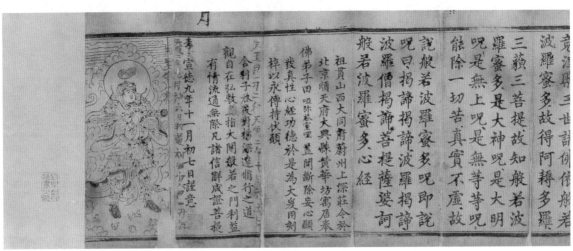

般若波羅蜜多心經一卷 〔唐〕釋玄奘譯

明宣德九年（1434）田啞彌答室哩刻本

一冊

經摺裝。一版四半葉，半葉四行十字，上下雙邊。版框 20.5×9.1 厘米

16054（10454）

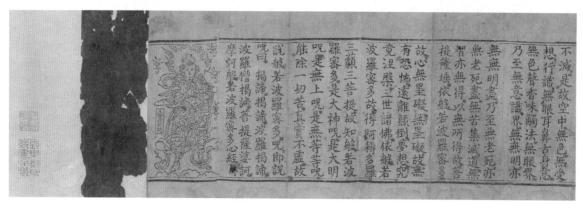

摩訶般若波羅蜜多心經一卷　〔唐〕釋玄奘譯

明刻本

一冊

經摺裝。一版十二半葉，半葉四行十字，上下雙邊。版框 11.2×5.7 厘米

般若多心經一卷 〔唐〕釋玄奘譯

明刻本

一册

經摺裝。一版六或八半葉，半葉四行五字，上下兩欄，上圖下文，上下雙邊。版框 17.2×7.9 厘米

16036（10454）

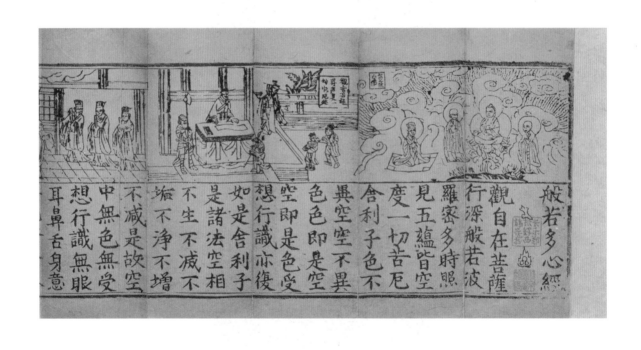

般若多心經

觀自在菩薩
行深般若波
羅密多時照
見五蘊皆空
度一切苦厄
舍利子色不
異空空不異
色色即是空
空即是色受
想行識亦復
如是舍利子
是諸法空相
不生不滅不
垢不淨不增
不減是故空
中無色無受
想行識無眼
耳鼻舌身意

大方廣佛華嚴經八十卷　〔唐〕釋實叉難陀譯

明初刻本

一冊　存一卷：四十八

經摺裝。一版五半葉，半葉六行十七字，上下單邊。版框 25.4×10.9 厘米

于闐國三藏沙門實叉難陀譯

如來十身相海品第三十四

爾時普賢菩薩摩訶薩告諸佛子如來頂上

當為汝演說如來所有相海諸菩薩言佛子今

有二十二貴住嚴大人相其中有大人相名

圓滿光明是為一次有大人相名摩

摩尼王種種莊嚴出金色光光如眉間毫相所

尼寶光充滿一

放光明其光普照一切無邊世界是為二次放摩

光照一切方普放無量大光明網一切妙寶

以為莊嚴寶髮周遍柔密緻一一咸放摩

人相名充滿法界雲以妙寶華而為莊嚴放

然如來福智燈明普照十方一切法界諸世

界海於中普現一切諸佛及諸菩薩是為三

次有大人相名示現普照雲真金寶尼種種

莊嚴其諸妙寶咸放光明照不思議諸佛國

土一切諸佛於中出現是為四次有大人相

名放寶光明雲摩尼寶王清淨莊嚴毗瑠璃

寶以為華藥光照十方一切法界於中普現

種種神變讚歎如來往昔所行智慧功德是

為五次有大人相名示現如來徧法界大自

在雲菩薩神變寶燄摩尼寶以為其冠具一

切智雲充蒲虛空無量法界是為六次有大

人相名如來普燈雲以能震動法界國土大

自在寶海而為莊嚴放淨光明充滿法界於

中普現十方諸菩薩力德海過現未來佛寶

慧燈海是為七次有大人相名普照諸佛寶

大雲因陀羅寶如意王寶摩尼王寶以為莊

大方廣佛華嚴經卷第四十八

育八○十八

本寺比丘慧澄如塔財刊此
一函上報四恩下資三有者

如來智臆有大人相下疏云形如卍字應回文在吉祥海

雲下七叚

得十地故獲諸力莊嚴三昧故疏云此二故字普本皆無

蓋前來未未有得十地疑何以云故應言聞說普賢廣大

回向故便得遇其光明句上疏云准音經亦後如是句下有

若有暫得遇其光明向八字然後得遇其光若未有放光

題何所遇耶十六叚

千身相相海品此明如來大相正若佛身門言十身者簡二

身相相有三等二無邊相為上等末等二八萬四千相為

中等三三十二相為末等二八萬四千相為

中等即化身閻中等即地受用

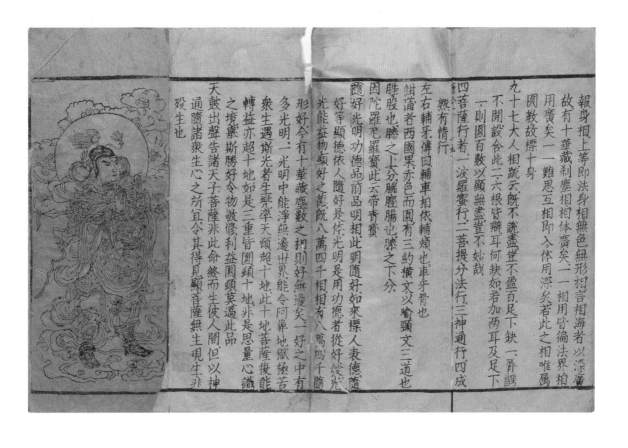

報身相上等即法身相無色無形相言相海者以深廣
故有十華藏剎塵相相体黃矣一一相用皆徧法界相
用廣矣一一難思互相即入体用深矣若此之相唯屬
圓教故標十身

九十七大人相疏云既不說盡豈不盈百足下缺一脣齶
不開設合此二六根皆辯耳何缺如者加兩耳及足下
一則圓百數以顯無盡豈不妙哉

四菩薩行者一波羅蜜行二菩提分法行三神通行四成
熟有情行

左右輔釆傳曰輔車相依輔頰也車牙骨也
紺蒲者西國果亦色而圓有三約橫文以喻頸文三道也
胜股也膝之上分賸脛腸之下分
因陀羅尼羅寶此云帝青寶

隨好光明功德品前品明相此明隨好如來摽人表德隨
好等顯德依人隨好是用功德者從好發光
光能益物顯好之慈既八萬四千隨

形好今有十華藏塵數之相則好無邊矣一好之中有
多光明一光明中能淨無邊世界能令阿鼻地獄極苦
衆生遇斯光者生兜率天頗超十地此十地菩薩復能
轉益亦超十地如是三重皆圓頓十地非是思量心識
之境與斯勝好令物敬修利益圓頓莫過此品

天鼓出聲告諸天子菩薩非此命終而生人間但以神
通隨諸衆生心之所宜令其得見顯菩薩無生現生非
歿生也

大方廣佛華嚴經八十卷　〔唐〕釋實叉難陀譯

宋平江府磧砂延聖院刻大藏本

一冊

經摺裝。一版五半葉，半葉六行十七字，上下單邊。版框 24.6×11.2 厘米

大方廣佛華嚴經卷第七十三　臣三

于闐國三藏沙門實叉難陀譯

入法界品第三十九之十四

爾時善財童子往詣大願精進力救護一切衆
生夜神所見彼夜神在大衆中坐普現法界國土摩
宮殿摩尼王藏師子之座普現一切衆
尼寶網彌覆其上現日月星宿影像身現覩
衆生心普令得見身現一切衆生身形相身
現無邊廣大色相海身身現普調一切衆生身
廣運速疾神通身現利益衆生身不絕身現常
遊虛空利益身現一切佛所頂禮身現
無分別離染身現本清淨法性身時善財童
子見如是等佛刹微塵數差別身一心頂禮
薩大願身現光明充滿十方身現法燈普滅
世間身現了法如幻淨智身現遠離塵闇法
性身現普智照法明了身現究竟無患無熱
裹體投地良久乃起合掌瞻仰於善知識生
十種心何等為十所謂於善知識生同已心
令我精勤辦一切智助道法故近於善知識生
清淨自業果心親近供養善根故於善知識生
我無上法故於善知識令我修行
普賢菩薩所有行願而出離故於善知識生
令我一切智故於善知識
識生莊嚴菩薩行心令我速能莊嚴一切菩
薩行故於善知識生成就一切佛法心誘誨
其一切福智海心令我積集諸白法故於善
知識生增長心令我增長一切智故於善知
識生具一切善根心令我志願得圓滿故於善
知識生能成辦大利益心令我自在安住一
切菩薩法故成辦一切智故得一切佛法故
是為十發是心已得彼夜神與諸菩薩佛利

衆生心普令得見身現等一切衆生身形相身
現無邊廣大色相海身身現普調一切衆生身
現普於十方示現身現利益衆生身不絕身現常
廣運速疾神通身現利益衆生身不絕身現常
遊虛空利益身現一切佛所頂禮身現
無分別離染身現本清淨法性身時善財童
子見如是等佛刹微塵數差別身一心頂禮
薩大願身現光明充滿十方身現法燈普滅
世間身現了法如幻淨智身現遠離塵闇法
性身現普智照法明了身現究竟無患無熱
裹體投地良久乃起合掌瞻仰於善知識生
十種心何等為十所謂於善知識生同已心
令我精勤辦一切智助道法故近於善知識生
清淨自業果心親近供養善根故於善知識生
我無上法故於善知識令我修行
普賢菩薩所有行願而出離故於善知識生
令我一切智故於善知識
識生莊嚴菩薩行心令我速能莊嚴一切菩
薩行故於善知識生成就一切佛法心誘誨
知識生能成辦大利益心令我得一切佛法故
其一切福智海心令我積集諸白法故於善
知識生增長心令我增長一切智故於善知
識生具一切善根心令我志願得圓滿故門
故同趣能轉一切諸佛如來妙法輪故同覺
以等空智普入一切三世間故同故同境能修習
薩清淨光明智慧根故同境界普照諸佛所
功德莊嚴一切菩薩道故同境普照諸佛故
行境故同證得一切智照實相海淨光明故
同義花以留慧了一切法真實性故同勇猛身

佛母大孔雀明王經三卷　〔唐〕釋不空譯

明宣德四年（1429）獨秀主者刻本

三冊

經摺裝。一版五半葉，半葉五行十四字，上下雙邊。版框 30.2×14.7 厘米

16834（14959）

佛母大孔雀明王經卷上

如是我聞一時薄伽梵在室羅伐城

住逝多林給孤獨園時有一苾芻名

曰莎底出家未久受具近圓學毘奈

耶教為衆破薪營澡浴事有大黑虵

從朽木孔出螫彼苾芻右足拇指毒

氣徧身悶絕于地口中吐沫兩目飜

上爾時具壽阿難陀見彼苾芻為毒

所中極受苦痛疾往佛所禮雙足巳

而白佛言世尊苾底苾芻為毒所中

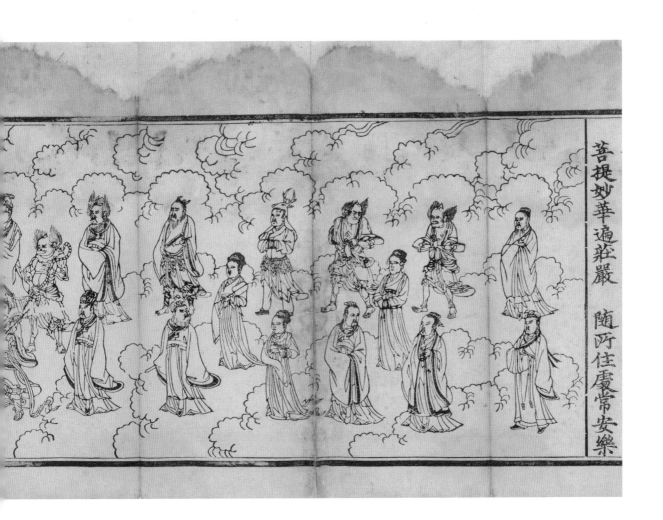

菩提妙華遍莊嚴　隨所住處常安樂

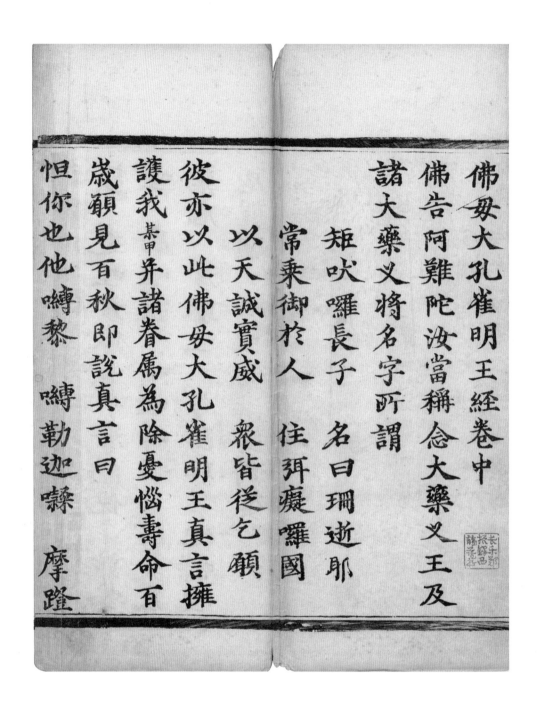

佛母大孔雀明王經三卷　〔唐〕釋不空譯

明天順七年（1463）裴瑀刻本

二冊　存二卷：中、下

經摺裝。一版五半葉，半葉五行十四字，上下雙邊。版框 29.7×15.0 厘米

佛說摩利支天菩薩經
大唐三藏沙門不空奉詔譯
大元三藏沙門法天奉詔譯
如是我聞一時薄伽梵在
室羅筏城祇多林給孤獨
園爾時世尊告諸苾芻有
大天女名摩利支有大神
通自在之力常行日月天
前日天月天不能見彼
前天月天不能見彼能
能見日無人能見無人能

高宗御讚
志心皈命禮中天竺一院大智光中
真空妙相法王師無上玄元天母
主金光爍焕日月潛輝杵旋時
鬼神失色顱靈蹤於西土衛聖駕
於南浮衆生有難若名大士尋
聲來護念大悲大願大聖大慈救苦
救難護法摩利支天菩薩摩訶薩

佛說摩利支天經藏內凡三譯惟宋朝天
息災所譯者七卷其中呪法儀軌甚多仁
宗親製聖教序以冠其首然而流通不廣
以廣流通者惟此本乃唐不空所譯其言
簡而於驗菩薩之顯力豈可得而思
議耶於藏李珏問神人稱名而免難隆祐
奉聖像致福況依佛所說誦此
經者茲今菩薩戒弟子鄭和法名福善施
財命工刊印流通其所得勝報非言可能
盡矣福善一日懷香過余請題故告以此
永樂元年歲在癸未秋八月二十又三日
僧錄司左善世沙門道衍

佛說摩利支天菩薩經一卷　〔唐〕釋不空　〔元〕釋法天譯

明永樂元年（1403）鄭和刻本

一冊

經摺裝。一版六半葉，半葉四行十三字，上下雙邊。版框 22.0×10.2 厘米

根本説一切有部毗奈耶破僧事二十卷　〔唐〕釋義淨譯

宋元間平江府磧砂延聖院刻大藏本

二册　存二卷：八、十六

經摺裝。一版五半葉，半葉六行十七字，上下單邊。版框 24.4×11.0 厘米

佛頂心觀世音大陀羅尼經一卷

明刻洪熙元年（1425）馬駿印本

一冊

經摺裝。一版六半葉，半葉五行十一字，上下單邊。版框 13.8×8.0 厘米

佛頂心觀世音菩薩大陀羅尼經三卷

明刻本

一冊 存二卷：上、中

經摺裝。一版十半葉，半葉五行十一至十三字，上下單邊。版框 8.9×4.9 厘米

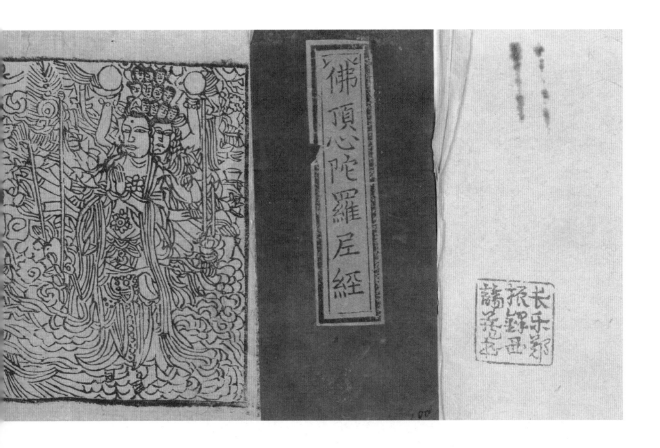

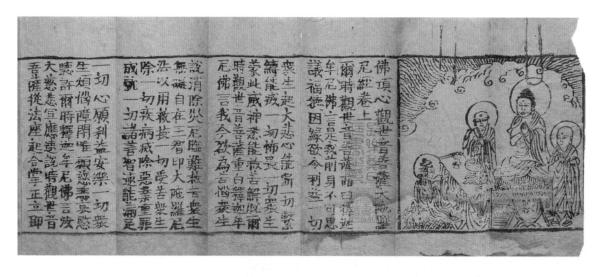

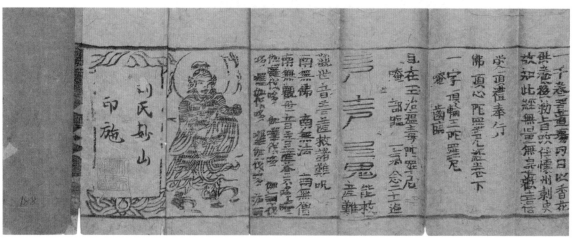

佛頂心觀世音菩薩大陀羅尼經三卷

明刻本

一册

經摺裝。一版十一半葉，半葉五行十一字，上下單邊。版框 8.1×4.3 厘米

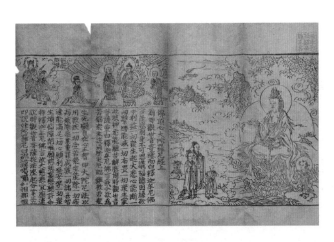

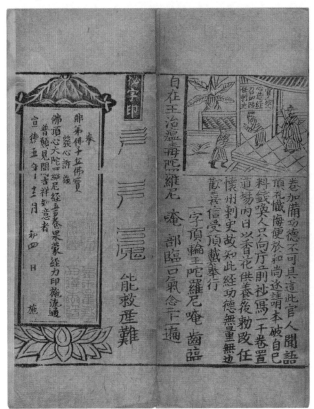

佛頂心大陀羅尼經三卷

明刻宣德五年（1430）印本

一冊

經摺裝。一版七半葉，半葉八或九行十四字，上下兩欄，上圖下文，上下單邊。版框16.1×8.3厘米

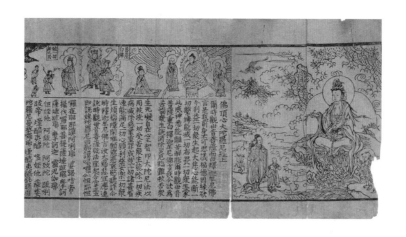

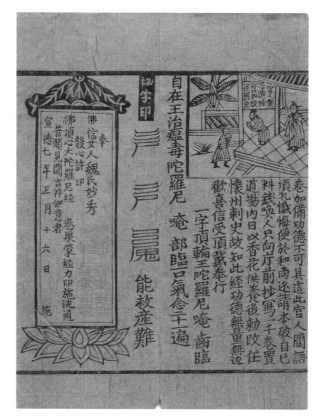

佛頂心大陀羅尼經三卷

明宣德七年（1432）魏妙秀刻本

一冊

經摺裝。一版七半葉，半葉八或九行十四或十五字，上下兩欄，上圖下文，上下單邊。版框 16.7×8.3 厘米

16066（10441）

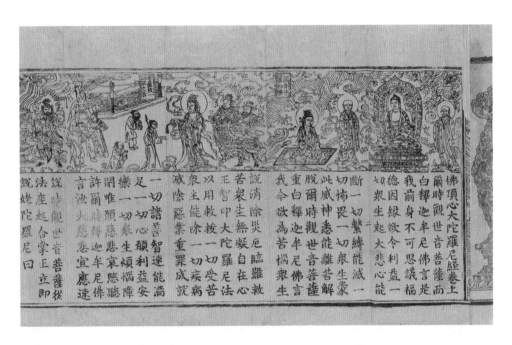

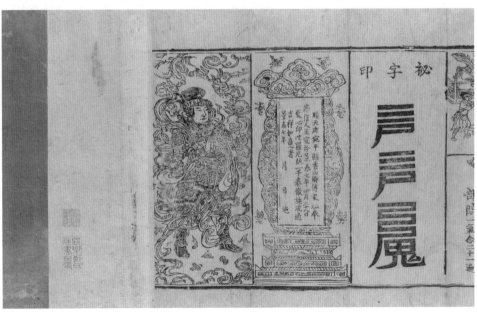

佛頂心大陀羅尼經三卷

明刻景泰七年（1455）王宣印本

一冊

經摺裝。一版七半葉，半葉六行八字，上下兩欄，上圖下文，上下雙邊。版框 21.5×9.3 厘米

16016（10428）

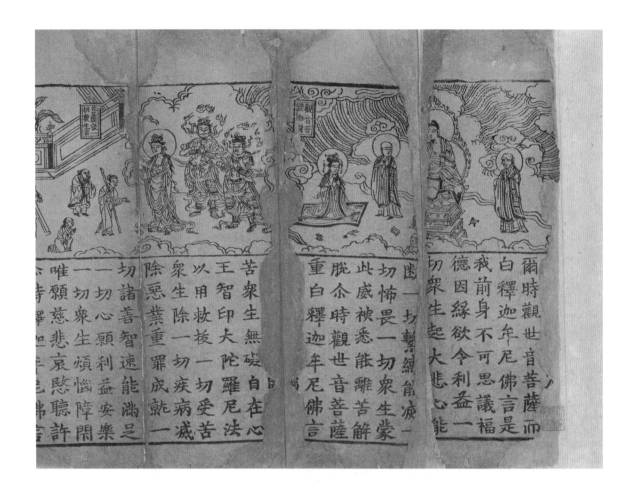

佛頂心大陀羅尼經三卷

明刻本

一册

經摺裝。一版六半葉，半葉六行八字，上下兩欄，上圖下文，上下單邊。版框 23.3×9.4 厘米

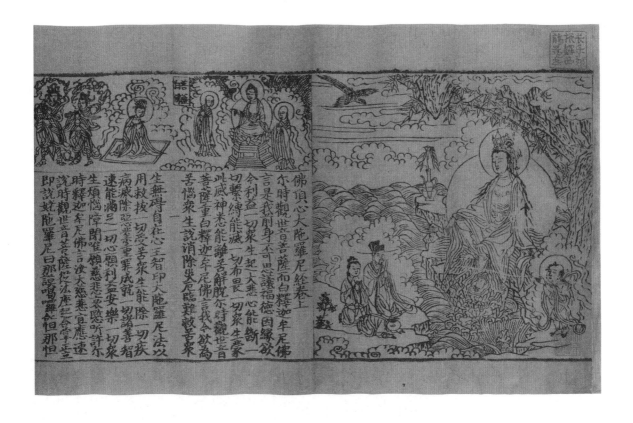

佛頂心大陀羅尼經三卷

明初刻本

一捲

經摺裝改卷軸裝。一版七半葉，半葉八行十四字或九行十四字，上下兩欄，上圖下文，上下單邊。卷長
230.5 厘米，高 16.5 厘米

16088（10397）

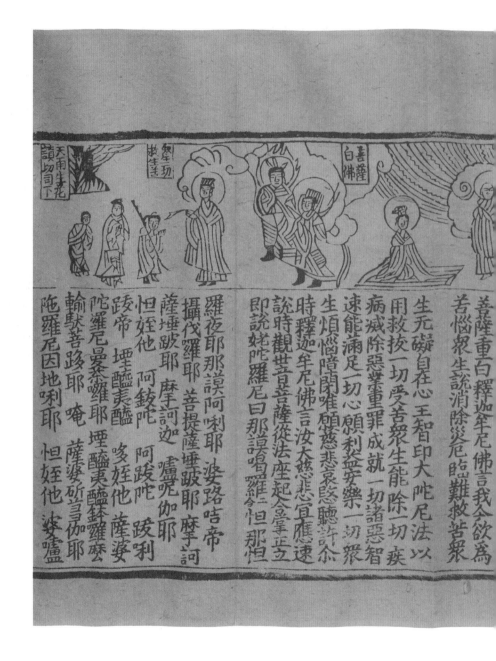

佛頂心大陀羅尼經三卷

明刻正統四年（1439）高信印本

一捲

經摺裝改卷軸裝。一版七半葉，半葉八行十四字，上下兩欄，上圖下文，四周雙邊。卷長 241.1 厘米，高 17.6 厘米

16094（10396）

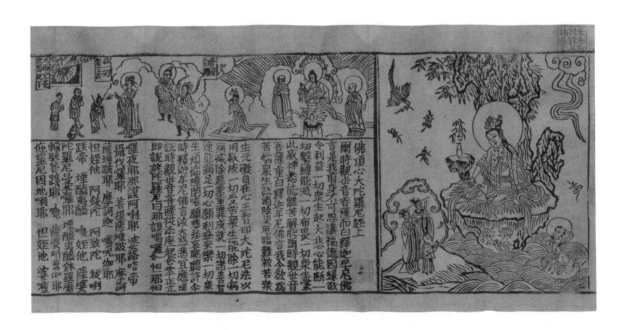

佛頂心大陀羅尼經三卷

明初刻本

一捲

經摺裝改卷軸裝。一版七半葉，半葉八行十四至十五字，上下兩欄，上圖下文。卷長 221.7 厘米，高 17.2

厘米

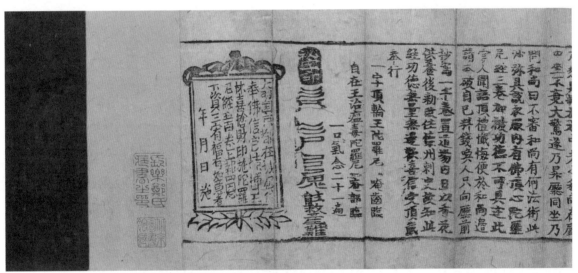

佛頂心大陀羅尼經三卷

明刻王林喜印本

一册

經摺裝。一版十一半葉，半葉五行十三字，上下單邊。版框 10.3×5.1 厘米

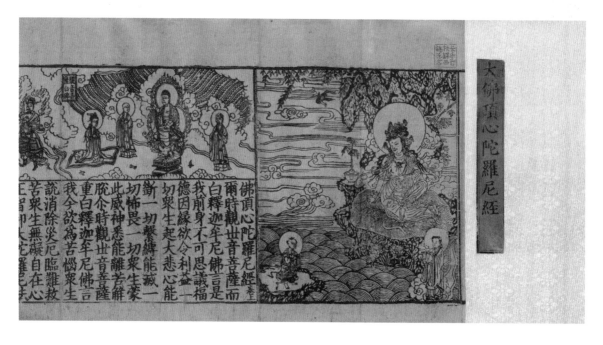

佛頂心陀羅尼經三卷

宋刻本

一捲

卷軸裝。一版六半葉，半葉六行八字，上下兩欄，上圖下文，上下單邊。卷長 637.8 厘米，高 22.4 厘米

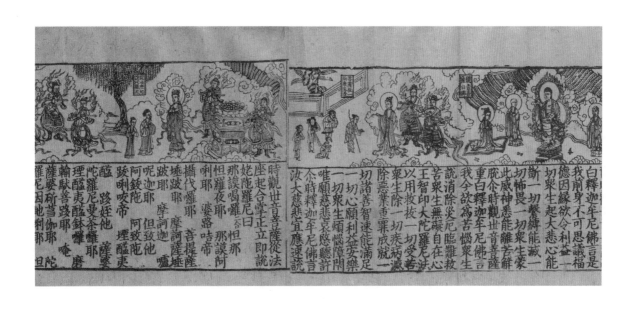

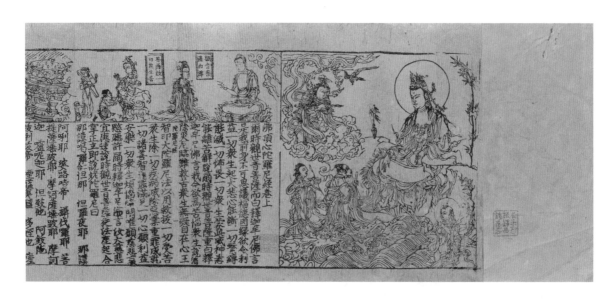

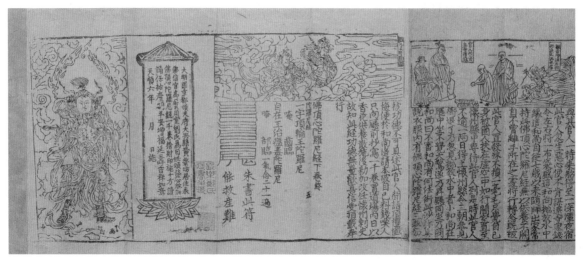

佛頂心陀羅尼經三卷

明刻天順六年（1462）高璽印本

一冊

經摺裝。一版七半葉，半葉八行十五字，上下兩欄，上圖下文，上下單邊。版框 18.5×9.0 厘米

16043（10458）

佛頂心陀羅尼經三卷

明刻本

一册

經摺裝。一版七或八半葉，半葉九行十四字，上下兩欄，上圖下文，上下雙邊。版框16.1×8.0厘米

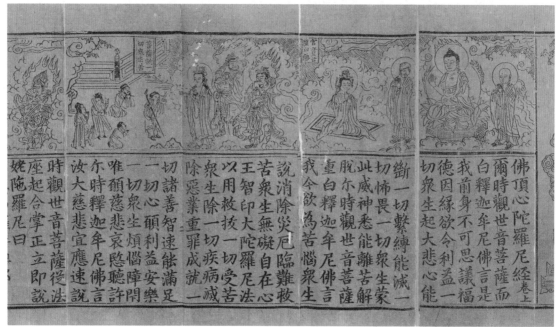

佛頂心陀羅尼經三卷

明刻本

一冊

經摺裝。一版五半葉，半葉六行八字，上下兩欄，上圖下文，上下雙邊。版框 22.1×9.5 厘米

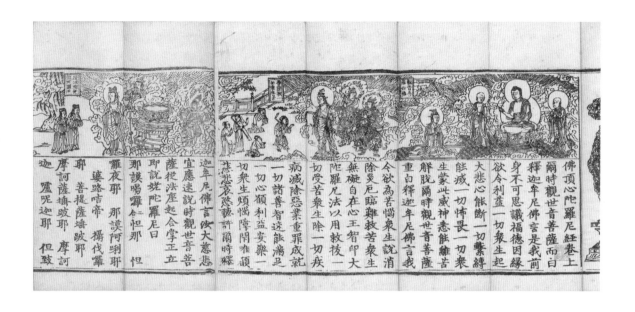

佛頂心陀羅尼經三卷

明刻本

一冊

經摺裝。一版八半葉，半葉五行九字，上下兩欄，上圖下文，上下雙邊。版框 20.4×9.5 厘米

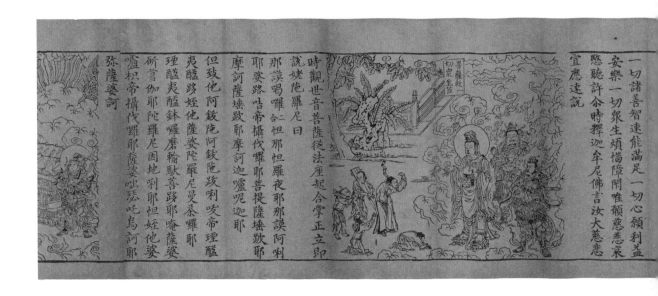

佛頂心陀羅尼經三卷

明永樂二十年（1422）王法意刻本

一捲

經摺裝改卷軸裝。一版七半葉，半葉五行十五字，上下單邊。卷長 697.9 厘米，高 15.9 厘米

佛頂心陀羅尼經卷上

爾時觀世音菩薩而白釋迦牟尼佛言

是我前身不可思議福德因緣欲令利

益一切眾生起大悲心能斷一切繫縛

能滅一切布畏與一切眾生蒙此威神慈

皇帝萬歲萬萬歲

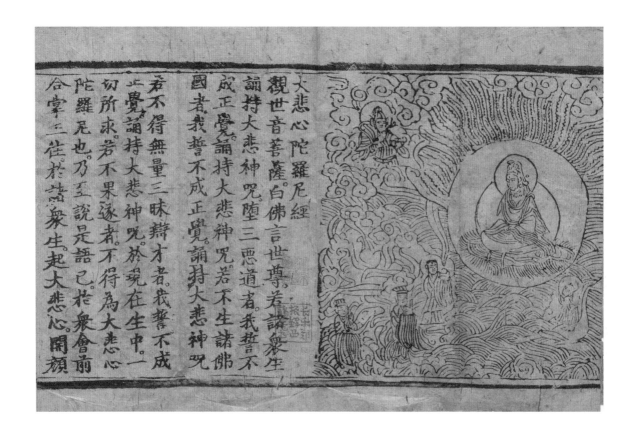

大悲心陀羅尼經一卷　〔唐〕釋不空譯

明刻天順三年（1459）王瑄印本

一冊（與 16050 白衣大悲五印心陀羅尼經合一冊）

經摺裝。一版七半葉，半葉五行十四字，小字行字不等，上下雙邊。版框 18.4×8.1 厘米

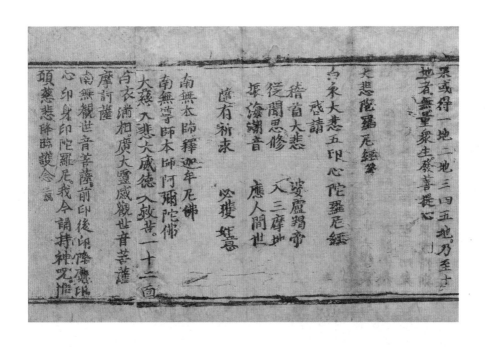

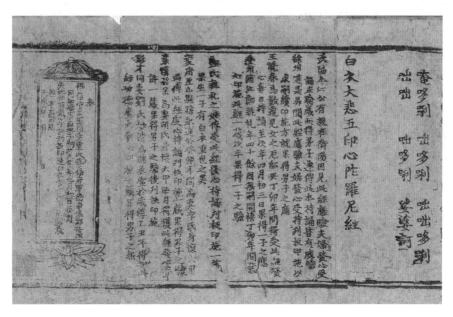

白衣大悲五印心陀羅尼經一卷

明刻天順三年（1459）王瑄印本

一冊（與16049大悲心陀羅尼經合一冊）

經摺裝。一版七半葉，半葉五行十四字，上下雙邊。版框18.4×8.1厘米

白衣大悲五印心陀羅尼經

淨口業眞言

修唎修唎　摩訶修唎　修修唎

薩婆訶

安土地眞言

南無三滿多没馱喃唵度嚕度嚕地

尾娑婆訶

開經偈

無量甚深微妙法　百千萬劫難得開

我今見聞得受持　願解如來眞實義

稽首大悲　婆盧羯帝

入三摩地　振海潮音　應人間世

隨有若求　必獲如意

南無本師釋迦牟尼佛

南無本師阿彌陀佛

南無□□□□□□□□□

□□□□□□□□□耶　南無阿

白衣大悲五印心陀羅尼經一卷

明刻天順三年（1459）王瑄印本

一冊　殘葉

經摺裝。半葉五行十五字，上下單邊。版框 16.5×7.5 厘米

大悲心陀羅尼經一卷 〔唐〕釋不空譯 白衣大悲五印心陀羅尼經一卷

明刻本

一捲

經摺裝改卷軸裝。一版七半葉，半葉五行十四字，小字單行不等，上下雙邊。卷長 313 厘米，高 17.5 厘米

16092（10398）

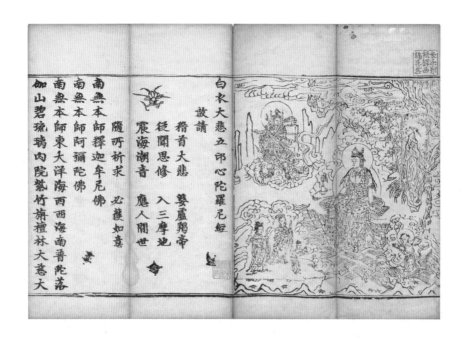

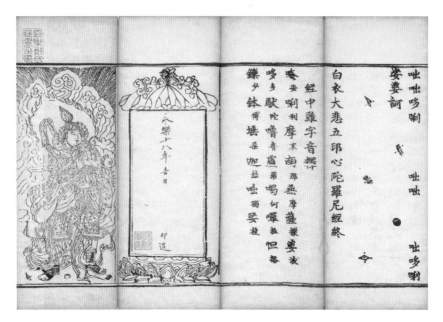

白衣大悲五印心陀羅尼經一卷

明刻本

一册

經摺裝。一版七半葉，半葉五行十五字，上下雙邊。版框18.8×9.0厘米

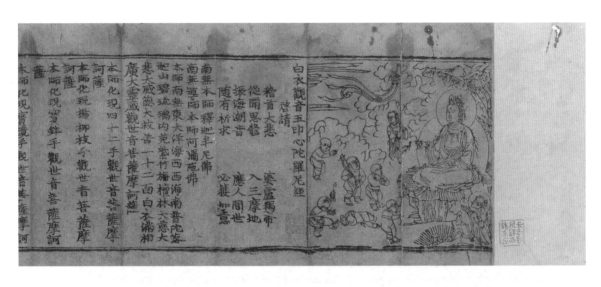

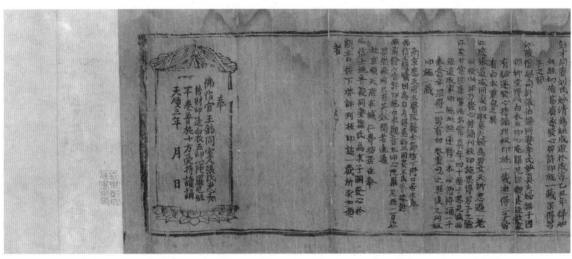

白衣觀音五印心陀羅尼經一卷

明天順三年（1459）王銘、張惠秀印本

一冊

經摺裝。一版六半葉，半葉六行十五字，上下雙邊。版框 16.4×8.1 厘米

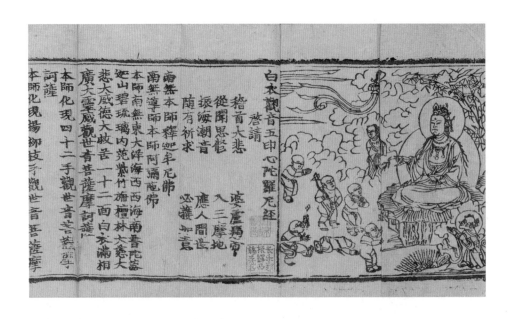

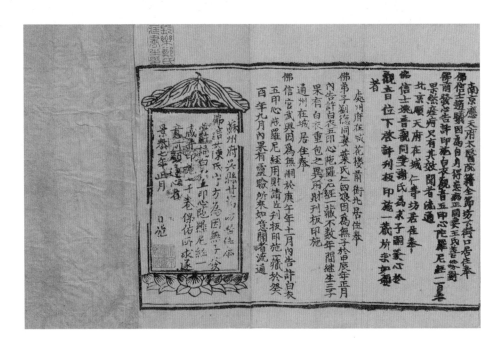

白衣觀音五印心陀羅尼經一卷

明景泰七年（1456）陳守方印本

一冊

經摺裝。一版六半葉，半葉六行十四或十五字，上下雙邊。版框 16.6×8.1 厘米

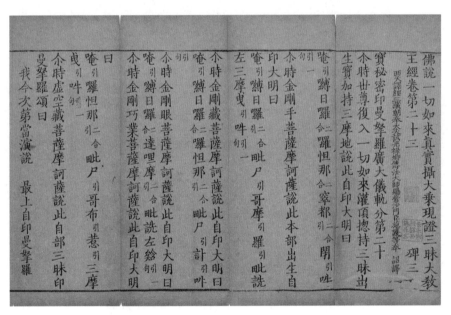

佛説一切如來真實攝大乘現證三昧大教王經三十卷　〔宋〕釋施護譯

元延祐二年（1315）平江路磧砂延聖院刻大藏本

一册　存一卷：二十三

經摺裝。一版五半葉，半葉六行十七字，上下單邊。版框 24.2×11.2 厘米

次說此中法印次第所謂

薩　　　羅

誡　　　娑
羅　　　帝引
計引　　賀引
達　　　帝引
係引　　婆引
葛
藥　薩
　　舉

所有此部諸羯磨印如教次第隨處安布

佛說一切如來真實攝大乘現證三昧大教
王經卷第二十三　　十三末　　碑三

平江路磧砂寺大藏經局伏藏
妙明圓照普濟大禪師本路嘉定州大報國圓通寺住持比丘　呂丁伏觀本寺引雕
一大藏經夜勝事畢念
求實妙勝緣十生難過夙何善種合牟豊達由是發心花中經秒畫伯定助緣勸願德恭
回恩浄三有法界有情同霑利益
延祐二年歲在乙卯八月

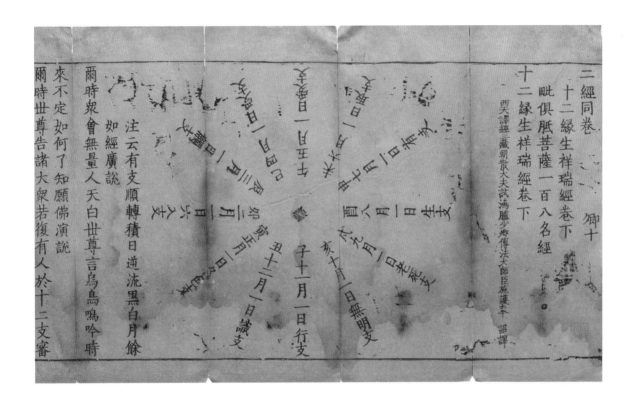

十二緣生祥瑞經卷下　〔宋〕釋施護譯　　毗俱胝菩薩一百八名經　〔宋〕釋法天譯

宋平江府磧砂延聖院刻大藏本

一册

經摺裝。一版五半葉，半葉六行十七字，上下單邊。版框 24.3×11.2 厘米

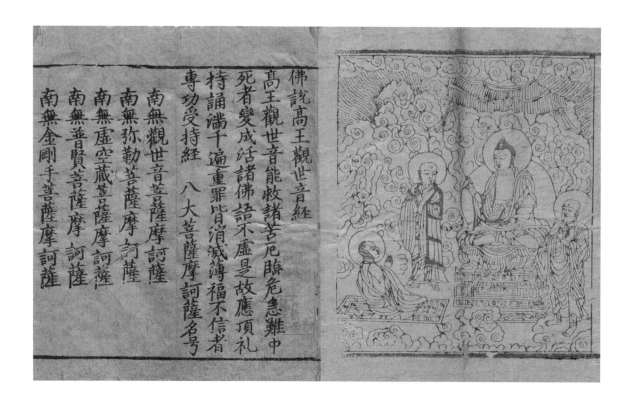

佛説高王觀世音經一卷

明刻本

一册

經摺裝。一版七半葉，半葉五行十五字，上下單邊。版框 16.3×8.2 厘米

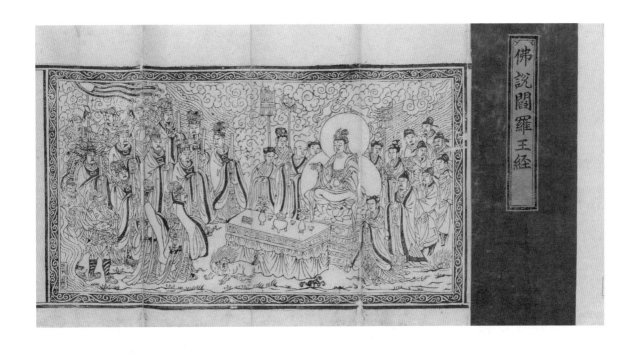

佛説閻羅王經

佛説閻羅王經　并序

大唐西京馬行仙只生一男立名弘
敬年至十九粗辯東西惟崇三寶每
日喫食之時先呼賢聖土地然始可
食景隆二年五月一日午時忽尒亡

亡三日之間心上微暖家人未敢殯
理追領使人引見所司主司謂曰汝
非西京安定坊馬弘敬否遂言是否
主司陰相謂曰然此人雖年幼有欽
賢慕聖之念至扵飲食之時皆蒙呼
幻心常樂善善每遇寅朝念苦觀世
審此人作何功德弘敬對曰然雖愚
召諸王幽鑒可放還王復問曰儻得放
音菩薩一百遍敬拜而咨曰儻得延壽
寧未放廻能與我等書寫流傳閻羅
王經一卷否弘敬歎曰如此道念
廻千卷可矣諸王處分追領使人引
還魂魄冥寞之間勿令迷路玟名延壽
可至九十魂魄既還欵然驚聞遍傳京國
依經本抄寫印造千卷普勸受持
佛説預修十王生七經
喜慶閻境稱揚其録奏聞遍傳京國
佛説諷閻羅王授記四衆預修生七往
經擔勸有緣以五會啓經入讚念
阿彌陁佛
　　　　成都府大聖慈寺沙門　藏川述讚
如來臨般涅盤時　　讚曰
生淨土經　　廣召天靈及地祇

佛説閻羅王經一卷

明刻本

一冊

經摺裝。一版五半葉，半葉五行十四字，上下雙邊。版框 23.5×11.1 厘米

16022（10411）

審此人作何功德弘教對曰自然鮮墮
初心常樂善每遇寅朝念救苦觀世
音菩薩一百遍諸王冀曰如此道念
寧末放廻能與我等書寫傳閻羅
王經一卷吞矢諸王處分追領使人引
廻千卷可矢諸王處分追領使人引
還覩冥宴之間勿令迷路改名延壽
可至九十魂既還欻然驚覺一家
喜慶閭境稱揚具錄奏聞遍傳京國
依經本抄寫即造千卷普勤受持

佛說預修十王生七經

謹啟諷閻羅王預修生七往生淨土
經控勤有緣以五會啟經入讚念
阿彌陀佛　　　成都府大聖慈寺沙門　藏川　述讚

佛說閻羅王授記四眾預修生七往
生淨土經

如來臨般涅盤時　廣召天靈及地祇
因為琰魔王授記　乃傳生七預修儀
如是我聞一時佛在鳩只那城阿難

讚曰

跋提河邊娑羅雙樹間臨般涅盤時
舉身放光普照大眾及諸菩薩摩訶
薩天龍神王天王帝釋四天大王大
梵天王阿脩羅王諸大國王閻羅天
子太山府君司命五道大神地
獄官典悉來集會敬礼世尊合掌而
立

讚曰

時佛舒光滿大千　普薦龍鬼會人天
釋梵諸天真察眾　咸來稽首世尊前
佛告諸大眾閻羅天子於未來世當
得作佛名曰普賢王如來十號具足

一落冥間諸地獄　喧宣受苦不知年
尓時琰魔法王歡喜踊躍頂礼佛足
退坐一面佛言此經名為閻羅王授
記四眾預修生七往生淨土經汝當
奉持流傳國界依教奉行

讚曰

閻王退坐一心聽　佛更慇勤囑此經
修生七教汝焦四眾廣流行
羅王授記四眾預修生七往

經普勸有緣預修功德領心
　　　　　息輪迴

一身尼脆似風燈　二鼠侵欺齒井藤
苦海不修舡後渡　欲憑何物得超昇
弟二歸佛修心讚

讚曰

舡橋不造此人癡　達汲悃惶君始知
若信百年彈指過　修齋聽法莫教遲

佛說十王預修生七經

釋音

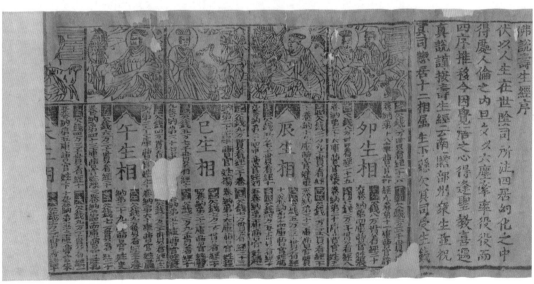

佛説壽生經一卷

明刻本

一捲

卷軸裝。半葉行字不等，上下單邊。卷長 74.0 厘米，高 20.5 厘米

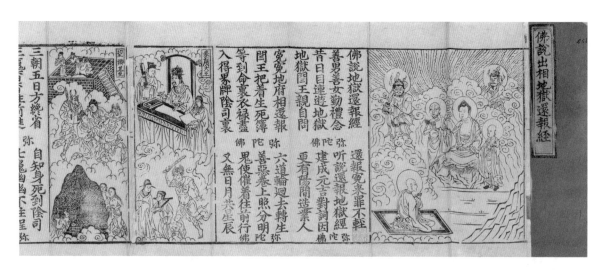

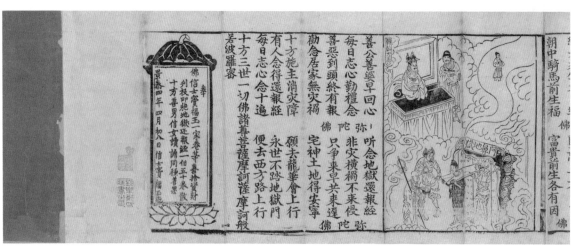

佛説地獄還報經一卷

明景泰四年（1453）寶福玉刻本

一册

經摺裝。一版五半葉，半葉四行十六字，上下單邊。版框 19.9×8.7 厘米

佛說觀世音菩薩救苦經
南無救苦難觀世音菩薩百
千萬億佛恒河沙數佛無量
功德佛告阿難言此經大
聖能救獄囚餘救重病餘救
百難苦若有人讀誦一千遍
一身離苦難讀誦一萬遍闔
家離苦難南無佛力威南無
佛力護護此無惡心令人身
得度迴光菩薩慧善菩薩阿
育大天王正殿菩薩摩休摩
休清淨比丘官事得散私事
得休諸大菩薩五百羅漢救
護弟子悉皆離苦難自然觀
世音瓔珞不湏解勤讀千萬
遍枷鎖自然得解脫信受奉
行 即說咒曰
金婆金婆諦求訶求訶諦陀羅

佛説觀世音菩薩救苦經一卷佛説金剛神咒一卷

明萬曆四十七年（1619）內府刻本

一册

經摺裝。一版七半葉，半葉四行十一字，上下雙邊。版框 18.7×8.8 厘米

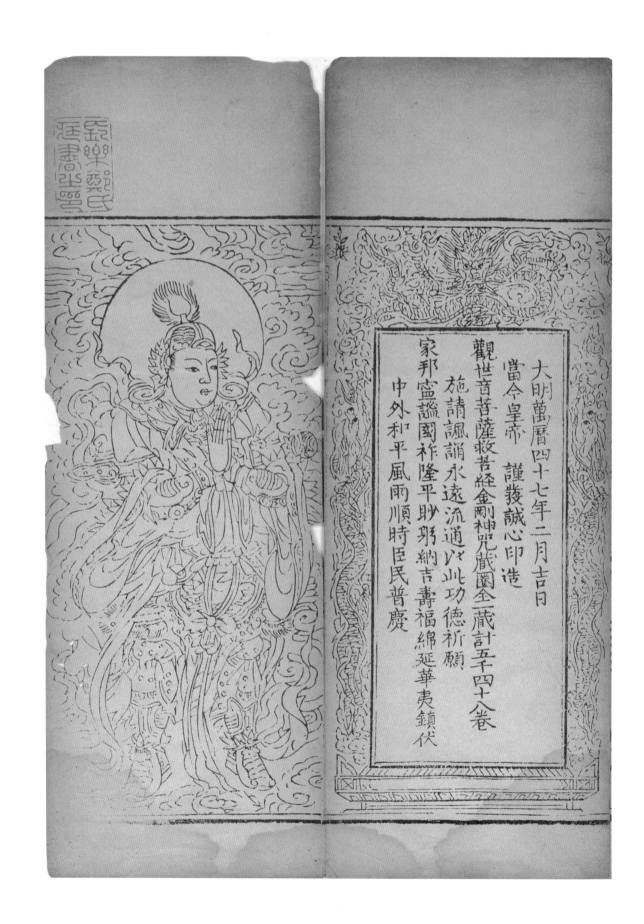

大明萬曆四十七年二月吉日
當今皇帝 謹發誠心印造
觀世音菩薩救苦經金剛神咒藏圍全一藏計五千四十八卷
施請諷誦永遠流通以此功德祈願
家邦寧謐國祚隆平聖躬納吉壽福綿延華夷鎮伏
中外和平風雨順時臣民普慶

觀世音菩薩救諸難咒一卷

明刻景泰三年（1452）印本

一冊

經摺裝。一版六半葉，半葉八行十七字，上下雙邊。版框 17.3×7.6 厘米

無佛力護護此無惡心令人身得度迴

光菩薩慧菩菩薩訶育大天王正發菩

薩摩休摩休清淨比丘官事得散私事

得休諸大菩薩五百羅漢救護弟子戀

皆離苦難自然觀世音瓔珞不湏解勤

讀千萬遍枷鎖自然得解脫信受奉行。

佛說觀世音菩薩救苦經終

尼訶羅諦　菩提薩訶

金婆金婆諦　陀羅尼諦

即說呪曰

今將此呪法式來緣功德略具五條

初引呪序　　二持呪法則

三取呪來緣　四正述經呪

五流通功德

佛頂尊勝神呪序

夫尊勝呪者一切如來灌頂之心印三

藏教法秘密之總持證菩提速疾之輪。

脫苦海吉祥之筏解寃滅罪之妙行增

福益壽之良杵恩沾幽頭刑及含靈神

佛説觀世音菩薩救苦經一卷佛頂尊勝總持經咒一卷

明刻本

一册

經摺裝。一版七半葉，半葉四行十五字，上下雙邊。版框 15.8×7.6 厘米

佛說觀世音菩薩救苦經

南無救苦難觀世音菩薩百千萬億佛。

恒河沙數佛無量功德佛善高難言此

皇帝萬歲萬萬歲

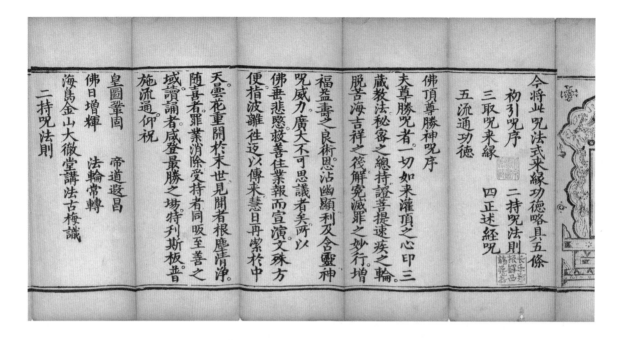

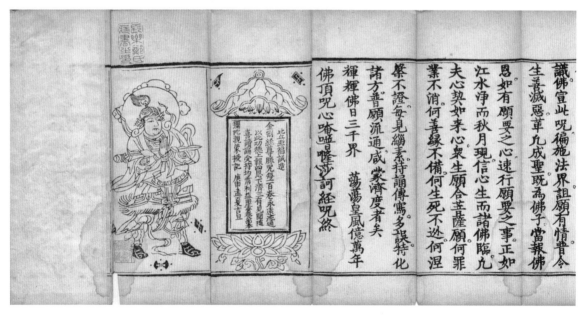

佛頂尊勝神咒一卷

明刻本

一冊

經摺裝。一版五半葉，半葉四行十五字，上下雙邊。版框 15.4×7.6 厘米

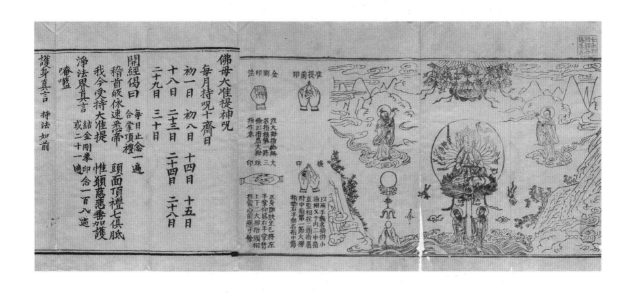

佛母大准提神咒一卷

明刻本

一册

經摺裝。一版四半葉，半葉五行十八字，上下雙邊。版框 22.0×10.0 厘米

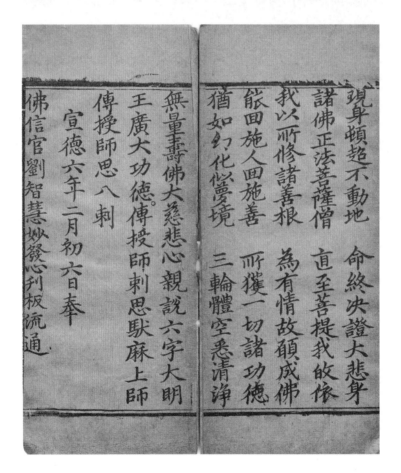

聖觀自在求修六字禪定經一卷

明宣德六年（1431）劉智刻本

一冊

經摺裝。一版七半葉，半葉五行十四字，上下雙邊。版框 17.0×9.3 厘米

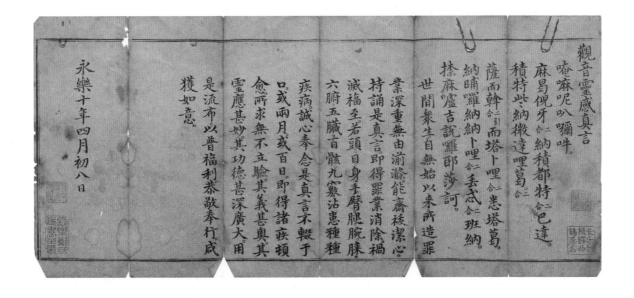

觀音靈感真言
嗆嘛呢叭彌吽。

麻昌俔牙(合二)納積都特(合二)巴達。
積特些納微達哩葛(合二)。

薩而斡(合二引)而塔卜哩(合二)悉塔葛。
納晡囉納納卜哩(合二)丟忐(合二)班納。
捺麻嚧吉說囉郎莎訶。

世間眾生自無始以來所造罪
業深重無由消滌能齋祓潔心。
持誦是真言即得罪業消除禍
滅福至若頭目身手臂腿腕膝。
六腑五臟百骸九竅沾患種種

疾病誠心奉念是真言不輟于
口或兩月或百日即得諸疾頓
愈所求無不立驗其義甚奧其
靈應甚妙其功德甚深廣大用

是流布以普福利恭敬奉行咸
獲如意。

永樂十年四月初八日

觀音靈感真言一卷

明永樂十年（1412）刻本

一冊

經摺裝。一版六半葉，半葉四行十四字，上下雙邊。版框 16.9×7.3 厘米

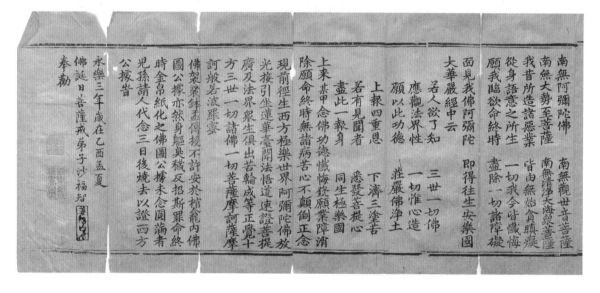

勸念佛誦經西方淨土公據一卷

明永樂三年（1405）刻本

一冊

經摺裝。一版八半葉，半葉五行十五字，上下單邊或雙邊。版框 18.9×8.5 厘米

西方公據者宋學士蘇東坡南行日常帶
彌陀像一軸人或問之則曰此吾西方之
公據也後臨終時儵然坐脱乃徑山琳禪
師與其同生丙子撫其背曰端明西方之
就正好着力公曰着力即差矣言而逝
信夫念佛修行不俟人也今設此啚因緣
普勸受持今設此圖共五千四十八眼合
為一藏念南無阿彌陀佛一聲填一眼填
滿此圖平生便有一藏百藏之佛或念十聲百
聲填一眼則有十藏百藏之佛或念千聲
萬聲填一眼則有千藏萬藏之佛其功德
甚深而不可思議也在家菩薩或彼工夫
有無不定多少隨心而念不以數多而不
念不以數少而應無功經云若人念佛一
聲勝四天下七寶供佛及阿羅莫又能滅
八十億劫生死之罪是以念佛之功勝前
七寶之福而滅罪無邊豈可量也奉勸十
方同道念佛高流善男信女發心受持圖
滿收執爲百年報滿往生西方之公據也

念佛往生西方公據一卷

明刻本

一冊

經摺裝。一版五半葉，半葉五行十六字，上下單邊。版框 22.1×9.7 厘米

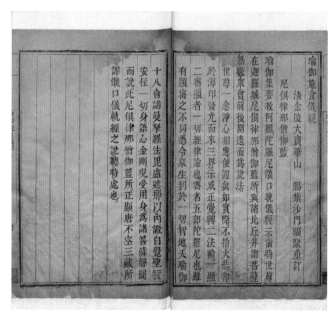

瑜伽施食儀觀不分卷　〔清〕釋福聚重訂

清乾隆六年（1741）釋福聚刻本

四冊

半葉十行二十字，白口，四周雙邊。版框 22.7×15.6 厘米

千手千眼觀世音菩薩廣大圓滿無礙

大悲心懺

修建 大悲壇法當於南面奉安
釋迦如來尊像正西向東奉安于
手眼觀世音菩薩尊像如無斯像或

四十手或六手四手或但是觀音像
俱可以香泥塗地務極嚴潔然須於
首日未禮敬前先行結界其結界法
或取刀咒畫地爲界或取淨水咒散
著四方爲界或取白芥子咒擲著四

方爲界或取淨灰咒爲界或取五色
線咒圍繞四邊爲界咒俱誦廿一遍
或以想到處爲界俱得既結界已懸
旛燃燈香花飲食必盡力供養香必
檀速勿用肆中所造恐非真香及不

潔淨也其供養具或力不能辦初日
必須先課已資以伸傾竭行者十人
已還當西向席地地若甲濕置低脚

千手千眼觀世音菩薩廣大圓滿無礙大悲心懺一卷禮拜觀想偈略釋一卷　〔明〕釋智旭撰

清康熙二十一年（1682）明珠妻覺羅氏刻本

一冊

經摺裝。一版五半葉，半葉五行十五字，上下雙邊。版框 26.4×12.1 厘米

伏以

綠雲来去青山改華寂之觀寶月虧圓碧漢分晦明之象誠歸

覺聖恩啓靈暉即有

南贍部洲

大清國愍忠寺東

釋迦如来遺教諷經沙門明學

今為奉

佛諷經祈薦修齋

修建諷經施食祈薦冥福莊嚴九蓮上品道場文意不分卷

清康熙四十七年（1708）抄本

一冊

半葉行字不等，無欄格

天脈分流同潤銀潢之澤聖心私鑒魯承

玉殿之恩體躬行於邊讀之餘盡愉色於家庭之內

方冀慰懷於秋實豈期遽萎於寒霜

在日享年三十歲

原命辛未相二月十二日寅時生

而謂蓁松桂之晚香游心空寂痛芝蘭之早謝

灑淚沈寥未參南郭之仰嗟應等西河之索慶

天齡已定數滿無移不期大限於

右洎合府眷等

即日焚香恭叩

金碧光中大覺

玉毫影裡能仁 咸舒

慧目俯鑒葵誠意者伏念

易泰法名志德尊靈

鳳齡志學長日克家文史涵濡儀聱容於戴禮

性靈穎發明空色於梵書

悲父波以那

孝弟孚鷟 寂 壽 福 納

孝男寧合

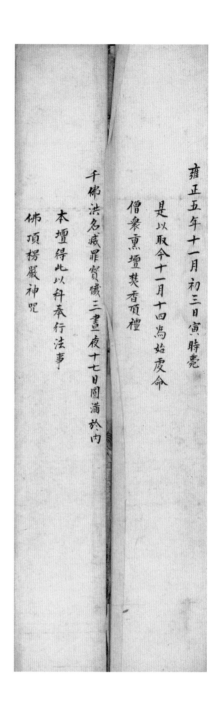

雍正五年十一月初三日寅時薨

是以取今十一月十四爲始庚命

僧衆熏壇焚香頂禮

千佛洪名戚罪寶懺三晝夜十七日圓滿於内

本壇得此以科奉行法事

佛頂楞嚴神咒

南瞻部洲

大清國西域大雲君寺　東

教礼懺沙門明廣

今爲奉

佛修齋孝男寧合

［道場文意］不分卷

清雍正五年（1727）抄本

一册

半葉行字不等，無欄格

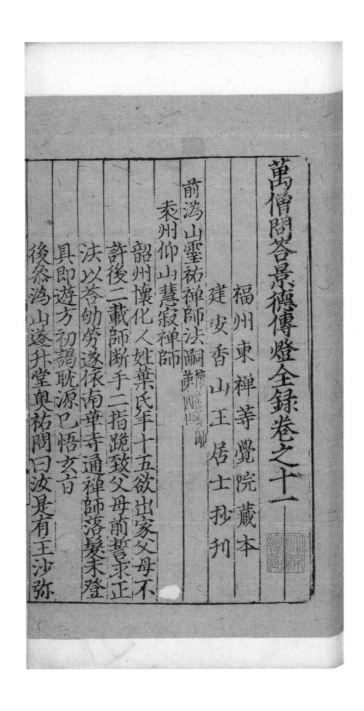

萬僧問答景德傳燈全錄三十卷　〔宋〕釋道原撰

元刻本

一册　存二卷：十一至十二

半葉十一行二十一字，細黑口，左右雙邊。版框 17.7×11.8 厘米

西方合論十卷　〔明〕袁宏道撰

明萬曆三十一年（1603）刻本

四冊

半葉八行十八字，白口，四周單邊。版框20.4×12.9厘米

金屑一撮

本分事絶羅籠。不貪香餌味。可謂碧潭龍。澄潭不
礙蛟龍舞。挂角羚羊不見蹤。月挂寒空闊。巖高鳥
不栖。觀瀑無聲處。捫空有色時。花開碧岫。山糊面。
月映寒潭。水畫眉。荷盡已無擎雨蓋。菊殘猶有傲
霜枝。
明眼漢。無窺臼。內外追尋覓。總無境上施爲渾大
有。巨浪湧千尋。澄波不離水。直透萬重關。莫住青
霄裏。殘夢五更鐘。落花三月雨。一道神光萬境閒。

金屑一撮一卷

清刻本

一冊

半葉九行十九字，白口，四周雙邊，無直格。版框 20.3×14.7 厘米

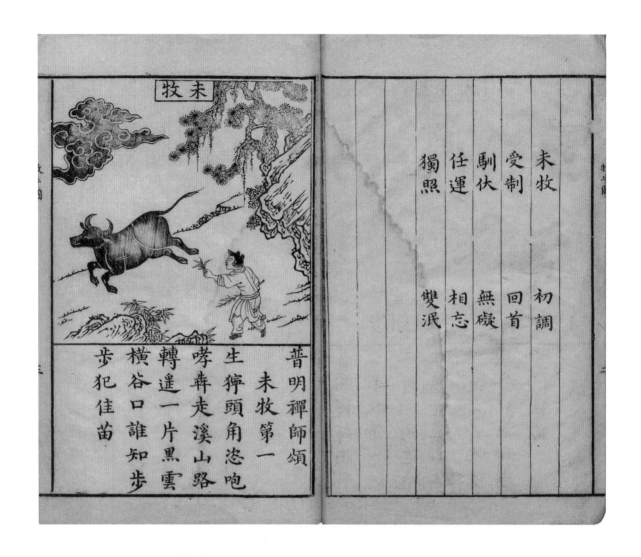

未牧

受制　　回首

馴伏　　無礙

任運　　相忘

獨照　　雙泯

初調

普明禪師頌

未牧第一

生獰頭角恣咆

哮莽走溪山路

轉遝一片黑雲

橫谷口誰知步

步犯佳苗

牧牛圖頌一卷　〔明〕釋普明撰

明萬曆三十七年（1609）釋袾宏刻本

一冊

半葉九行十八字，白口，左右雙邊。版框 23.2×15.7 厘米

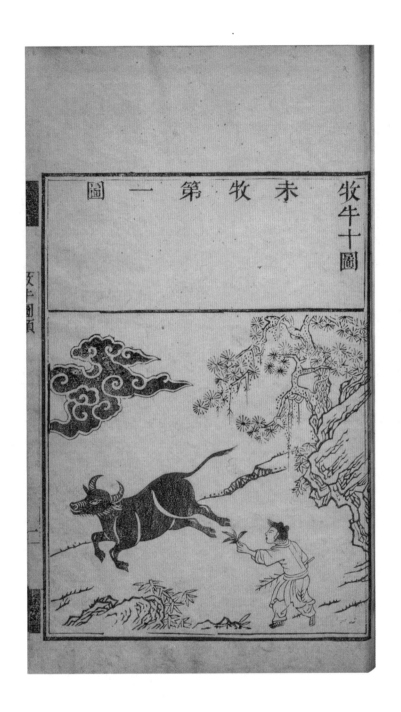

牧牛圖頌一卷又十頌一卷　〔明〕釋普明撰　〔清〕釋超格等和

清乾隆四十九年（1784）刻本

一册

半葉十行二十字，黑口，四周雙邊。版框 20.5×15.6 厘米

牧牛圖頌

牧牛十頌

古杭南磵夢菴超格輯

　未牧第一頌

生獰頭角恣咆哮　犇走溪山路轉遙　一片黑雲橫谷
口誰知步步犯佳苗
　　普明原唱

水雲渺渺亂聲哮　密密尋踪路更遙　盡夜風霜不知
處　恐伊相犯別家苗
　　磐山修次韻

走遍天涯遙意哮　穿雲涉水路迢遙　多年一片閒田
地蹀踏堪憐損稼苗
　　箬菴問

水草溪邊縱意哮　鼻頭無繫去迢遙　誰知宇宙皆王
　　玉林琇

湘之南潭之北頭角分明東觸西觸
　　山茨際

化亂踏雲山犯稼苗
　　金臺迦陵性音續輯

空濛一片羨丹丘何處天牛晚未收染得渾身都是
　　牧雲門

黑牧人追逐氣難覤
　　聞谷印

信足奔馳不憚勞東西南北路迢遙只貪荔草平田
　　雪嶠輪居士

澗忘却家鄉有異苗
　　嚴輔輪居士

雲山堆裏一聲哮頭角宛然家信遙滿地閒花都踏

遍那知異草并艮苗

乾隆四十九年佛誕日　戒臺寺了彙重刊

水陸道場圖像不分卷

明刻本

一册

版框 25.7×17.1 厘米

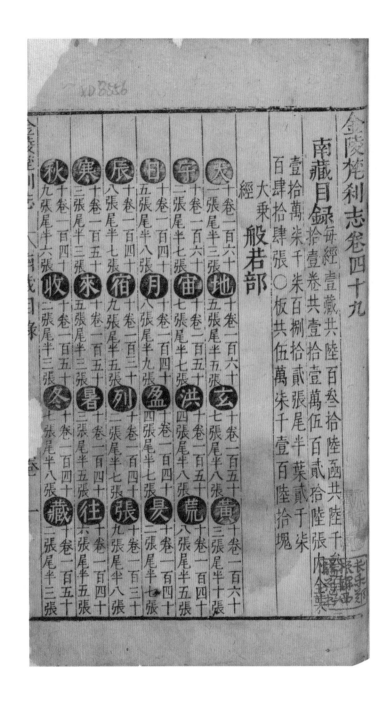

金陵梵刹志五十三卷　〔明〕葛寅亮撰

明萬曆刻本

一册　存一卷：四十九

半葉十行二十二字，小字雙行同，白口，四周單邊。版框 22.0×15.3 厘米

此龔橙孝拱手鈔本也龔橙藏書散出近人多
得之予嘗獲其手寫書目以本以千金得
於友人陳君殊珍視之龔藏嘉興藏原書
今尚在人間予亦獲觀之　紉秋

第一箱　三大部　十卷
第二箱　重翠八攷　洞舍
第三箱　群經　大乘論　小乘論
第四箱　小乘論　撰述
第五箱　此土著述
第六箱　此土撰述　來一藏
第七箱　來一藏
第八箱　用入藏

算沙室全藏目録不分卷

清龔橙抄本　鄭振鐸跋

四冊

半葉八行字不等，紅格

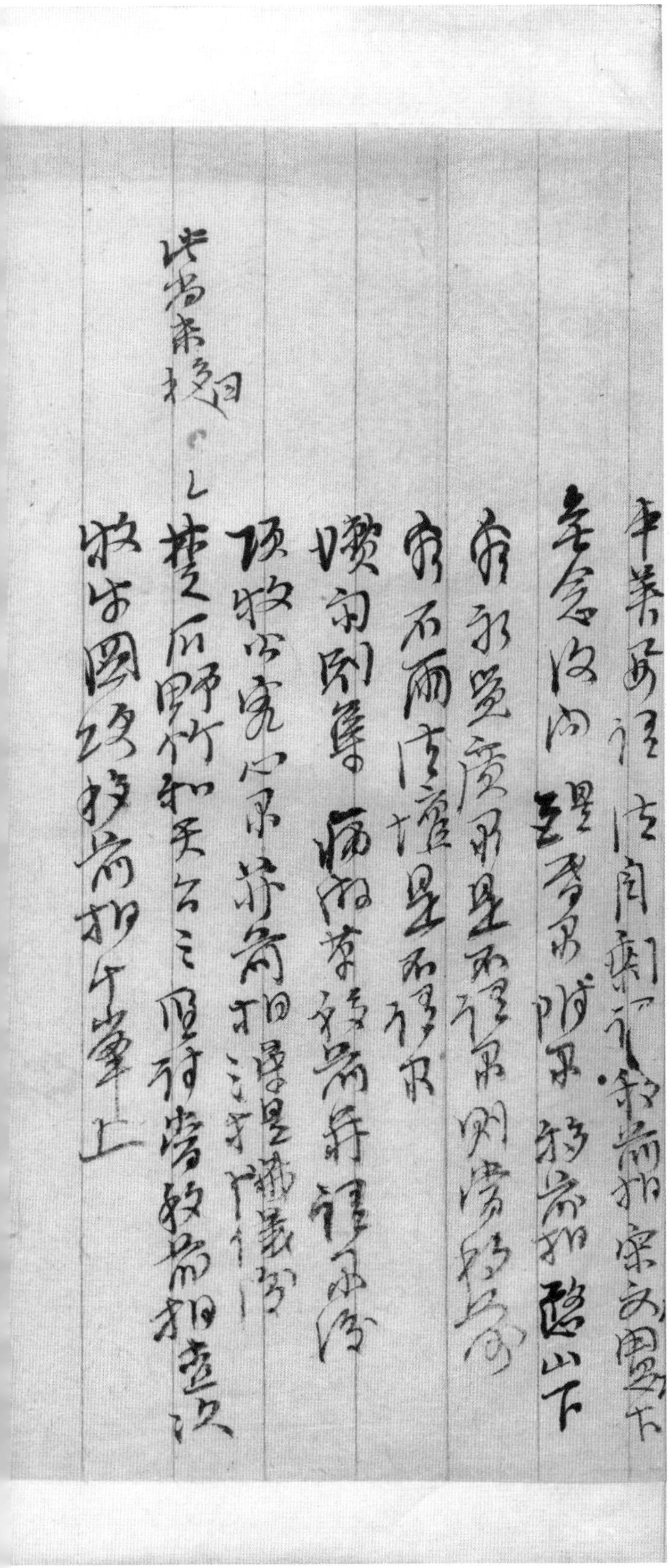

閱藏知津總目卷第二

北天目沙門釋智旭　編次

○方等密咒部又二一經。二儀軌

○一密咒經

◎大佛頂如來密因修證了義諸菩薩萬行首楞嚴經　卷十　羔

○佛說一切如來真實攝大乘現證三昧大教王經　三十卷。南作十九　南如松　卷。北作十七卷　北盛川

金剛頂一切如來真實攝大乘現證大教王經

閱藏知津四十四卷總目四卷　〔明〕釋智旭撰

清康熙元年（1622）夏之鼎等施刻本

十一册　存四十四卷：一至四十、總目四卷

半葉九行二十字，小字雙行同，白口，四周單邊。版框 21.6×14.9 厘米

子

老子口義發題

解者曰暮過之也

案若研究推尋得其初意真所謂千載而下知其

言之所以未免有所貶議也此從來一宗未了欵

諸儒亦未嘗不與之但以其借諭之語皆爲指實

曰晉宋人多說莊老未足盡莊老實處然則前輩

導謝安何曾得老子妙處又曰伯夷微似老子又

論也朱文公亦曰漢文帝曹參以得老子皮膚王

曰老氏五千言如我無事我好靜我有三寶皆至

時有太過耳伊川曰老氏谷神一章最佳胡文定

老子卷一

道可道章第一

宋福清　鬳齋　林希逸　註

明同邑　後學　施觀民　校

道可道非常道名可名非常名無名天地之始有名萬物

之母常無欲以觀其妙常有欲以觀其徼此兩者同出而

異名同謂之玄玄之又玄衆妙之門

此章居一書之首一書之大旨皆於此其意蓋以爲

道本不容言繞有言皆是第二義常者不變不易之

謂也可道可名則有變有易不可以爲常不可以爲

易有仁義禮智之名則仁者不可以爲義禮智之名則

爲智有春夏秋冬之名則春者不可以爲夏秋冬之

以爲冬是則非常道非常名矣天地之始太極未分之

鬳齋三子口義二十一卷　〔宋〕林希逸撰

明萬曆二年（1574）施觀民刻本

八冊

半葉十行二十二字，小字雙行同，白口，左右雙邊。版框 19.5×13.8 厘米

莊子曰有始也者無名天
也者有未始有夫未始有始也者玄之又玄也
者有名萬物之母也玄也有之也
有未始有夫未始有無也者玄之又玄也
抱朴子曰道者涵乾括坤其本無名論其無則影響猶
為有論其有則萬物猶為無隸首不能計其多少
離朱不能察其髣髴矣札晉野竭聰不能尋其音聲乎
窈寞之內綢繆猗猗疾走不能迹其延肤乎宇宙之外
老子曰玄為天地根此孔子曰神以妙萬物則知天地萬
物不足以盡道尋根與神合於無有道曰大道

老解

上篇

道可章第一

豫章郭子章集解

東粵謝正蒙校正

道可道非常道名可名非常名無名天地之始有名萬物
之母故常無欲以觀其妙常有欲以觀此兩者同出
而異名同謂之玄玄之又玄眾妙之門物之盡慶也晏子
曰玄者德之歸列子曰妙者德之徼皆指盡慶而言妙與
微玄也并妙與微無之玄之又玄也

道不可道道而可道非常

道則不可道矣名不

老解二卷　〔明〕郭子章撰

清初抄本

二冊

半葉十行二十二字，藍格，白口，四周雙邊。版框 23.0×16.0 厘米

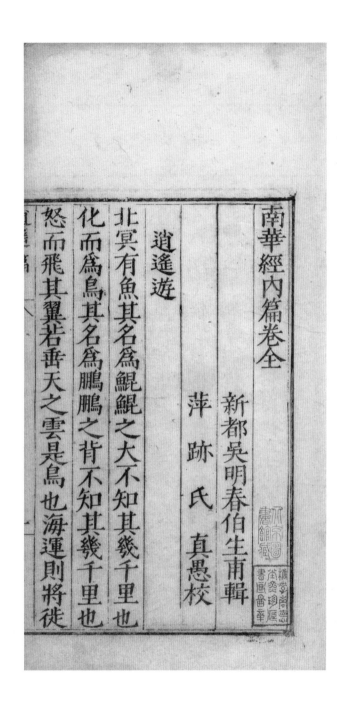

南華經内篇一卷　〔明〕吳明春輯

明刻本

一册

半葉七行十八字，白口，四周雙邊。版框 19.7×12.6 厘米

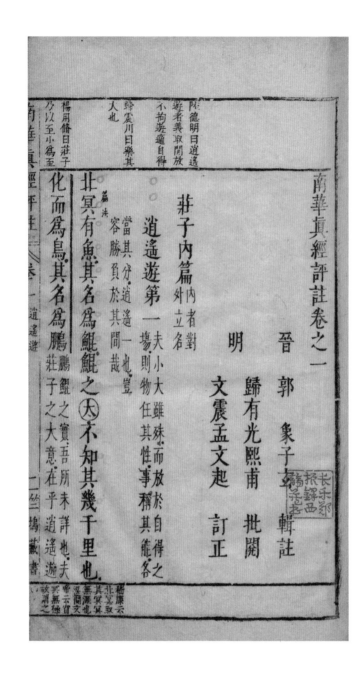

南華真經評註十卷　〔明〕歸有光輯

明天啓四年（1624）文氏竺塢刻道德南華二經評註合刻本

四冊

半葉九行十八字，小字雙行同，白口，四周單邊。眉欄鐫評，腳欄鐫音釋。版框 23.4×14.4 厘米

16405 （11813）

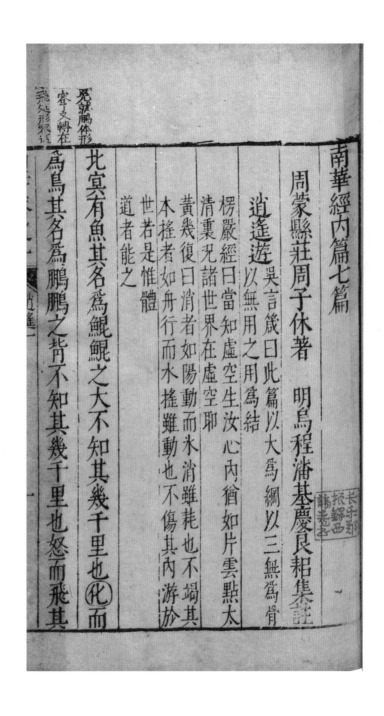

南華經內篇集註七卷　〔明〕潘基慶輯

明刻本

一册

半葉八行二十字，小字雙行同，白口，四周單邊。版框 21.7×15.1 厘米

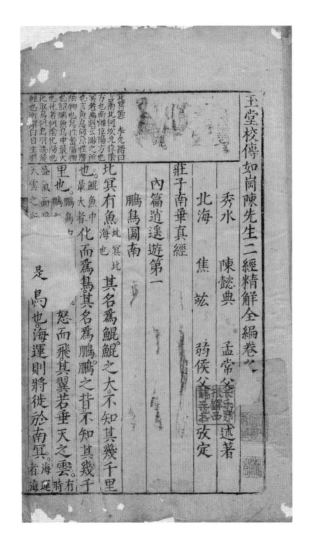

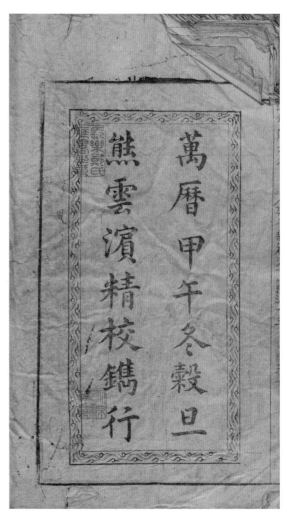

玉堂校傳如崗陳先生二經精解全編九卷 〔明〕陳懿典撰

明萬曆二十二年（1594）熊雲濱刻本

四冊　存七卷：二至八

上下兩欄，上欄半葉二十四行八字，下欄半葉十行二十字，小字雙行同，白口，四周單邊。版框
22.4×13.9 厘米

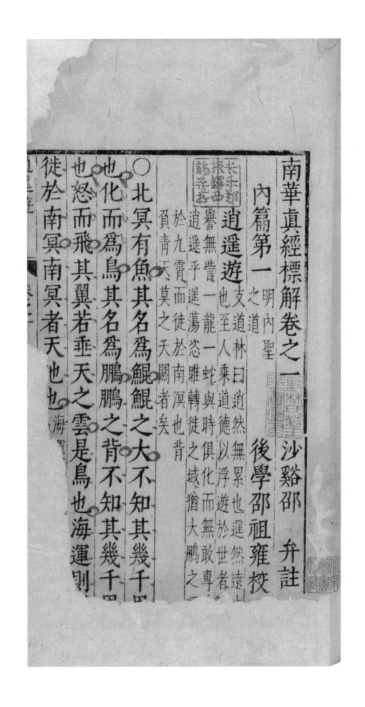

南華真經標解十卷 〔明〕邵弁撰

明萬曆沙溪邵氏草玄堂刻本

四冊 存六卷：一至六

半葉九行十八字，小字雙行同，白口，四周單邊。版框 20.8×12.7 厘米

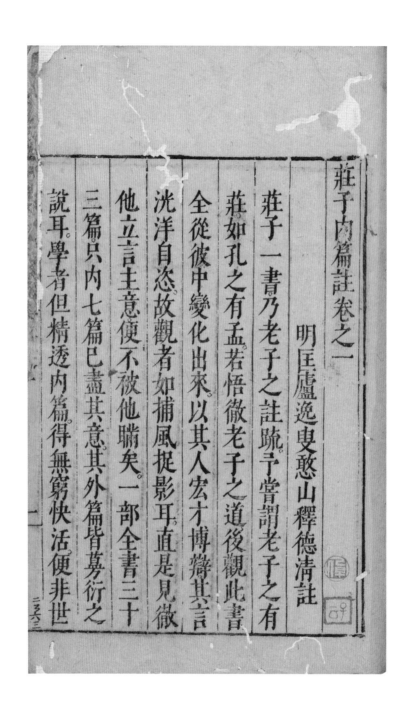

莊子內篇註卷之一

明匡廬逸叟憨山釋德清註

莊子一書乃老子之註疏子嘗謂老子之有

莊如孔之有孟若悟徹老子之道後觀此書

全從彼中變化出來以其人宏才博辯其言

洸洋自恣故觀者如捕風捉影耳直是見徹

他立言主意便不被他瞞矣一部全書三十

三篇只內七篇巳盡其意其外篇皆蒭狗之

說耳學者但精透內篇得無窮快活便非世

二

二九六三

莊子內篇註七卷 〔明〕釋德清撰

明天啓元年（1621）管覺仙刻本

一冊

半葉九行十八字，小字雙行同，白口，左右雙邊。版框 20.3×15.0 厘米

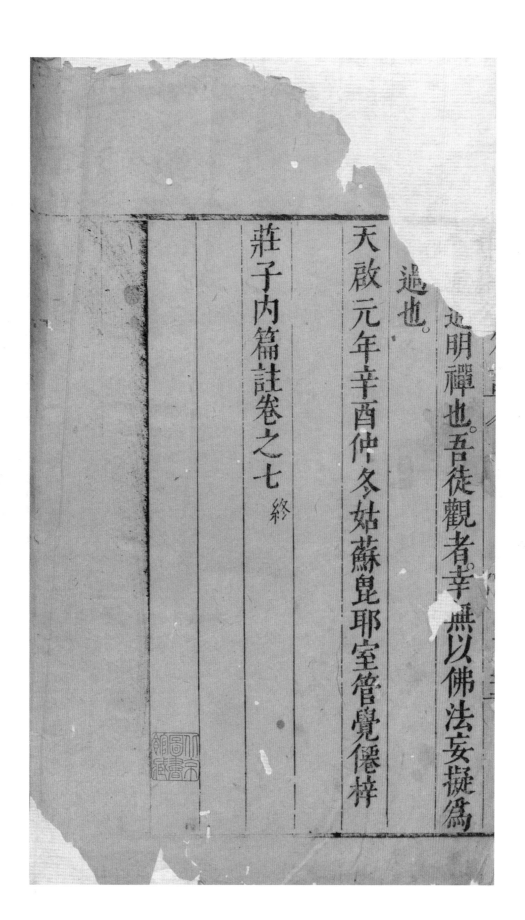

莊子內篇註卷之七 終

天啟元年辛酉仲冬姑蘇毘耶室管覺僊梓

遁也。

近明禪也。吾徒觀者幸無以佛法妄擬為

物可爲藥藥可以雜治故以九藥終之九者
究也盡也物至於爲藥功用極矣然藥之功
復能活人有復生之理以明萬物皆具是氣
是性可以生物不逐形盡也故以藥終焉今
將九篇分爲三卷以見自一生三自三成九
之義至九則復變爲一而無窮矣

文始眞經卷上

一宇篇第一

宇者道也

凡二十八章

關尹子曰非有道不可言卽道非有
道不可思卽道天物怒流人事錯錯
然若若回也戞戞乎鬭之而是而非
也而爭之而介之而噴之而去之而
要之言之如吹影思之如鏤塵聖智造迷思
神不識惟不可爲不可致不可測不可分故

文始眞經言外經旨三卷　〔宋〕陳顯微撰

明萬曆二十一年（1593）蔣時馨刻本

一册

半葉九行十七字，白口，左右雙邊。版框22.1×14.8厘米

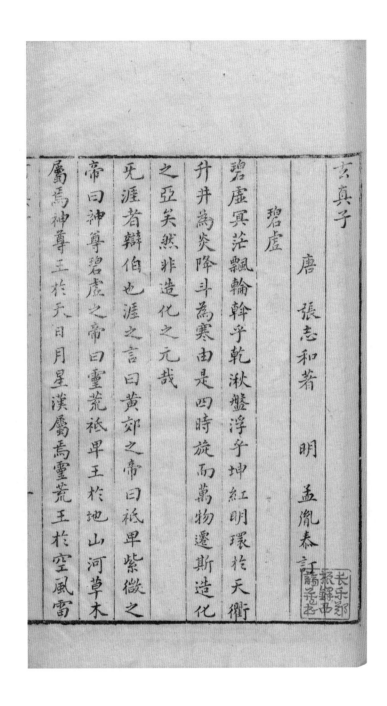

玄真子三卷　〔唐〕張志和撰

明天啓五年（1625）孟胤泰刻本

一册

半葉九行二十字，白口，四周單邊。版框 19.9×14.5 厘米

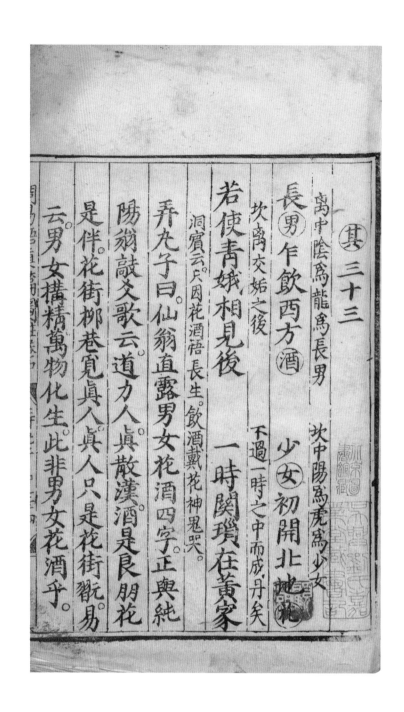

周易悟真篇圖註三卷附外集一卷　〔明〕程易明撰

明萬曆刻本

一冊　存一卷：圖註卷中

半葉九行十九字，白口，四周雙邊。版框 23.0×16.1 厘米

周易悟真篇圖註三卷　〔宋〕張伯端撰　〔宋〕薛道光、陸墅、陳致虛註　**外集一卷**　〔宋〕張伯端撰　〔宋〕薛道光註

清康熙四十二年（1703）刻聖經堂李氏印本

六冊

半葉九行十八字，白口，四周雙邊。版框 22.1×15.9 厘米

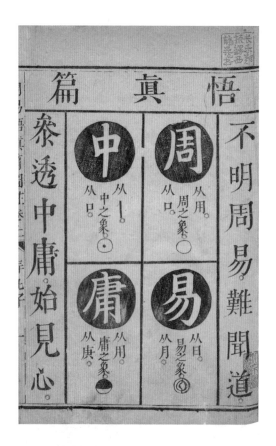

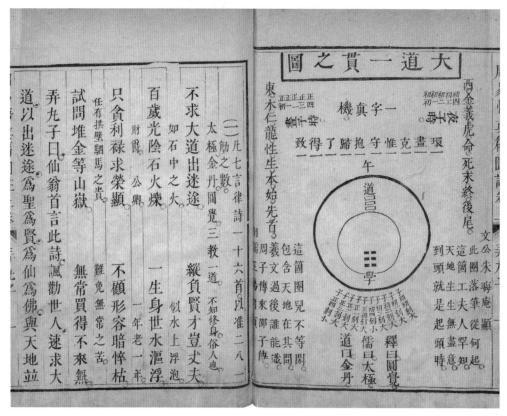

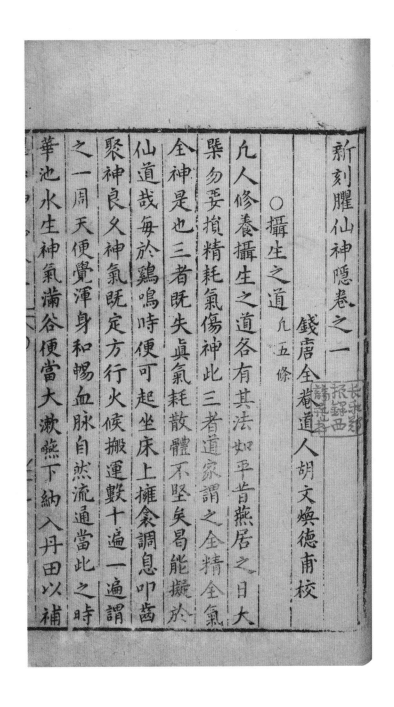

華池水生神氣滿谷便當大漱嚥下納入丹田以補

之一周天便覺渾身和暢血脉自然流通當此之時

聚神良久神氣既定方行火候搬運數十遍一遍謂

仙道哉每於雞鳴時便可起坐床上擁衾調息叩齒

全神是也三者既失真氣耗散體不堅矣昌能擬於

褧多妾損精耗氣傷神此三者道家謂之全精全氣

凡人修養攝生之道各有其法如平昔燕居之日大

○攝生之道 九五條

錢唐全卷道人胡文煥德甫校

新刻臞仙神隱卷之一

新刻臞仙神隱四卷 〔明〕朱權撰

明胡氏文會堂刻格致叢書本

四册

半葉十行二十字，白口，左右雙邊。版框 19.7×12.7 厘米

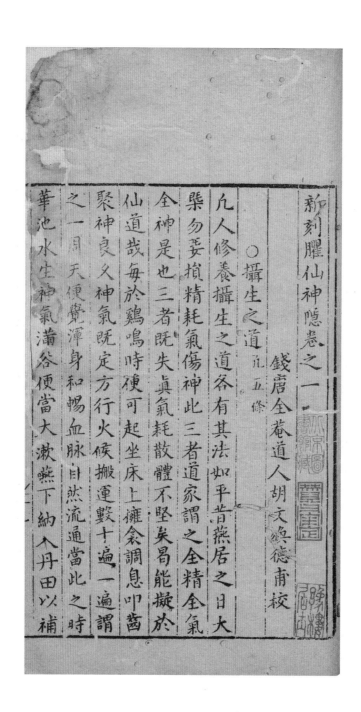

華池水生神氣漱谷便當大漱嚥下納入丹田以補

之一周天便覺渾身和暢血脉自然流通當此之時

聚神良久神氣既定方行火候搬運數十遍一遍謂

仙道哉每於雞鳴時便可起坐床上擁衾調息叩齒

全神是也三者既失眞氣散體不堅矣昌能擬於

藥勿妄損精耗氣傷神此三者道家謂之全精全氣

凡人修養攝生之道各有其法如平昔燕居之日大

○攝生之道 凡五條

錢唐全巷道人胡文煥德甫校

新刻臞仙神隱卷之一

新刻臞仙神隱四卷　〔明〕朱權撰

明萬曆胡氏文會堂刻格致叢書本

四冊

半葉十行二十字，白口，左右雙邊。版框 19.6×13.7 厘米

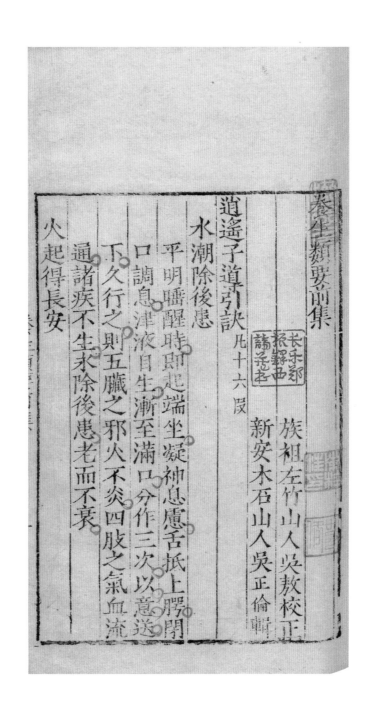

養生類要前集

逍遙子道引訣 凡十六段

水潮除後患

平明睡醒時即起端坐凝神息慮舌抵上齶閉
口調息津液自生漸至滿口分作三次以意送
下久行之則五臟之邪火不炎四肢之氣血流
通諸疾不生永除後患老而不衰

火起得長安

族祖左竹山人吳敖校正

新安木呑山人吳正倫輯

養生類要前集一卷 〔明〕吳正倫撰

明嘉靖刻本

一册

半葉十行二十字，白口，左右雙邊。版框 17.6×12.7 厘米

有象列仙全傳九卷　〔明〕王世貞撰　〔明〕汪雲鵬補

明萬曆二十八年（1600）汪雲鵬玩虎軒刻本

八册

半葉十一行二十二字，白口，四周單邊。版框 20.4×13.0 厘米

而生於李樹下指樹曰此吾姓也生時白首面黃白色
額有參午達理日月角懸長耳矩目鼻純骨雙柱耳有
三漏門美鬚廣顙疎齒方口足蹈三五手把十文姓李
名耳字伯陽號曰老子又號曰老聃周文王爲西伯召
爲守藏史武王時遷爲柱下史成王時仍爲柱下史乃
遊西極大秦竺乾等國號古先生化導其國康王時還
歸于周復爲柱下史昭王時去官歸亳隱焉後復欲開
化西域乃以昭王二十三年駕青牛車過函谷關度關
令尹喜知之求得其道二十五年降於蜀青羊肆會尹
喜同度流沙胡域至穆王時復還中夏平王時復出關
開化蘇隣諸國復還中國敬王十七年孔子問道於老

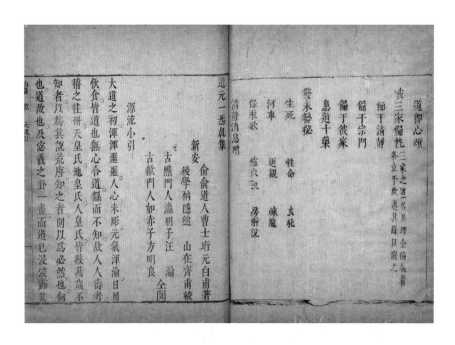

道元一炁五卷　〔明〕曹士珩撰

明崇禎七年（1634）汪瀚等刻本

五册

半葉十一行十八字，白口，四周單邊，無直格。版框 22.7×21.7 厘米

其大總持門若儒道釋之度我度他皆從這

金臺玉局繞彤雲上有真
人得老君八十一化長生
訣五千餘言不朽文

六經刪定古文章凍泗源
深教澤長繼往開來參造
化大成至聖文宣王

三陀羅門啟真如出
　圓覺海中光慧日
　靈山會上說真言
　瀟古蓮花古文佛

聖
圖

能知真實際而天地人之自造自化只在此中

大道說

包羲上聖畫八卦以示人使萬世之下知有養
生之道廣成子謂黃帝曰至陰肅肅至陽赫赫
赫赫發乎地肅肅出乎天我為汝遂於大明之
上矣至彼至陽之原也為汝入於窅宴之門
矣至彼至陰之原也軒轅再拜曰廣成子之謂天
矣周公繇易日君子終日乾乾孔子翼曰
乾乾反復道也夫道也者位天地育萬
揭日月生五行日道直入鴻濛而還歸
獨無一侶日道直入鴻濛而還歸
集造化而頓超聖凡曰道曰下機境

性命雙修萬神圭旨四卷

明萬曆四十三年（1615）吳之鶴刻本

四冊

半葉十一行十八字或十二行二十字，無欄格

道書十八種十八卷

明刻本

一冊

半葉六行十七字，上下單邊。版框 17.6×8.1 厘米

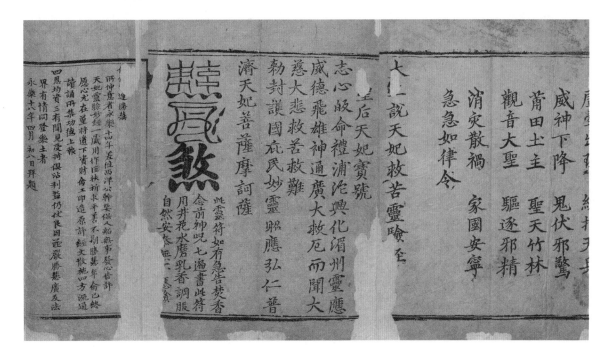

太上説天妃救苦靈驗經一卷

明永樂十八年（1420）刻本

一冊

半葉四行十三字，上下雙邊。版框 18.9×8.6 厘米

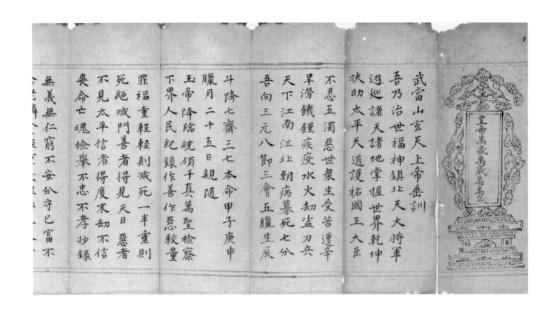

武當山玄天上帝垂訓
吾乃治世福神鎮北天大將軍
遊巡諸天諸地掌握世界乾坤
狀助太平天道護祐圓王大民
天下江南江北朝病暮死七分
吾向三元八節三會五臘生辰
不忍五濁惡世眾生受苦遭辛
旱澇饑饉疾疫水火劫盜刀兵
玉帝降臨統領千真萬聖檢察
下界人民紀錄作善作惡較量
斗降七齋三七本命甲子庚申
臘月二十五日親隨
罪福重輕輕則減死一半重則
死絕娍門喜者得見天日惡者
不見太平信者得度末劫不信
喪命七魂檢舉不忠不孝抄錄
無義無仁窮不安分守己富不

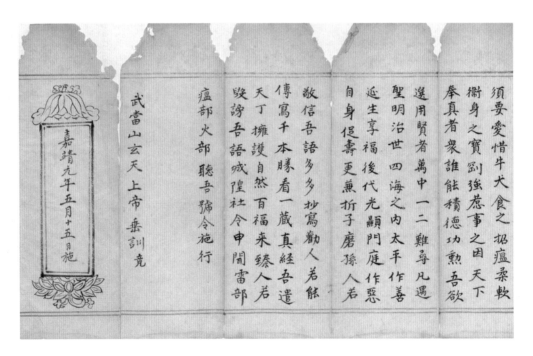

須要愛惜牛犬之拒瘟桑軟
衛身之寶劉強惹事之因天下
奉真者眾誰能積德功勳吾欲
選用賢者萬中一二難尋凡遇
聖明治世四海之内太平作善
延生享福後代光顯門庭作惡
自身促壽更無折子磨孫人若
毁謗吾語城隍社令申聞雷部
敬信吾語多多抄寫勸人若能
傳寫千本每看一藏真經吾遣
天丁擁護自然百福来臻人若
瘟部火部聽吾號令施行
武當山玄天上帝垂訓竟
嘉靖九年五月十五日施

武當山玄天上帝垂訓一卷

明嘉靖元年（1522）抄本

一冊

半葉四行十二字，上下雙邊。版框 25.0×9.1 厘米

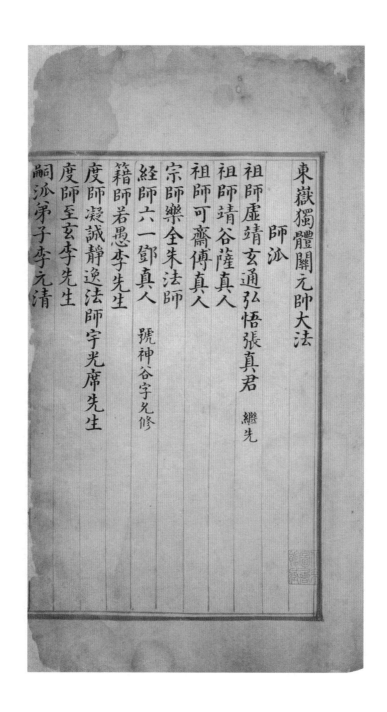

東嶽獨體關元帥大法一卷

明抄本

一冊

半葉十一行二十二字，紅格，白口，四周雙邊。版框 21.4×14.0 厘米

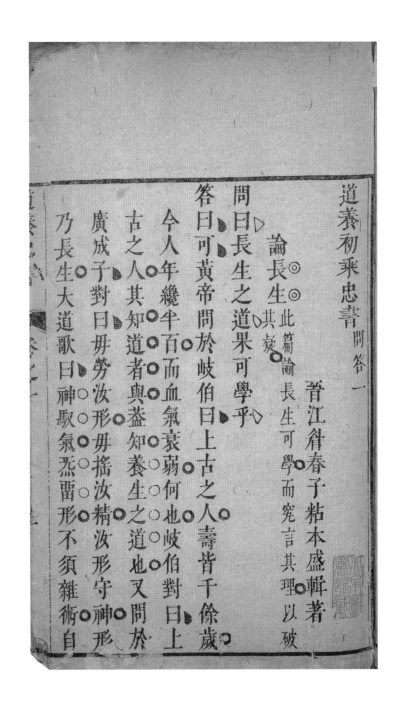

道養初乘忠書問答一

晉江肯春子粘本盛輯著

◎論長生◎其旋　此篇論長生可學而究言其理以破

問曰長生之道果可學乎◁

答曰黃帝問於岐伯曰上古之人壽皆千餘歲◎

今人年纔半百而血氣衰弱◎何也◎岐伯對曰上

古之人其知道者◎蓋知養生之道也◎又問於

廣成子對曰毋勞汝形◎毋搖汝精汝形守神◎形

乃長生◎大道歌曰神馭氣◎氣燕囿形不須雜術自

忠孝全書二種十二卷　〔清〕粘本盛輯

清康熙刻本

四冊

半葉九行十九字，白口，左右雙邊，無直格。版框 19.9×14.8 厘米

繡像文昌化書四卷

清康熙二十五年（1686）周長年刻本

四冊

半葉九行十九字，白口，四周雙邊。版框 19.4×13.4 厘米

16195（10479）

繡像文昌化書 卷之一

　　　　　沔陽游士鳳雲子氏繪圖

　　　　　廣陵汪　潮雨來氏重臨

清河內傳

余本吳會間人生於周初後七十三化爲士大夫
未嘗酷民虐吏性烈而行察同秋霜白日之不可
犯後西晉末降生於越之西鄮郡名音臨越之南兩郡
之間是時丁未午二月三日誕生祥光冪音戶黃覓
雲迷野居處地俯近海里人謂清河叟日君今六

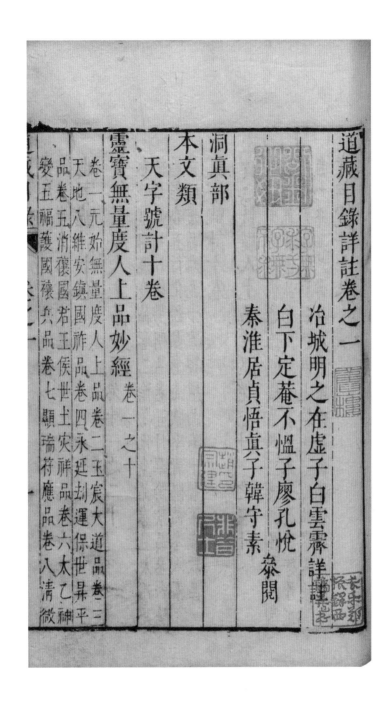

道藏目録詳註四卷 〔明〕白雲霽撰

明天啓刻本

二册

半葉十行二十字，白口，四周單邊。版框 20.5×14.3 厘米

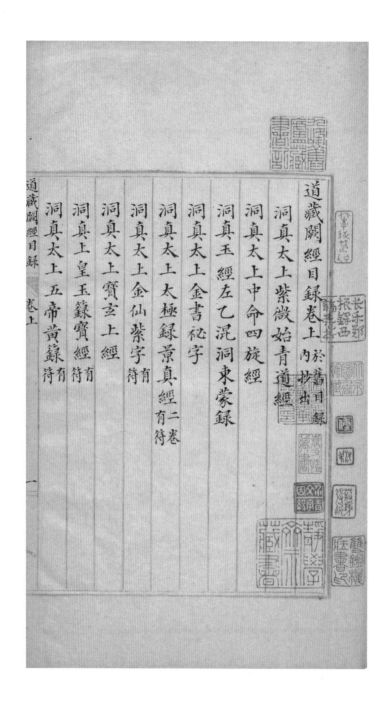

道藏闕經目録二卷

清袁氏貞節堂抄本　清錢大昕、姜渭跋

一册

半葉十行二十字，藍格，白口，四周雙邊。版框 19.9×14.5 厘米

子

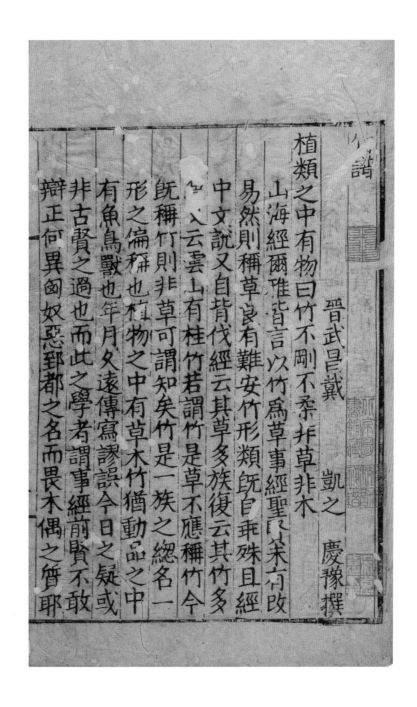

植類之中有物曰竹不剛不柔非草非木
山海經爾雅皆言以竹爲草事經聖人未有改
易然則稱草良有難安竹形類既自乘殊且經
中文說又自背伐經云其竹草多族復云其竹多
又云雲山有桂竹若謂竹是草不應稱竹今
既稱竹則非草可謂知矣令是草木之總名一族之
形之偏稱也植物之中有草木竹猶動品之中
有魚鳥獸也年月父遠傳寫謬誤今日之疑或
非古賢之過也而此之學者謂事經前賢不敢
辯正何異匈奴惡郅都之名而畏木偶之質耶

晉武昌戴　凱之　慶豫　撰

百川學海一百種一百七十九卷　〔宋〕左圭編

明弘治十四年（1501）華珵刻本

四冊　存十五種二十二卷

半葉十二行十八字，白口，左右雙邊。版框 19.6×14.5 厘米

顧氏文房明朝四十家小説四十種四十三卷　〔明〕顧元慶編

明嘉靖十八至二十年（1539－1541）顧氏大石山房刻本

十六册

半葉十行十八字，白口，左右雙邊。版框 17.3×12.8 厘米

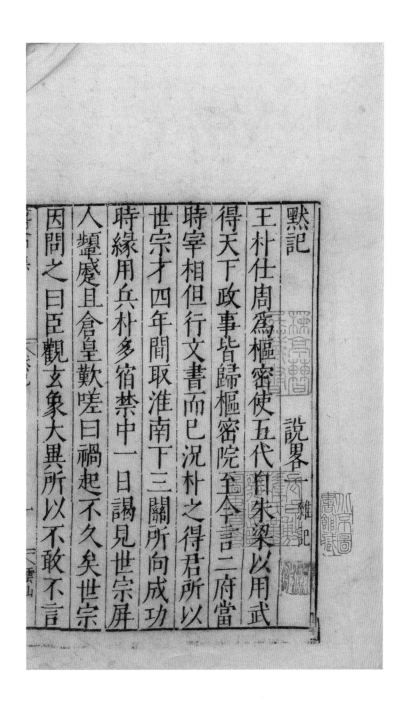

古今説海一百三十五種一百四十二卷　〔明〕陸楫等編

明嘉靖二十三年（1544）陸楫雲山書院刻本

十冊　存説略部三十二卷

半葉八行十六字，白口，左右雙邊。版框 17.2×12.0 厘米

T00202（12520）

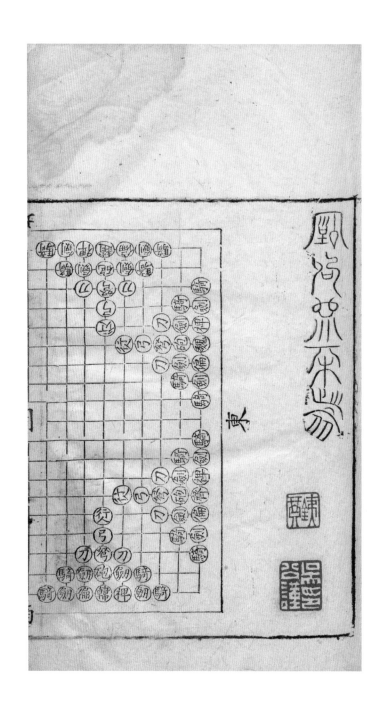

欣賞編十種十四卷 〔明〕沈津編

明萬曆茅一相刻本

一冊 存二種六卷：古局象棋圖一卷、譜雙五卷

半葉十行十八字，白口，四周單邊。版框 16.6×12.7 厘米

譜雙五卷　題〔宋〕洪遵撰

明萬曆茅一相刻欣賞編本

一冊

半葉十行十八字，白口，四周單邊。版框 17.2×12.8 厘米

T02478（9220）

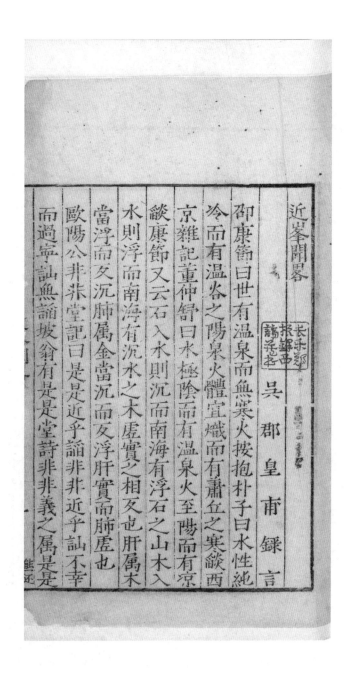

類編古今名賢彙語二十二種二十二卷

明刻本

三冊　存七種七卷：近峰聞略一卷、駒陰冗記一卷、聽雨紀談一卷、西京雜記一卷、續已編一卷、仰山脞錄一卷、中洲野錄一卷

半葉十行二十字，白口，四周單邊。版框 18.5×13.4 厘米

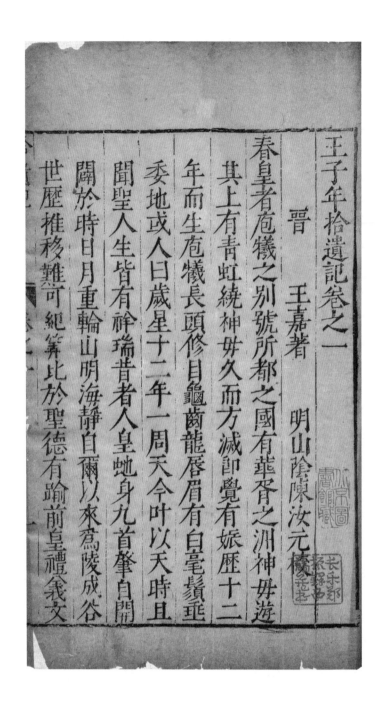

稗海四十六種二百八十五卷續稗海二十四種一百四十一卷 〔明〕商濬編

明萬曆商氏半埜堂刻本

六十五冊　存六十六種

半葉九行二十字，白口，四周單邊。版框 21.1×14.2 厘米

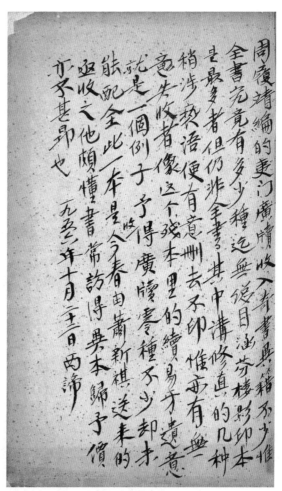

夷門廣牘一百七種一百六十五卷　〔明〕周履靖編

明萬曆二十五年（1597）金陵荆山書林刻本　鄭振鐸跋

四十冊　存五十六種八十一卷

半葉九行十八字或八行十六字，白口，四周單邊。版框 20.0×14.1 厘米

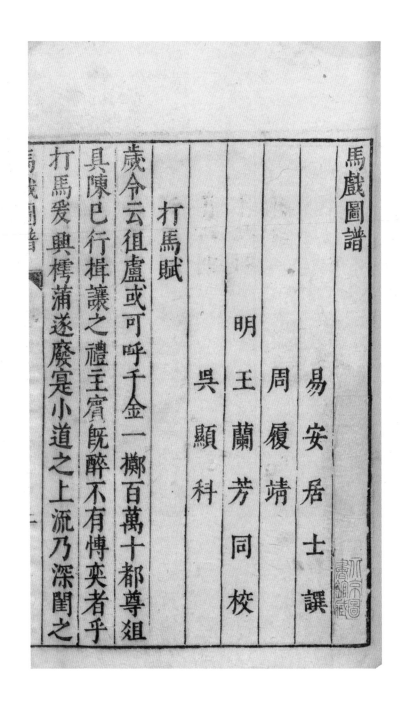

馬戲圖譜

易安居士譔

明周履靖

王蘭芳同校

吳顯科

打馬賦

歲令云徂盧或可呼千金一擲百萬十都尊俎

具陳已行揖讓之禮王寶既醉不有博奕者乎

打馬愛與樗蒲遂廢寔小道之上流乃深閨之

馬戲圖譜

夷門廣牘一百七種一百六十五卷 〔明〕周履靖編

明萬曆二十五年（1597）金陵荊山書林刻本

二冊　存三種三卷：馬戲圖譜一卷、玉局鉤玄一卷、投壺儀節一卷

半葉九行十八字，白口，四周單邊。版框 19.9×13.9 厘米

畫評會海卷之上

嘉　禾　周　履　靖　著

履靖曰圖畫之作不知始于何代書曰以五彩
彰施於五色漢書曰唐虞畫象而民不犯然則
自上古巳有之矣八卦之畫河圖洛書之出與
夫鍾鼎科斗黼黻章物其圖之原乎與六書相
終始與六籍為等倫大哉圖之為物也廣大悉
備以天地為骨法以風雲為氣韻以造物為筆
墨以日月為神彩以雨露為染絢以四時為生

夷門廣牘一百七種一百六十五卷　〔明〕周履靖編

明萬曆金陵荊山書林刻本

三冊　存七種九卷：畫評會海二卷、天形道貌二卷、淇園肖影二卷、羅浮幻質一卷、九畹遺容一卷、春谷
嚶翔一卷、繪林題識一卷

半葉九行十八字或八行十六字，白口，四周單邊。版框20.1×14.0厘米

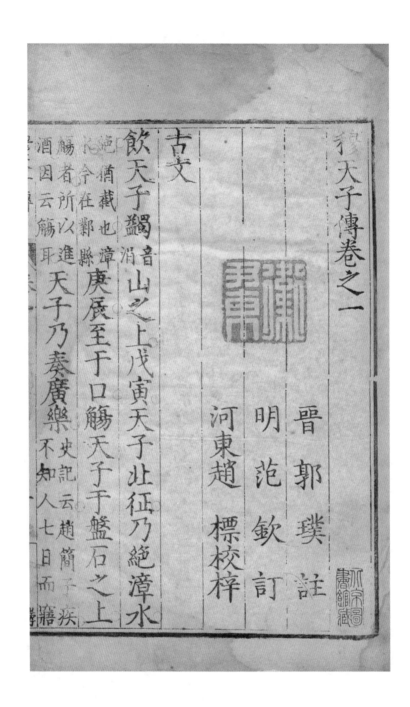

三代遺書六種二十八卷 〔明〕趙標編

明萬曆二十二年（1594）趙氏刻本

四册　存四種二十四卷：汲冢周書十卷、穆天子傳六卷、檀孟批點二卷、六韜六卷

半葉八行十八字，小字雙行同，白口，四周雙邊。版框 21.0×14.7 厘米

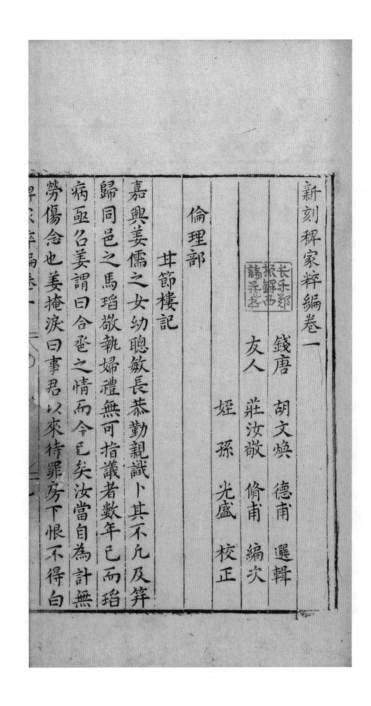

新刻秤家粹編卷一

錢唐　胡文煥　德甫　選輯

友人　莊汝敬　脩甫　編次

姪孫　光盛　校正

倫理部

廿節樓記

嘉興姜儒之女幼聰敏長恭勤親識卜其不几及箅
歸同邑之馬瑤敬執婦禮無可指議者數年巳而瑤
病亟召姜謂曰合卺之情而今巳矣汝當自為計無
勞傷念也姜掩淚曰事君以來待罪房下恨不得白

胡氏粹編五種二十卷　〔明〕胡文煥輯

明萬曆胡氏文會堂刻本

二十册

半葉十行二十字，白口，左右雙邊。版框 19.2×13.9 厘米

格致叢書□□種□□卷　〔明〕胡文煥編

明萬曆胡氏文會堂刻本

五冊　存四種九卷：新刻天地萬物造化論一卷、新刻三元參贊延壽書四卷首一卷、新刻四書圖要二卷、新刻學海探珠一卷

半葉十行二十字，白口，左右雙邊。版框 19.8×13.8 厘米

17010（10717、12471、10721、10751）

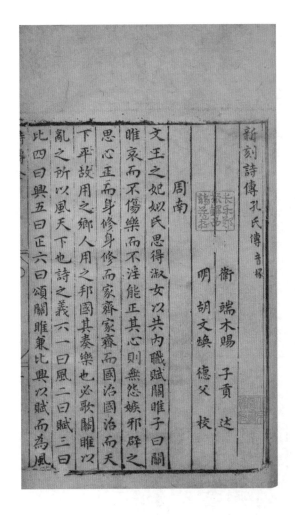

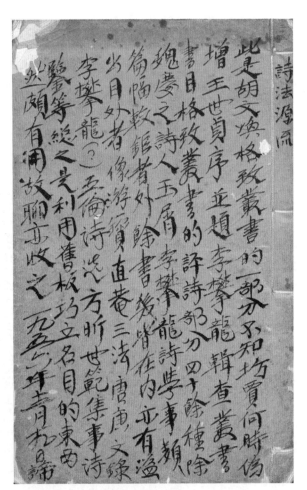

格致叢書□□種□□卷 〔明〕胡文煥編

明萬曆胡氏文會堂刻本　鄭振鐸跋

三十八冊　存六十七種八十卷

半葉十行二十字，白口，左右雙邊。版框 19.3×13.9 厘米

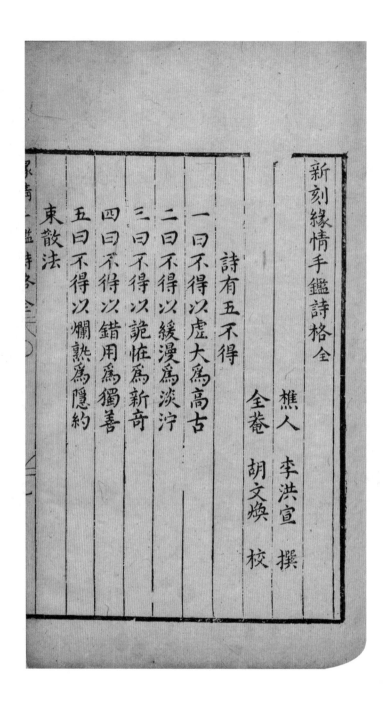

新刻緣情手鑑詩格全

　　　　　焦人　李洪宣　撰
　　　　　全卷　胡文煥　校

詩有五不得

一曰不得以虛大爲高古
二曰不得以緩漫爲淡泞
三曰不得以詭恠爲新奇
四曰不得以錯用爲獨善
五曰不得以爛熟爲隱約

束散法

格致叢書□□種□□卷　〔明〕胡文煥編

明萬曆胡氏文會堂刻本

十六冊　存十三種六十八卷

半葉十行二十字，白口，左右雙邊。版框 19.8×14.0 厘米

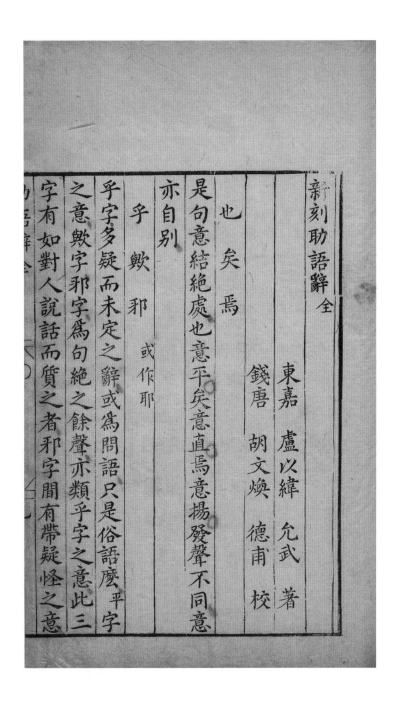

新刻助語辭　全

東嘉　盧以緯　允武　著

錢唐　胡文煥　德甫　校

也矣焉

是句意結絕處也意平矣意直焉意揚發聲不同意

亦自別

乎歟邪　或作耶

乎字多疑而未定之辭或爲問語只是俗語麼平字
之意歟字邪字爲句絕之餘聲亦類乎字之意此三
字有如對人說話而質之者邪字間有帶疑怪之意

格致叢書□□種□□卷　〔明〕胡文煥編

明萬曆胡氏文會堂刻本

五册　存十二種十七卷

半葉十行二十字，白口，左右雙邊。版框 19.7×13.9 厘米

新刻風俗通義皇霸卷一

　　　　漢　汝南　應　邵　著

　　明　錢唐　胡文煥　校

盖天地剖分萬物萌毓非有與藝之文堅基可擾推

當今以覽太古自昭昭而本實實乃欲審其事而建

其論董其是非而綜其詳矣言也實為難哉故易紀

三皇書叙唐虞惟天爲大唯克則之巍巍其有成功

煥乎其有文章自是以來載籍昭晰然而立談者人

異綴文著家牂斯乃楊朱哭於岐路墨翟悲於練素

者也是以上述三皇下記六國備其終始曰皇霸

風俗通卷一

格致叢書□□種□□卷　〔明〕胡文煥編

明萬曆胡氏文會堂刻本

十冊　存二十四種九十四卷

半葉十行二十字，白口，四周單邊。版框 15.8×13.9 厘米

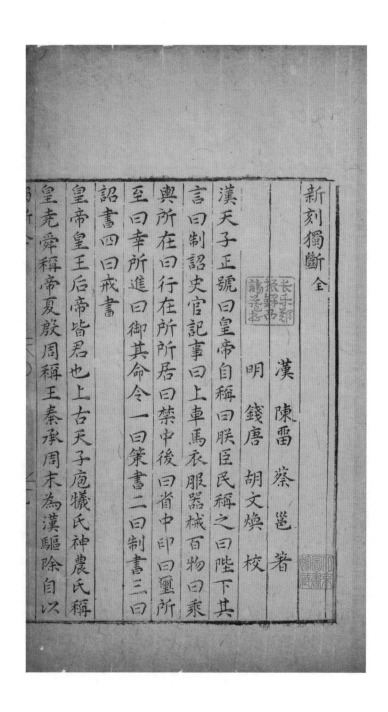

格致叢書□□種□□卷　〔明〕胡文煥編

明萬曆胡氏文會堂刻本

十四册　存二十五種四十八卷

半葉十行二十字，白口，左右雙邊。版框 20.2×14.0 厘米

17012（7827、10718－10720、10737、10763－10769、補 483）

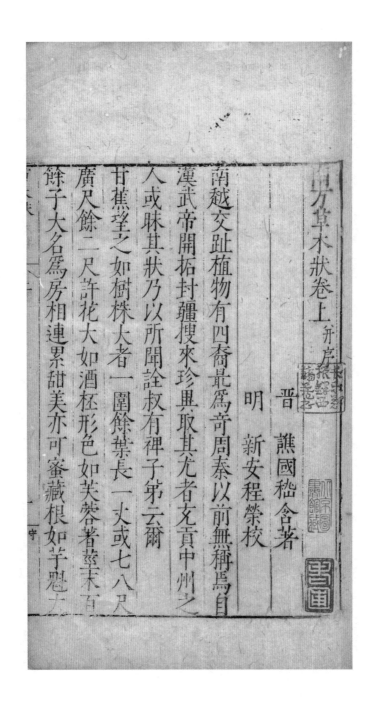

南方草木狀三卷 〔晋〕嵇含撰

明萬曆程榮刻漢魏叢書本

一册

半葉九行二十字，白口，左右雙邊。版框 19.7×14.2 厘米

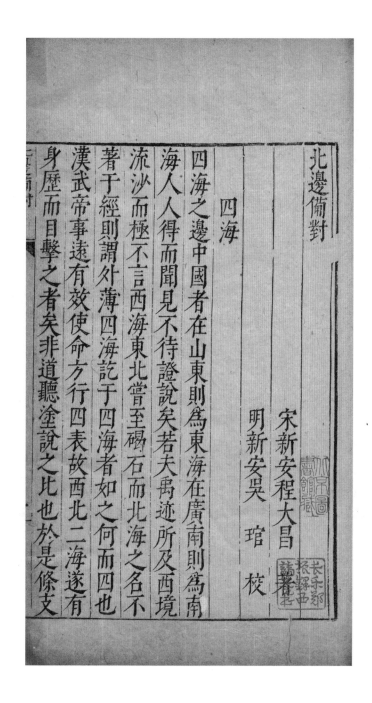

北邊備對

　　四海

宋新安程大昌　著

明新安吳琯　校

四海之邊中國者在山東則爲東海在廣南則爲南
海人人得而聞見不待證說矣若夫禹迹所及西境
流沙而極不言西海東北嘗至碣石而北海之名不
著于經則謂外薄四海訖于四海者如之何而四也
漢武帝事遠有效使命方行四表故西北二海遂有
身歷而目擊之者矣非道聽塗說之比也於是條支

增定古今逸史五十五種二百二十三卷　〔明〕吳琯編

明吳琯刻本

五十三冊　存五十三種二百十七卷

半葉十行二十字，白口，左右雙邊。版框 20.4×13.8 厘米

白虎通德論上

爵

漢扶風班固　撰
明新安吳琯　校

天子者爵稱也爵所以稱天子者何以王者父天母地
爲天之子也故援神契曰天覆地載謂之天子上法
斗極鉤命訣曰天子爵稱也帝王之德有優劣所以
俱稱天子者何以其俱命於天而王治五千里內也
尚書曰天子作民父母以爲天下王何以知帝亦稱
天子也以法天下中候曰天子臣放勛書無逸篇

增定古今逸史五十五種二百二十三卷　〔明〕吳琯輯

明吳琯刻本

三十二冊　存二十三種

半葉十行二十字，白口，左右雙邊。版框20.4×13.8厘米

干常侍易解　卷上　鹽邑志林第又六帙

明黃岡樊　維城彙編

後學姚士麟訂閱　鄭端胤

劉祖鐘

上經

乾下　乾上　乾元亨利貞

初九潛龍勿用

位始故稱初陽重故稱九陽在初九十一月之

時自復而來也初九甲子天正之位而乾元所始

也陽處二泉之下聖德在愚俗之中此文工在

鹽邑志林四十種六十六卷附一種一卷　〔明〕樊維城編

明天啓三年（1623）樊維城刻本

二十八冊

半葉十行十八字，小字雙行同，白口，左右雙邊。版框20.6×15.1厘米

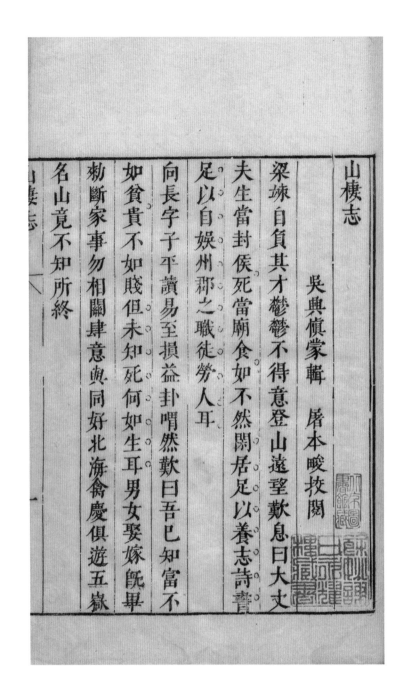

山棲志

吳興慎蒙輯　屠本畯校閱

梁竦自負其才鬱鬱不得意登山遠望歎息曰大丈
夫生當封侯死當廟食如不然閒居足以養志詩書
足以自娛州郡之職徒勞人耳
向長字子平讀易至損益卦喟然歎曰吾已知富不
如貧貴不如賤但未知死何如生耳男女娶嫁旣畢
勑斷家事勿相關肆意與同好北海禽慶俱遊五嶽
名山竟不知所終

山棲志　　　　　　　　　　　　　　　一

山林經濟籍八卷　〔明〕屠本畯輯

明末刻本

八冊　存七卷：一至七

半葉九行二十字，白口，左右雙邊。版框 19.2×14.4 厘米

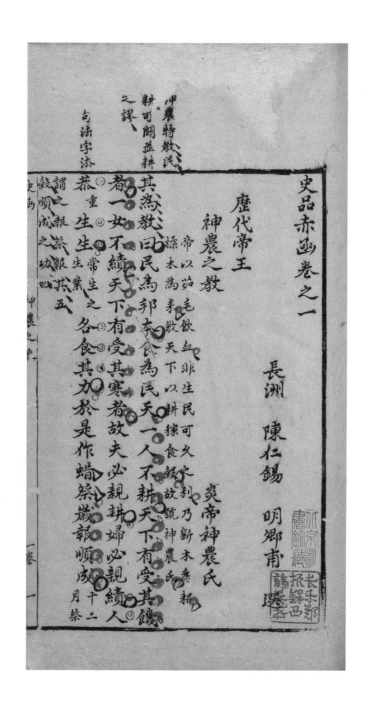

八函二十四卷 〔明〕陳仁錫輯

明末刻本

四十八冊

半葉九行二十二字，小字雙行同，白口，四周單邊，無直格。版框 19.1×12.8 厘米

緑窗女史十四卷　　題秦淮寓客編

明末心遠堂刻本

二十册

半葉九行二十字，白口，左右雙邊。版框 20.0×13.5 厘米

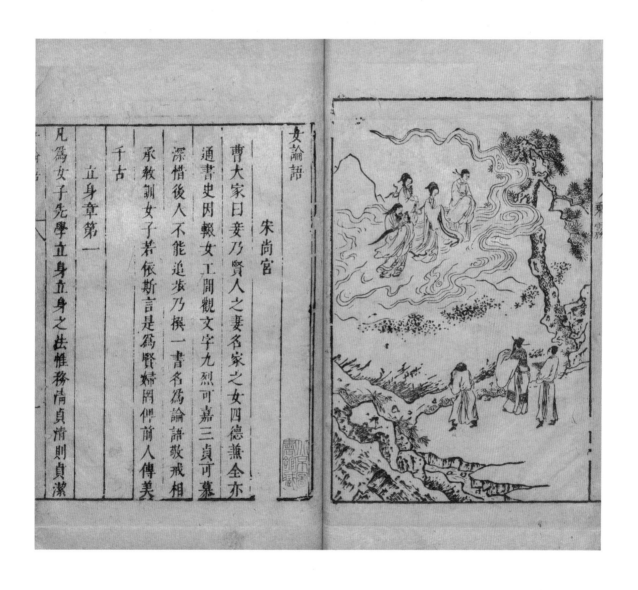

女論語

宋尚宮

曹大家曰妾乃賢人之妻名家之女四德兼全亦

通書史因輒女工間觀文字九烈可嘉三貞可慕

深惜後人不能追歩乃撰一書名爲論語敬戒相

承教訓女子若依斯言是爲賢婦罔俾前人傳美

千古

立身章第一

凡爲女子先學立身立身之法惟務清貞清則貞潔

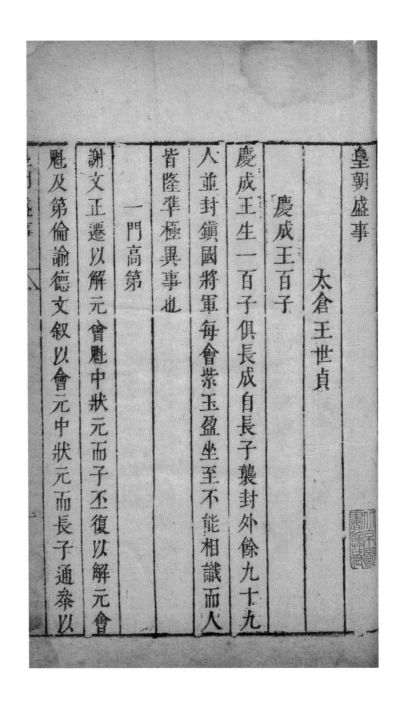

皇明百家小說一百八種　〔明〕佚名輯

明末刻清印本

十二册

半葉九行二十字，白口，左右雙邊。版框 19.3×14.4 厘米

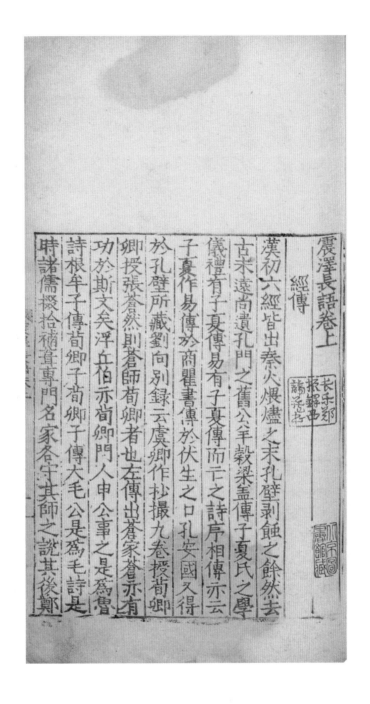

震澤長語二卷　〔明〕王鏊撰

明嘉靖十六年（1537）馮應元刻本

一册　存一卷：上

半葉十一行二十字，白口，左右雙邊。版框 16.7×14.4 厘米

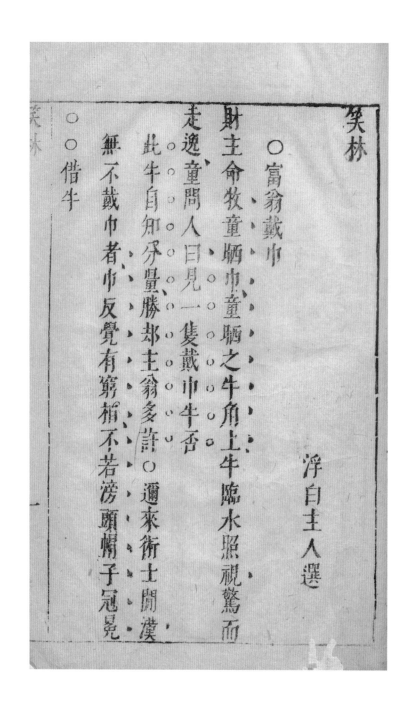

笑林　　　浮白主人選

○富翁戴巾

財主命牧童騎牛、童騎之牛角上牛臨水照視驚而

走逸童問人曰見一隻戴巾牛否○

此牛自知矛量勝却主翁多許○邇來術士開漢、

無不戴巾者巾反覺有窮相不若滂頭帽子冠晃

○○借牛

破愁一夕話十種十卷　題浮白主人編

明末刻本

五冊

半葉八行二十字，白口，四周單邊，無直格。版框 21.1×14.2 厘米

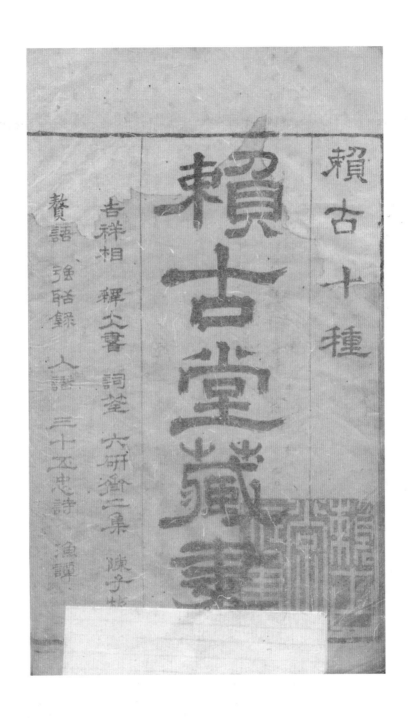

賴古堂藏書甲集十種十四卷　〔清〕周亮工、周在都輯

清康熙刻本

四册

半葉九行二十字，白口，四周單邊。版框 20.9×14.2 厘米

賴古堂藏書　觀宅四十吉祥遊

大梁周坦然先生撰

案頭無淫書

昔人謂黃魯直作豔詞以邪言蕩人心其罪非止
墮惡道近日作小說人豈止豔詞非常報應人人
親見之案頭如有片紙隻字當盡數焚却壞心術
喪行止皆此等書引誘人家兒女豈無識字者畧
一回想豈不可懼

架上無齊整書

賴古堂藏書

硯北偶鈔十二種十七卷　〔清〕姚培謙、張景星編

清乾隆二十七年（1762）草草巢刻本

六冊

半葉六行十五字，白口，左右雙邊。版框 9.2×6.7 厘米

説鈴前集三十七種四十四卷後集十六種二十二卷 〔清〕吳震方編

清康熙刻本

二十四册

半葉十一行二十五字，細黑口，左右雙邊。版框 20.2×14.3 厘米

冬夜箋記

子不能飲酒冬夜籌燈翻閱卷籍日有課程猶然老書生也每

當漏深兒輩侍坐間有談說兒或箋記之久而成帙人錄一冊

藏之姑為識其歲時康熙四年乙巳之冬月也都人王崇簡識

尹和靖嘗曰仁者公而已伊川云何謂也曰能好人能惡人

朱子曰無妄是自然之誠不欺是著力去做底又云人常苶敬則

心常光明

程子曰聖人責己處多責人處少

楊龜山曰觀程正叔論婦人不再適人以謂寧餓死若不是見得

道理分明如何能說這樣話

或問朱子曰須得邵克夫先知之術答曰吾之所知者惠迪吉從

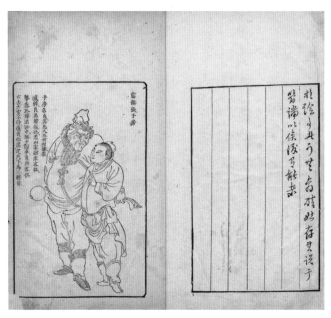

賞奇軒四種合編四卷

清刻本

四冊

版框 19.1×12.3 厘米

16883（9307）

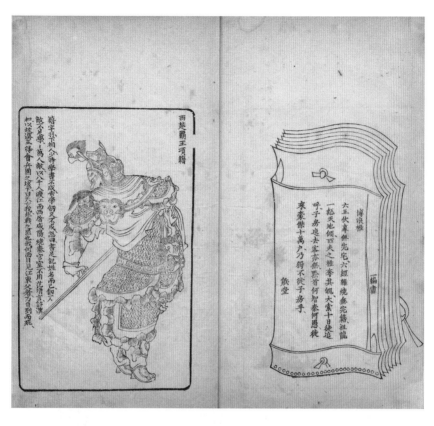

博浪椎

編書

六王伏辜無先宅，六經離燒無完籍。祖龍
一怒天地傾，四夫之椎奮其佩。大索十日使追
呼，子房遯去客亦無。黯背何智秦阿愚，從
來豪傑十萬户，乃獨不從子房乎

躲堂

西楚霸王項籍

籍字羽相公時學書不成去學劍又不成怒曰書足記姓名而已劍一人敵不足學學萬人敵於是項梁乃教籍兵法籍大喜略知其意又不肯竟學渡江西屠咸陽燒秦宫室不用范增言韓信既去項王自恃其勇與漢戰垓下兵敗乃自刎而死

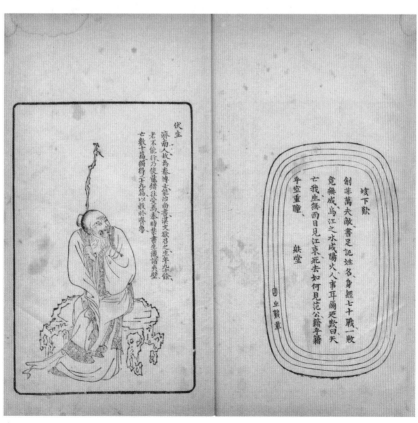

垓下歌

業叢軍

劍非萬夫敵書足記姓名、身經七十戰、敗
竟無成烏江之水咸陽火八事耳兩還默日天
亡我些無面目見江東死去如何見范公籍亭籍
手空重瞳、躲堂

伏生

濟南人姓伏名勝為秦博士治尚書漢文帝欲徵之正年九十餘老不能行乃使鼂錯往受焉秦時焚書伏生壁藏之漢定天下伏生求其書亡數十篇獨得二十九篇以教於齊魯

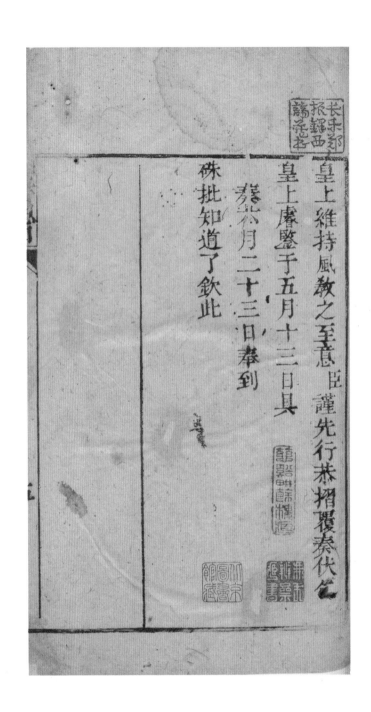

禁書總目不分卷

清刻本

一冊

半葉八行二十字，小字雙行同，白口，四周單邊，無直格。版框 18.9×12.9 厘米

四庫館　奏准全燬書目

惠潮兵紀四本　明崇禎間人所

崇禎遺錄一本　輯不著姓名

。明季道聞二本　王世德撰

古今治統六本　鄒漪撰

陽秋館集六本　明徐奮

雲間志畧八本　明鵬帥撰

文直行書八本　機撰

明何三

明畏撰

明熊明

過撰

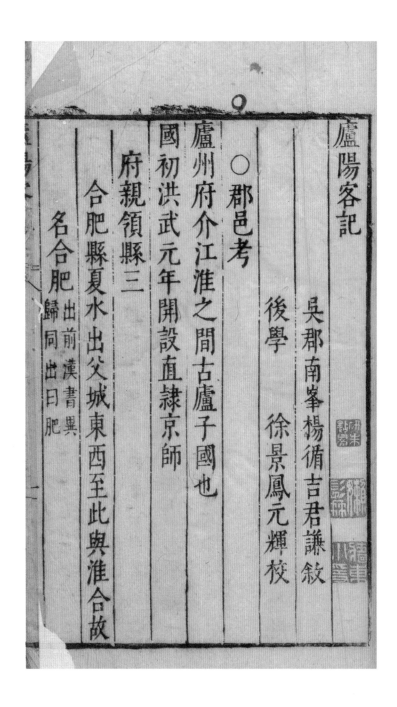

合刻楊南峰先生全集十種二十二卷　〔明〕楊循吉撰

明萬曆三十七年（1609）徐景鳳刻本　鄭振鐸跋

一冊　存七種七卷：齋中拙詠一卷、廬陽客記一卷、攢眉集一卷、金山雜志一卷、都下贈僧詩一卷、燈窗
末藝一卷、菊花百詠一卷

半葉九行十八字，白口，四周單邊。版框 21.3×14.2 厘米

一九五五年十一月○日午后狂風好寒予却更玩瑠璃訪
書得書數十種此南峰雜著及龍眠風雜乃其
中自胃憶数月前潘景郑來書云蘇郡某輩
忽出現南峰雜著七種今乃不知何往不意乃由
遂雅齋董氣卿手終歸於予喜可知也南峰
為明弘正間名士不守繩墨慣作諷喻語語曲子尤
佳今得其詩文等七種始是人間孤本論明代弘
正時文學者得此乃可添若干

南峰雜著　新頁失　郭掁鐸燈下書

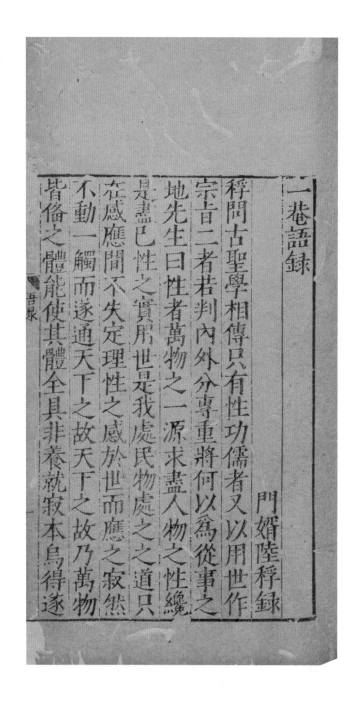

唐一庵雜著十二種十三卷 〔明〕唐樞撰

明嘉靖隆慶間楊子龍等刻本

十册

半葉九行十八字，白口，四周單邊。版框 18.8×12.7 厘米

王奉常雜著十四種十八卷　〔明〕王世懋撰

明萬曆刻本　鄭振鐸跋

四冊

半葉九行十七字，白口，四周雙邊。版框 19.6×14.2 厘米

15631（8744）

隆福寺修綆堂從上海得前翰文參

潛藏書一批皆善本也偕斐

雲夢家同往觀之余得此

書及通津草堂本論衡

此書是宋本派來大寺有翰林院印所

其中學圃雜疏三卷乃余昔

訪求未獲者

一九五六年二月十七日　四諦

王奉常雜著　王世懋著　明刊本

目录

经子臆解一卷
譚史訂疑一卷
窺天外乘一卷　缺一至五卷
望崖錄内篇一卷外篇一卷
二酉委譚一卷
秇圃擷餘一卷
澹思子一卷
學圃雜疏一卷
王氏父子卯金傳一卷
遠壬文一卷
名山遊記一卷
閩洛紀遊稿二卷
閩部疏一卷
錦南加三符徵況一卷

以上共十四種行の本

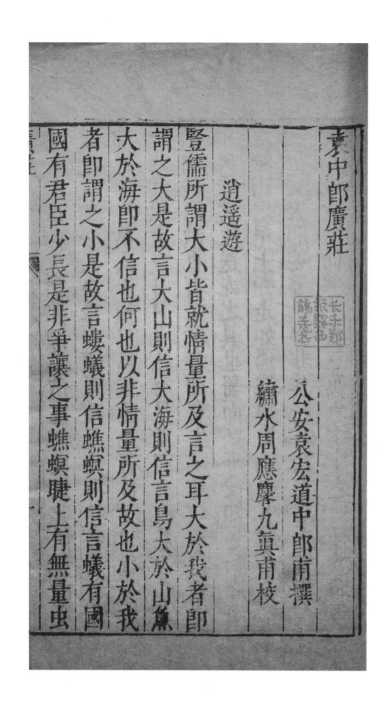

袁中郎十集十六卷　〔明〕袁宏道撰　〔明〕周應麐編

明周應麐刻本

六册

半葉九行二十字，白口，左右雙邊。版框 21.9×14.5 厘米

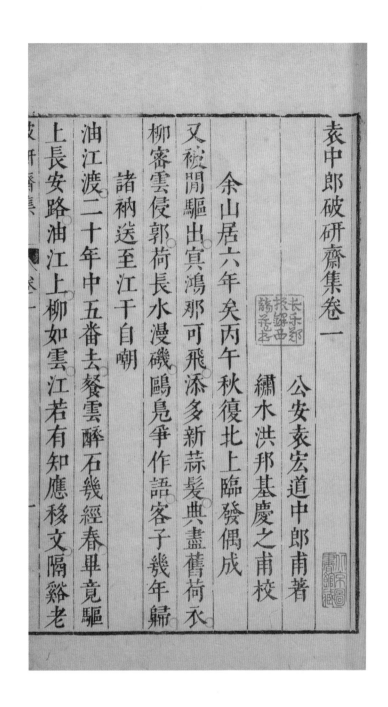

袁中郎十集十六卷　〔明〕袁宏道撰　〔明〕周應麐編

明周應麐刻本

二冊　存二集四卷：破研齋集三卷、廣陵集一卷

半葉九行二十字，白口，左右雙邊。版框 22.3×14.6 厘米

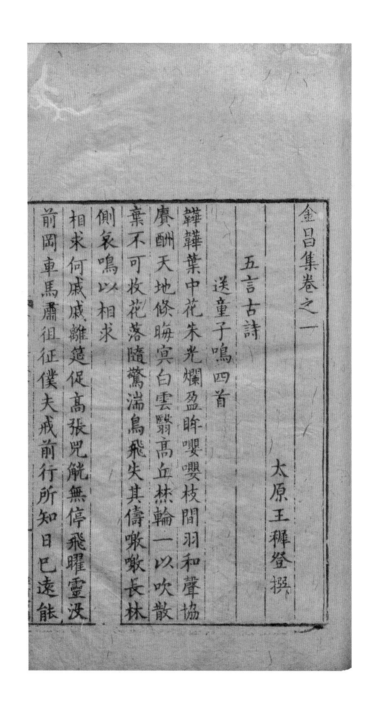

王百穀集八種十四卷　〔明〕王穉登撰

明刻本·鄭振鐸跋

四册

半葉十行十八字，白口，左右雙邊。版框 17.9×12.9 厘米

一九五八年四月二十日晨起　天陰欲雨效賢閣

送書十數種來中有洪楩刻本ㄙ臣注

文選明嘉靖金陵刻本唐荊川集及此

書價皆甚廉因收ㄙ相穀詩文雜箸

凡二十一種此僅一種不及其半然求全

不易即此八種亦足自慰也　集野謀集三種合

　　　　　　　　旧有明月編青雀

之則共得西諦ㄙ記

十一種矣

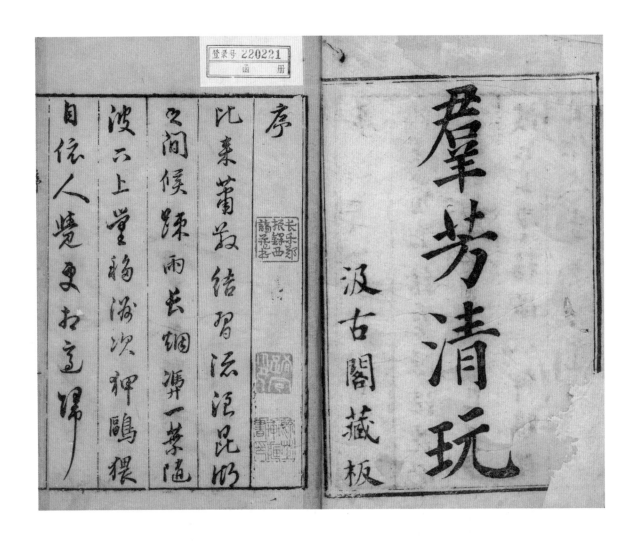

群芳清玩十二種十六卷 〔明〕李璵編

明末毛氏汲古閣刻本

二冊　存六種六卷：蝶几譜一卷、鼎錄一卷、刀劍錄一卷、研史一卷、畫鑒一卷、石譜一卷

半葉八行十八字，白口，左右雙邊。版框 19.2×13.6 厘米

T01108（10825）

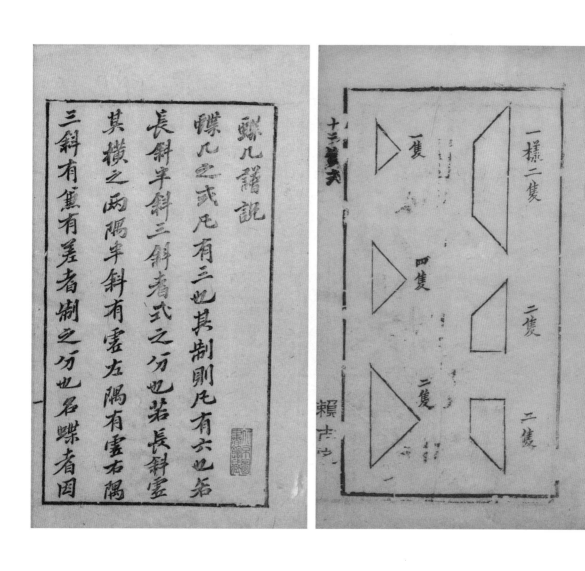

蝶几譜說

蝶几之式凡有三也其制則凡有六也若
長斜半斜三斜者式之分也若長斜雲
其橫之兩隔半斜有雲左隔有雲右隔
三斜有黛有差者制之分也名蝶者因

趙忠毅公三種　〔明〕趙南星撰

明崇禎刻本

四冊

半葉九行二十字，白口，四周雙邊；或九行十八字，白口，四周雙邊或單邊。版框 19.3×12.6 厘米

趙進士文論

高邑趙南星夢白著

南樂魏允中懋權

長垣李化龍于田

柏鄉馮嘉遇仲昌選

子曰君子中庸　全章

聖人嚴中庸之辨必有其心而後可也夫道固由心

出也心之不善而欲行道可乎此中庸之所以必歸

於君子也且夫中庸之為德至矣其屬之君子宜不

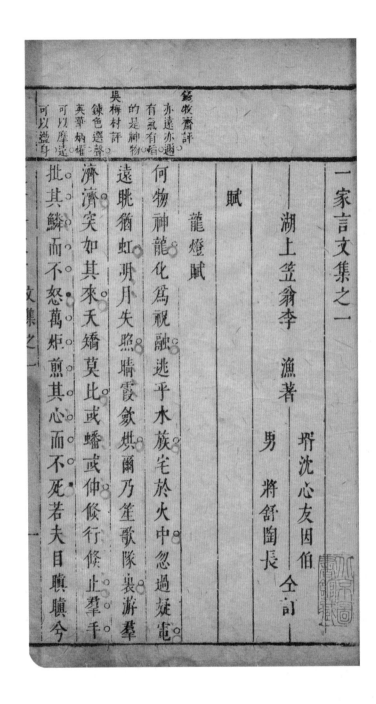

笠翁一家言初集十二卷二集十二卷别集四卷　〔清〕李漁撰

清康熙翼聖堂刻本

六册　存二十六卷：初集十二卷、二集三至十二、别集四卷

半葉九行二十字，白口，四周單邊。眉欄鑴評。版框 19.9×12.5 厘米

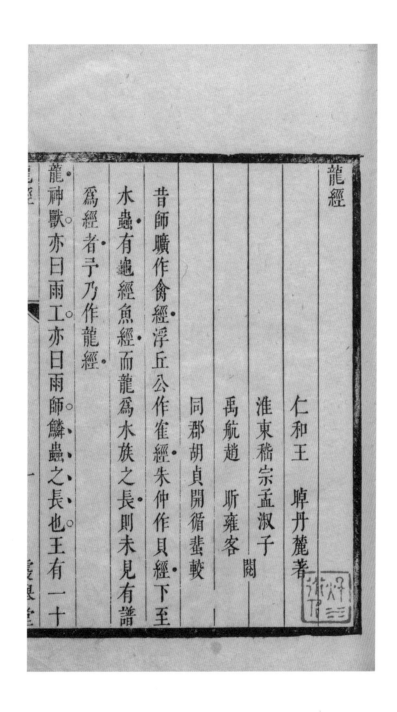

龍經

仁和王　㬋丹麓著

淮東稽宗孟淑子　閱

禹航趙　昕雍客

同郡胡貞開循蜚較

昔師曠作禽經浮丘公作雀經朱仲作貝經下至
水蟲有龜經魚經而龍爲水族之長則未見有譜
爲經者予乃作龍經

龍神獸亦曰雨工亦曰雨師鱗蟲之長也王有一十

雜著十種十卷　〔清〕王㬋撰

清霞舉堂刻本

二册

半葉九行二十字，白口，四周單邊。版框 17.9×13.0 厘米

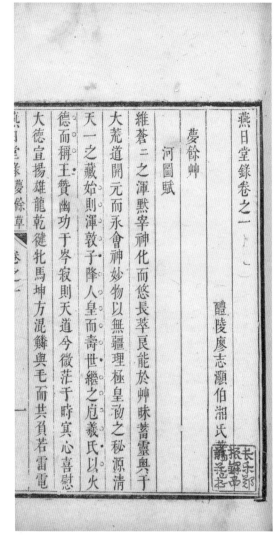

燕日堂録七種十四卷　〔清〕廖志灝撰

清康熙刻本

十二册

半葉九行二十二字，白口，四周雙邊。版框 18.6×12.2 厘米

15524（2847）

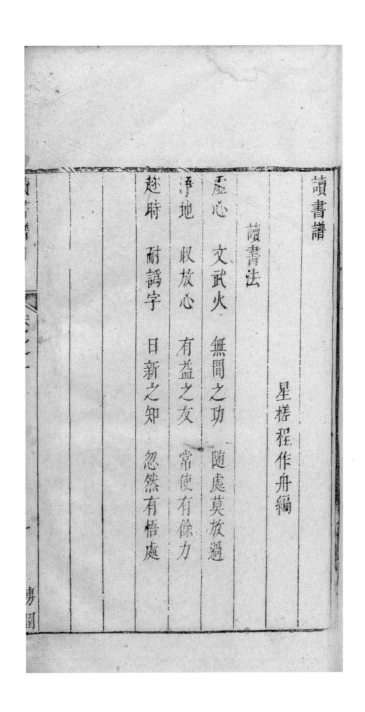

程氏叢書二十三種三十六卷　〔清〕程作舟撰

清康熙萬園刻本

二十四冊

半葉九行二十字，白口，左右雙邊。版框 19.6×13.7 厘米

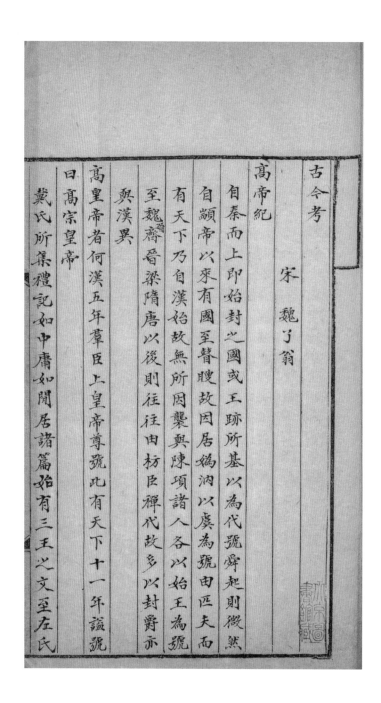

宋賢説部叢鈔五十六種六十二卷

清娛古軒抄本

十二冊

半葉十一行二十四字，黑口，左右雙邊。版框 19.1×12.7 厘米

春星堂詩集卷第一

然明先生諱汝謙先世徽州歙縣叢

公諱珣之孫萬曆丙子舉人丁丑會副起莘公諱可覺之第四

子自徽遷杭遂家錢塘卒葬安溪螺螄塢

不繫園集

作不繫園

桐水雲間

年來寄跡在湖山野衲名流日往還絃管有時頻共載春風何處不

開顏情癡半向花前醉懶癖應知悟後開種種塵緣都謝却老狂一

湖光二月漾晴暉輕舫新成傍釣磯有水有山情不繫非園非圃憶

忘歸娟娟夜月橫琴榻采采朝雲出舞衣長笛一聲如裂石滿灘鷗

鷺莫驚飛

不繫園成

明周府審理德潤

叢睦汪氏遺書八種四十五卷

清乾隆刻本

二十四冊

半葉十三行二十六字，白口，四周單邊。版框 19.6×14.7 厘米

簡松草堂文集卷一

錢唐張雲璈仲雅

石經賦以五經石碑三體書法爲韻

原夫典籍紛紜圖書觀縷精義爲言纂訓是主實
賢聖之垂謨乃帝王之前武旣右而左宜遂括
今而囊古發龍門之祕黃玉虹流啟鴻寶之藏白
麟書吐周孔之情思若抽堯舜之羙牆儼睹在成
中之位原參天並地而居三論不朽之言實并禮
合樂而爲五然而制惟存乎點漆事先在乎汗青
豕魚宛轉以成勢科斗錯落而分形雖楮毫之繼

簡松草堂全集九種七十七卷　〔清〕張雲璈撰

清道光簡松草堂刻本　鄭振鐸跋

二十九冊

半葉十行十九字，白口，左右雙邊。版框 16.6×12.2 厘米

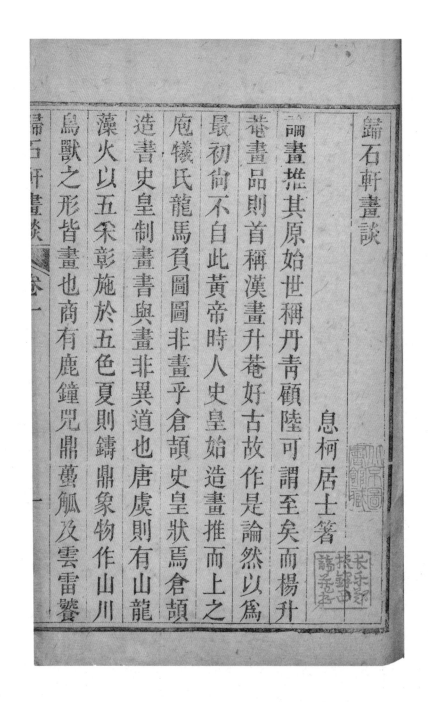

歸石軒畫談十卷息柯白箋八卷　〔清〕楊翰撰　　**浯溪考二卷**　〔清〕王士禛撰

清同治光緒間刻息柯居士全集本

八冊　存十四卷：歸石軒畫談一至四，息柯白箋八卷、浯溪考二卷

半葉九行十九字，白口，四周雙邊。版框 19.8×13.6 厘米

圖書在版編目（CIP）數據

國家圖書館西諦藏書善本圖録 / 國家圖書館古籍館編 .—廈門 : 鷺江出版社，2019.12
ISBN 978-7-5459-1528-0

Ⅰ．①國…　Ⅱ．①國…　Ⅲ．①私人藏書—圖書目録—中國—現代②古籍—善本—
圖書目録—中國　Ⅳ．①Z842.7②Z838

中國版本圖書館 CIP 資料核字（2018）第 278085 號

策　　劃：雷　戎　劉浩冰
責任編輯：雷　戎　王　楓　金月華　陳　輝
裝幀設計：張志偉
營銷編輯：趙　娜
責任印製：孫　明

ISBN 978-7-5459-1528-0

GUOJIA TUSHUGUAN XIDI CANGSHU SHANBEN TULU

國家圖書館西諦藏書善本圖録（全七冊）

國家圖書館古籍館　編

出版發行：鷺江出版社
地　　址：廈門市湖明路 22 號　　　　　　　　　　　　郵政編碼：361004
印　　刷：天津聯城印刷有限公司
地　　址：天津市寶坻區新安鎮工業園區 3 號路 2 號　　郵政編碼：301806
開　　本：889mm×1194mm　1/16
印　　張：235.5
版　　次：2019 年 12 月第 1 版　2019 年 12 月第 1 次印刷
書　　號：ISBN 978-7-5459-1528-0
定　　價：3800.00 元